그래도 살 만한 인생

Pursuing the Good Life

그래도
살 만한
인생

긍정심리학자 크리스토퍼 피터슨의 **행 | 복 | 론**

크리스토퍼 피터슨 지음 | 김고명 옮김

중앙books
JoongAng Ilbo

살맛 나고 쓴맛 나는 좋은 삶

2008년 4월 22일, 〈사이콜로지 투데이〉 웹사이트에 글을 기고해볼 의향이 있느냐는 메일을 받았다. 흥미로운 제안이어서 수락하는 답장을 보냈다. 처음에는 그렇게 쓴 글을 어떤 사람들이 읽을지 잘 몰랐지만 이후 조회 수가 100만 가까이 이르자 알게 됐다. 심리학에 관심 있는 사람들, 심리학의 이론과 기법과 연구 결과와 응용을 알고 싶어 하는 사람들이 곳곳에서 인터넷을 통해 읽고 있음을.

내가 '좋은 삶The good life'이라는 제목의 블로그에 올린 글들은 대부분 '긍정심리학'에 초점이 맞춰져 있었는데 긍정심리학이란 인생을 살맛 나게 하는 것들에 대한 과학적 연구를 통칭하는 용어다. 나는 긍정심리학계에서 좋은 삶에 대해 밝혀낸 것이 무엇인지 독자들이 굉장히 궁금해한다는 사실을 깨달았다. 독자들이 과학적 연구 결과를 좋아한다는 사실도 알게 됐다. 그리고 독자들이 긍정심리학의 이론과 연구 결과에서 현실적인 시사점, 쉽게 말해 '그래서 심리학적으로 좋은 삶을 살려면 어쩌란 말이야?'에 대한 답을 얻기 원한다는 사실 역시 간파했다. 그 답이 간결하고 유머가 곁들여지면 좋다는 것도 인지했다. 독자들이 예시를 좋아한다는 것도 알았다. 그뿐만 아니라 가끔은 쓴소리도 해줬으면 한다는 사실도 알게 됐다. 이런 깨달음이 이 모음집에 고스란히 담겨 있다.

나는 본업이 미시간대학교의 심리학 교수이다 보니 〈사이콜로지 투데이〉에 정성껏 기고하는 글들의 가치를 대학 당국이 알아줬으면 싶었다. 학교 관계자들에게 인터넷 조회 수는 별것 아니지만 출판물은 별것이기 때문에 나는 예전부터 블로그의 글을 모아 출간하겠다는 목표가 있었다.

나는 그 수가 100편을 넘을 때까지 기다렸다가 비로소 긍정심리학과 가장 관련이 깊은 글들을 추렸다. 그리고 그것을 합리적인 범주들로 분류했는데 그런 면에서 이 책이 긍정심리학에 관심 있는 일반 대중은 물론이고 긍정심리학을 공부하는 이들에게도 유익하지 않을까 싶다.

이 책에 실린 대다수의 글이 본래 〈사이콜로지 투데이〉에 게재할 목적으로 작성됐지만 출간을 앞두고 거의 모두 손볼 것은 손보고 보탤 것은 보탰다. 인터넷 독자들의 반응과 이후의 사유를 통해 깨달은 점을 밝히는 편이 낫겠다고 판단했을 때는 주석도 달았다. 이 책을 위해 완전히 새로 쓴 글도 몇 편 있다.

나는 『그래도 살 만한 인생』을 긍정심리학의 주요 관심사를 대변하는 폭넓은 갈래들로 정리했다. 그 첫 번째인 '긍정심리학과 좋은 삶'에서는 긍정심리학을 과학적 관점에서 인간 삶의 조건을 탐구하는 학문으로 보고 이모저모를 살펴본다. 긍정심리학이란 무엇인가? 성과는 무엇인가? 현재 어디로 가고 있는가? 이 학문의 발전 과정에서 부닥칠 수 있는 함정과 문제는 무엇인가?

이어서는 좋은 삶의 요인이라 할 수 있는 긍정적인 정서와 경험, 긍정적인 특질과 재능, 긍정적인 관계, 촉진제도인 가정, 직장, 학교, 스포츠, 지리적 장소를 논한다.

그뿐만 아니라 내가 싫어하는 것들에 대한 글도 '쓴소리'로 묶었는데 이는 인생을 '쓴맛' 나게 하는 요소들에 대한 나의 견해라고 할 수 있다.

여기 실린 글들은 저마다 시사점이 내포되어 있긴 하지만 그래도 권말에 심리적으로 좋은 삶을 추구하는 것과 긍정심리학의 연관성을 명쾌하게 보여주는 글들을 수록했다.

〈사이콜로지 투데이〉에서 내 담당 편집자로서 항상 내 글의 가치를 인정해준 리비 마Lybi Ma에게 감사의 마음을 전하고 싶다. 또한 이 책이 세상의 빛을 보기까지 길잡이요 산파 역할을 해준 옥스퍼드대학교 출판부의 애비 그로스Abby Gross에게도 감사하다는 말씀을 드린다.

아울러 〈사이콜로지 투데이〉에 개설된 내 블로그에서 글을 읽어준 이들, 그리고 댓글을 달아준 이들, 그렇게 수많은 독자 여러분에게도 감사 인사를 드린다. 그들의 관심이 있었기에 꾸준히 의욕적으로 글을 쓸 수 있었고 내가 어떤 면에서 잘하고 있고 어떤 면에서 개선이 필요한지 살필 수 있었다.

이 책의 숨은 공신은 내 친구이자 동료 학자로서 글을 쓰는 것이 나를 행복하게 하리라는, 나조차도 미처 몰랐던 사실을 간파하고 처음부터 격려와 성원을 아끼지 않은 박난숙이다. 그녀는 거기서 그치지 않고 글감이 될 만한 주제와 자료도 많이 소개해줬을 뿐만 아니라 개별 글의 내용과 문체에 대한 견해를 솔직하게 말해주고 이 책의 전체적인 구성에 대해서도 현명하게 조언을 해줬다.

미시간주 앤아버에서
크리스토퍼 피터슨

차례

4부

일하고
놀고
사랑하고
나눠라

인생을 잘 사는 사람들의 비결

7부

일상을 위한
현실적인 조언

연구 결과와
명백한 사실로
밝혀진 방법

1부

무엇이 인생을
살 만한 것으로 만드는가

긍정심리학과 좋은 삶

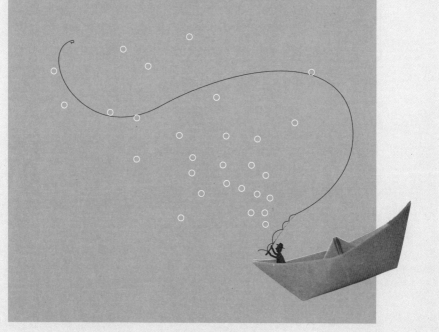

긍정심리학은 인생에서 좋은 것이 무엇인지 '과학적'으로 연구하는 학문이다. 여기서 과학을 강조하는 까닭은 긍정심리학의 토대가 증거를 통해 드러나는 사실이어야만 한다는 점을 강조하기 위해서다. 그렇지 않다면 긍정심리학은 그저 또 하나의 탁상공론에 불과할 뿐이다.

1부에서는 긍정심리학의 과학성에 초점을 맞춰 이 새로운 학문이 도대체 무엇이고 최근 다뤄지고 있는 주제가 무엇인지를 밝힌다. 그리고 좋은 삶에 대한 과학적 연구에서 어떤 시사점을 얻을 수 있는지 살펴보고 앞으로 긍정심리학이 계속 발전해나가면서 봉착하게 될 몇 가지 문제점을 논하겠다.

행복은 행운이 아니다

왜 항상 비난하고 책망하려 드는가?
그것은 슬픈 사람들을 위한 슬픈 윤리학이다.
좋은 사람들을 위한 윤리학은 … 더 이상 줄일 수 없는 수많은 선행 속에 …
예부터 미덕이라 일컬어진 좋은 성향 속에 존재한다. 미덕이란 곧 탁월성을 뜻한다.

앙드레 콩트-스퐁빌

겨우 10년 남짓한 기간에 긍정심리학은 학계만 아니라 일반 대중의 관심까지 사로잡았다. 방금 구글에서 '긍정심리학'으로 검색했더니 234만 개 이상의 결과가 나왔다. 이 정도면 분명히 인상적인 수치다. 물론 '브리트니 스피어스'와 '레이디 가가'로 검색하면 각각 5700만 개와 4억 5300만 개 이상의 결과가 나와서 우리 긍정심리학자들을 고개 숙이게 하지만 말이다.

그래도 세상 사람들이 긍정심리학에 관심을 보이고 있다니 좋은 일이고 그런 관심이 병적인 호기심을 초래하거나 혹은 대참사를 목격하고 싶은 바람으로 이어지진 않고 있으니 더더욱 경사스러운 일이다.

그런데 긍정심리학이 인기를 끌자 나를 포함해 이 새로운 학문 분야에 종사하는 사람들은 더 많은 인기를 누리기 위해 우리가 아는 것 너머로까지 무리하게 돌진하고 싶은 유혹에 시달리고 있다. 그런 만큼 여기서는 걸음을 늦추고 긍정심리학이 실제로 무엇이며 우리가 실제로 아는 것이 무엇인지 설명해보려 한다.

긍정심리학은 무엇이 인생을 가장 살맛 나게 하는지 과학적으로 연구하는 학문이다. 말하자면 심리학의 이론을 정립하고 그것을 현실에 적용할 때 인간의 약점만이 아니라 강점에도 주의를 기울여야 하고, 인생에서 최악을 바로잡는 것만이 아니라 최선을 일구는 것에도 관심을 둬야 하며, 질병을 치유하는 것만이 아니라 일반인들이 보람 있는 삶을 살 수 있게 돕는 것에도 신경을 써야 한다는 선언을 구체화한 학문이다.

이렇게 정의한다고 해서 심리학이 현실에서 사람들이 겪는 문제를 외면해야 한다는 뜻은 절대 아니다. 긍정심리학 이외의 심리학 분야들을 모조리 폐기하거나 교체해야 한다는 뜻도 절대 아니다. 긍정심리학은 수십 년 동안 학계를 주름 잡았던 문제 중심 심리학을 보완하고 확장한다는 데 의의가 있다.

긍정심리학은 당연하게 들릴 수도 있는 몇 가지 진실을 근간으로 한다. 하나, 인생에서 좋은 것은 나쁜 것과 마찬가지로 그 실체가 분명히 있는 것이지 파생적인 것이거나 이차적인 것, 또는 부수적인 것이거나 가공의 것 등 어떤 추정의 산물이 아니다. 둘, 인생에서 좋은 것이란 단순히 문젯거리가 없는 상태가 아니다. 누구나 알다시피 우울하지 않은 것과 아침마다 하루에 대한 기대감으로 이불을 박차고 일어나는 것은 엄연히 다르다. 셋, 좋은 삶은 그것을 설명하는 나름의 이유가 있어야지 단순히 어떤 심신 장애에 대한 이론을 조금 비틀거나 거꾸로 뒤집어서 설명하려 들면 안 된다.

긍정심리학은 심리학이고 심리학은 과학이며 과학은 증거로 이론을 검증해야 한다. 따라서 긍정심리학을 검증되지 않은 자기계발론, 근거 없는 호언장담, 세속적인 종교와 동일시하면 곤란하다. 그런 것들이 우리를 아무리 기분 좋게 한다고 할지라도 말이다. 긍정심리학은 긍정적 사고(국내에서는 적극적 사고라고도 한다-옮긴이)를 다른 말로 포장한 재활용품도, 『시크릿 *The Secret*』의 아류도 아니다.

긍정심리학의 성패는 그 기반이 되는 과학에 달려 있다. 지금까지는 그 과학이 빛을 발하고 있다. 다음과 같이 최근 몇 년 사이에 심리학적으로 좋은 삶에 대해 밝혀진 사실들은 수십 년 전에 내가 심리학 수업을 들을 때만 해도 전혀 거론되지 않던 것들이다.

- 대부분의 사람은 행복하다.
- 행복은 그냥 행복으로 그치지 않고 인생에 좋은 것들을 불러온다. 삶에 만족하는 사람일수록 만족할 만한 이유가 훨씬 더 많아진다. 왜냐하면 행복은 학교와 직장에서 바람직한 결과를 부르고 흡족한 대인관계를 낳으며 건강과 장수로까지 이어지기 때문이다.
- 대부분의 사람은 회복탄력성이 좋다.
- 행복, 성격 강점, 좋은 대인관계는 실망과 좌절의 악영향을 막아주는

완충 장치다.

- 위기 상황에서 본성이 드러난다.
- 무엇이 인생을 가장 살맛 나게 하는지 알고자 할 때 타인의 존재는 대단히 중요한 요소다.
- 종교는 중요하다.
- 열의와 의미, 목적을 부여한다면 일도 중요하다.
- 돈이 우리의 안녕에 끼치는 영향은 점점 줄어들지만 만약 타인을 위해 지출한다면 돈으로 행복을 살 수도 있다.
- 만족스러운 삶에 이르는 길에서 쾌락주의는 행복주의의 적수가 되지 못한다.
- '머리'보다 '가슴'이 더 중요하다. 학교에서는 비판적 사고를 중점적으로 가르치지만 조건 없는 보살핌도 함께 가르쳐야 한다.
- 좋은 시절에는 공통점이 있다. 자신이 자율적이고 유능하며 남들과 연결되어 있다고 느낀다는 것이다.
- 좋은 삶을 사는 법은 배울 수 있다.

마지막 항목이 특히 중요하다. 행복은 그냥 운이 좋아서 유전자의 룰렛이 잘 돌아간 결과가 아니라는 뜻이 담겨 있기 때문이다. 사람들이 더 나은 삶을 살 길은 분명히 존재한다. 그런데 그러자면 반드시 지금과 다르게 살고 행동해야 한다는 사실, 그것도 앞으로 영원히 그래야 한다는 사실을 미리 일러둬야겠다. 좋은 삶은 수고 없이 얻을 수 없고 변함없는 행복에 이르는 길에는 지름길이 없다.

이어지는 글들에는 몇 가지 목표가 있다. 하나, 나는 심리학적으로 좋은 삶에 대한 연구 결과를 논할 것이다. 둘, 그런 결과를 토대로 가장 전망이 좋은 현실적 응용을 살펴볼 것이다. 셋, 긍정심리학을 우리가 사는 세상을 이해하기 위한 발판으로 삼을 것이다. 내가 하는 말이 여러분에게도 흥미롭게 들리기를 바란다.

인생을 살맛 나게 하는 4가지

일, 사랑, 놀이, 봉사

많은 교육자가 학습 시간과 놀이 시간을 구별 지을 줄만 알고
정작 학습과 놀이의 떼려야 뗄 수 없는 연관성은 알아보지 못한다.

레오 버스카글리아

인생의 목적에 관해 지그문트 프로이트가 남긴 명언이 있다. "일과
사랑, 사랑과 일, 그것이 전부다." 프로이트 박사에게는 죄송하지만
나는 그 말에 반대한다. 그는 놀이를 빠뜨렸다.

놀이는 일과 사랑의 덜떨어진 동생이 아니다. 일과 사랑만큼 놀이
도 인간의 삶에 깊숙이 뿌리내려 있다. 생태학자들은 포유류에 속하
는 여러 종의 동물을 대상으로 어린 개체들 사이에서 놀이가 어떤
역할을 하는지 연구했다. 어린 개체들이 야단스러운 놀이를 통해 연
습하고 연마하는 행동들은 다름이 아니라 훗날 성체가 됐을 때 사냥
을 하고 포식자에게서 도망치고 서열을 확립하기 위해 사용하는 기
술들이다. 즉, 놀이를 통해 일과 사랑이라는 진중한 과업을 수행하는

데 필요한 능력을 체득한다는 뜻이다.

동물의 행동 동기가 인간과 같다고 생각하면 안 된다고 배웠어도 우리는 새끼 고양이나 강아지가 뛰노는 모습을 보면 녀석들이 거기서 '재미'를 느낀다고 생각하게 마련이다. 그렇다면 '우리'가 그런 놀이의 현장을 보면서 즐거움을 이끌어내는 것만큼은 분명하다.

그리고 다른 동물은 몰라도 인간의 경우에는 놀이가 특정 시기를 지나서도 지속된다. 틀림없이 우리는 어린 시절만 아니라 평생에 걸쳐 놀이를 즐긴다. 여가 활동, 놀이는 누구에게나 몰입을 일으키는 요소고 생활 만족도의 견고한 예측 변수다. 놀이를 통해 우리는 열정을 찾고 발산한다.

나는 일과 사랑과 놀이를 기준으로 해서 긍정심리학의 관심사들을 지금까지와 다른 방식으로 잘 정리할 수 있다고 본다.

긍정심리학이 탄생한 이래로 이론가들은 그것을 떠받치는 기둥들을 긍정적인 경험, 긍정적인 특질, 긍정적인 관계, 촉진제도 등으로 다양하게 규명했다. 그러나 그런 것들은 문자 그대로의 기둥이 아니라 심리사회학적 상태, 특질, 기제, 환경이고 대부분이 우리가 실제로 하는 모든 행위에 영향을 끼친다.

폴 로진Paul Rozin이 발표한 중요한 논문을 보면 심리학계가 학문적 체계를 정립하기 위해 주요한 행동 영역인 식사, 수면, 그리고 일, 사랑, 놀이를 무시하고 있다는, 그의 말을 빌리자면 '영역 폄하domain denigration'를 자행하고 있다는 비판이 실려 있다. 예전부터 심리학자들은 행동을 유발하는 것으로 간주되는 과정들, 예를 들면 인지, 정서를 기준으로 심리학을 정립하려 했다. 이런 체계화 전략의 문제점은 두 개 이상의 영역에 걸쳐 있는 과정들에 대한 증거가 거의 없다시피 하다는 것이다. 그뿐만 아니라 우리가 실제로 하는 행위가 임의적인 것으로 취급될 수 있다는 문제점 역시 안고 있다.

인생을 살맛 나게 하는 것은 심리적 과정들이 아니다. 인생을 살맛 나게 하는 것은 일과 사랑과 놀이다.

———————— 덧붙이는 글

동료 학자 박난숙은 이 글을 읽고 인생을 살맛 나게 하는 중요한 요인이 하나 더 있다고 주장했다. 그것은 타인을 위한 나눔, 즉 봉사였다. 그 말을 듣고 처음에는 '봉사'가 '사랑'에 포함된다고 생각했지만 이후 좀 더 생각해보니 그녀의 말에 수긍이 갔다. '사랑'은 배우자, 자녀, 동료, 이웃 등 구체적인 상대와 일대일 관계에서 일어나는 반면에 '봉사'는 더 큰 무리나 목적을 위한 것으로 한층 보편적인 성질을 띤다. 후세를 위해 봉사할 때처럼 그 대상을 정확히 알 수 없을지라도 누군가의 삶을 증진하기 위한 행동은 우리 삶을 살맛 나게 한다.

우리는 그런 영역들을 빠짐없이 분명하게 연구해야 하겠다.

미국인들은
어떻게 시간을 쓰는가

시간이 존재하는 이유는 단 하나,
만사가 한꺼번에 일어나지 않도록 하기 위해서다.

알베르트 아인슈타인

예부터 심리학을 두고 사람들이 하는 행동을 과학적으로 연구하는 학문이라고 정의했지만 유감스럽게도 심리학자들은 정말 중요한 행동은 거의 연구하지 않는다. 아, 물론 조사 연구에서는 사람들이 본인의 활동에 대해 보고하는 내용을 토대로 연구를 진행하기도 하고 실험실 연구에서는 사람들의 안구 운동이나 반응 시간을 연구하기도 한다. 이론적으로 보자면 그런 것들도 모두 행동이다. 여기서 말하는 행동이란 신뢰할 수 있는 방법을 통해 관찰하고 측정할 수 있는 인간의 행위를 뜻한다.

그러나 그런 행동들이 그 자체로 중요하진 않다. 그것들은 연구에서 어떤 목적을 달성하기 위한 편의 수단으로 취급될 뿐인데 대부분의 심리학자에게 그 목적이란 인간에게 중요한 행동을 유발한다고 추정되는 심리적 상태, 특질, 과정을 이해하는 것이다. 하지만 거기서 한 걸음 더 나가서 중요한 행동을 직접 탐구하는 심리학자는 거의 없는 실정이다. 말하자면 심리학계가 100년이 넘도록 파티 초대자 명단만 만들었지 실제로 파티를 열기는커녕 아직 초대장조차 발송하지 않은 셈이다. "아직 초대장을 더 만들어야 한다고!"

사실 예전부터 심리학의 하위 분야들을 정의하는 토대가 된 것은 대부분의 연구심리학자들에게 진정한 관심사라고 할 지각, 기억, 판단, 정서, 사회적 영향 등 근본적인 과정들이었다. 그리고 대다수 대학의 심리학 커리큘럼을 보면 그런 과정들을 통해 다른 무엇을 설명하는 것이 아니라 그런 과정 자체를 공부하는 것에 방점이 찍혀 있다.

앞의 언급했듯이 폴 로진은 심리학자들이 진정한 행동의 영역들을 좀처럼 탐구하지 않고 기껏해야 어쩌다 한 번씩 응용심리학의 일환으로 탐구할 뿐이라고 비판했다. 로이 바우마이스터 Roy Baumeister와 동료 학자들은 다음과 같이 심리학계에서 실제 행동에 대한 연구가 좀 더 활발했던 때가 있었다고 밝힌 후 한층 도발적인 어조로 로진과 똑같은 비판을 했다.*

---

* 바우마이스터 등은 연구심리학자들이 가끔 '실제 행동'이라는 말을 쓰면서도 실제로는 그에 대한 연구를 거의 하지 않는다고 지적했다! 핵심은 그런 연구가 워낙 드물어서 '가끔'이라고 할 정도도 안 된다는 것이다.

도와주기, 상처 주기, 놀기, 일하기, 말하기, 먹기, 위험 무릅쓰기, 기다리기, 꼬리치기, 빈둥거리기, 으스대기, 포기하기, 망치기, 타협하기, 판매하기, 인내하기, 애원하기, 속이기, 찜 쪄 먹기, 골려 먹기, 거절하기 등은 다 어디로 갔는가? 심리학계는 하다못해 어쩌다 한 번씩만이라도 이런 행위들을 관찰하고 설명할 길을 도저히 찾을 수가 없단 말인가?

심리학자들이 사람들의 실제 행위를 연구해야 한다고 할 때 그런 행위란 무엇인가? 한 가지 답은 '시간 활용'이라고 하는 분야, 말 그대로 사람들이 어떻게 시간을 쓰는지 탐구하는 학제 간 연구 분야에서 찾을 수 있다. 이렇게 말하면 시간 활용 연구자들이 사람들을 졸졸 쫓아다니면서 그들이 무엇을 하는지 기록할 것이라고 생각할 수도 있겠지만 사실 그것은 좀처럼 가능한 일이 아닌 데다 어떤 경우든 관찰자의 존재가 사람들의 행동에 영향을 끼칠 수 있다. '리얼리티' 쇼 프로그램을 생각해보자. 그래서 시간 활용 연구자들은 주로 설문조사를 이용하는데 하루가 마무리될 즈음에 응답자와 접촉해서 그 사람이 그날 하루 동안 무엇을 했고 각 활동에 얼마나 시간을 썼는지에 대해 자세하게 이야기를 듣는 식이다.

그 예로 2009년에 미국 성인의 전국 단위 대표표본을 대상으로 실시한 설문조사 결과를 보면 사람들이 가장 많이 하는 행위는 잠자기, 일하기, 집안일 하기, 먹고 마시기, 다른 사람 돌보기, 여가 활동이나 스포츠 즐기기, 공적인 조직을 통해 봉사하기였다. 예를 들면 자원봉사, 종교 활동, 공익 활동이다. 그 외에도 '기타' 범주에는 쇼핑하기, 꾸미기, 반려동물 돌보기, 전화 통화하기, 이메일 처리하기 등이 있었다. 아마 이런 결과가 별로 놀랍진 않을 것이다. 독자 여러분의 하루도 별반 다르지 않을 테니 말이다. 한데 이렇게 대수롭잖은 결과도 심리학자들이 흔히 연구하는 것들과 대조해보면 별안간 대수로워진다.

물론 사람들이 하는 활동, 그리고 각 활동에 들이는 시간은 나이, 성별, 생활환경에 따라 개인차가 있긴 하다. 특히 '봉사'의 경우는 그 격차가 심해서 공공의 이익을 위해서라면 손가락 하나 까딱하지 않는 미국인들이 있는가 하면 가족도 아닌 사람들을 위해 하루에도 몇 시간씩 봉사하는 미국인들도 있다. 그리고 이 설문조사에서 대단히 실망스러웠던 점을 짚고 넘어가야겠는데 바로 '허송세월'이라는 범주가 없었다는 것이다. 아무래도 거기 속하는 활동들을 고르자면 주관이 지나치게 많이 개입하기 때문인 것 같다.

그래도 이런 결과는 중요하다. 우리 긍정심리학자들은 인생을 살맛 나게 하는 것을 연구하고자 한다면 일단 실제로 인생에서 무슨 일들이 벌어지는지 어렴풋하게라도 알아야 한다. 시간 활용 설문조사를 통해 우리는 대부분의 심리학 연구에서 빠진 것이 무엇인지 알 수 있다. 그 결과는 우리가 모든 사람까진 아니어도 대부분의 사람에게 인생을 살맛 나게 하는 것이 무엇인지 알기 원한다면 어디로 시선을 돌려야 하는지 일러준다.

따지고 보면 시간 활용의 주요 범주들은 앞에서 설명했다시피 잘 사는 인생의 토대인 일, 사랑, 놀이, 봉사의 방정식과 정확히 맞아떨어진다. 잠자기와 먹기는 그 밖의 범주라고 볼 수도 있으나 독자 여러분이 책장을 인정사정없이 넘겨버릴 위험을 무릅쓰고 감히 말하자면 잠자고 먹는 것은 다른 사람과 함께할 때 더 즐거운 법이니까 사랑이라는 범주에 속한다고 할 수 있을 것 같다. 물론 진지하게 말하자면 그 둘은 하위 범주가 아니라 개별적으로 비중 있게 다룰 만한 것들이다.

'일, 사랑, 놀이, 봉사'를 하며 사는 사람은 '충만한 인생'을 살고 그중 어느 것도 하지 않는 사람은 '공허한 인생'을 산다. 그런데 위와 같은 시간 활용 조사 결과를 보고서 나는 그렇게 간단하게 인생을 재단할 수는 없다는 생각이 들었다. 대부분의 사람은 이미 그런 활동들을 하고 있다. 그렇다면 대부분의 사람이 충만한 인생을 살고 있을지도 모른다. 하지만 우리가 좋은 삶에 대해 좀 더 정확하게 알고자 한다면 몇 가지 조건이 좀 제시되어야 하지 않나 싶다.

긍정심리학자들은 '좋은' 일, '좋은' 사랑, '좋은' 놀이(예를 들면 텔레비전 보지 않기), '좋은' 봉사에 대해 말해야 할 것이다. 어떤 활동을 평범한 것에서 비범한 것으로 격상하는 조건은 그 활동을 얼마나 잘하느냐, 거기서 열정과 즐거움을 느끼느냐, 거기에 몰입하느냐, 거기에 더 큰 의미와 목적이 있느냐 등이다.

낙천적인 사람이
꼭 성공하지는 않는다

이리 오래 살 줄 알았으면 자기 관리 좀 잘할 것을.

유비 블레이크

긍정심리학 연구의 허점은 연구 결과가 대중매체에 소개될 때 특히 잘 나타나는데 다름이 아니라 사람들이 방금 읽은 내용을 자신과 주위 사람들의 삶과 비교해보고는 낙담할 위험이 있다는 것이다. 가령, 행복하거나 낙천적인 사람이 학교와 직장에서 더 좋은 성과를 낸다거나 한층 매력적인 모습으로 더 좋은 인간관계를 맺는다거나 더 건강하고 오래 산다는 내용을 읽었다고 치자. 그런데 만일 우리가 행복하거나 낙천적인 사람이 잘 못 살거나 반대로 불행하거나 비관적인 사람이 잘 사는 광경을 본다면 어떻겠는가? 아마 어처구니가 없을 테고 만약 잘 못 사는 쪽이 하필 자기 자신이라면 정말 속이 뒤집어질 것이다.

"난 하라는 대로 다 했어! 쾌활하게 생활했고 밝은 면만 보려고 했고 일부러 감사할 거리를 찾았고 내 강점을 파악했고 자원봉사도 했어. 다른 사람에게도 진심으로 관심을 보였어. 내 존재의 이유도 찾았고 말이야. 그런데도 내 인생은 요 모양 요 꼴이야."

이런 실망감이 드는 경우는 비단 긍정심리학의 결론을 접할 때만이 아니다. 건강한 습관과 장점에 관한 연구 결과를 접할 때는 그런 기분이 훨씬 빈번하게 든다. 우리가 날마다 운동하고 적절하게 식사하고 음주를 삼가고 담배에는 손도 안 댄다고 하자. 그래서 텔로미어(염색체 끝 부분에 붙어 있는 단백질 성분으로, 세포 분열이 진행될수록 짧아지는데 이것이 모두 소실되면 더 이상 세포가 분열되지 않는 상태, 곧 죽음에 이른 것이다-옮긴이)가 길고 콜레스테롤 수치도 낮다. 그래도 건강은 형편없는 수준일 수 있고 반면에 종조부인 프레드 할아버지는 종일 소파에 앉아서 텔레비전만 보고 골초에 애주가인 데다 채소라면 무슨 전염병이라도 되는 것처럼 질색하는데도 나이 아흔셋에 아직도 정정하다! 왠지 거꾸로 할아버지가 우리 장례식에 참석할 것만 같다.

이렇게 실망스러운 상황에서 나올 법한 반응은 뭘까? 하나는 연구 결과에서 도출될 만한 결론과 어긋나는 예외적 사례를 아주 쉽게 떠올릴 수 있으니 과학은 죄다 허튼소리라고 비난하는 것이다. 이런 반응은 내 강의를 듣는 의심 많은 새내기 대학생들은 물론이고 긍정심리학을 비판하는 사람들 중 일부에게서도 쉽게 볼 수 있다.

또 다른 반응은 자신을 비난하는 것이다. 그런 사람은 과학을 인정하는 반면에 실패의 원인이 자기 안에 있다고, 자신이 행복이나 낙천성, 또는 회복탄력성이 부족했기 때문이라고 결론짓는다. "내가 ~하기만 했어도 만족스럽고 성공적이고 건강한 삶을 살고 있을 텐데…." 이렇게 자책해봤자 잘못된 것 때문에 드는 나쁜 기분만 악화될 뿐이다.

알다시피 우리는 피해자를 비난하면 안 된다. 이를 뒤집어 '긍정'의 측면에서 생각해보면 승리자를 찬양하는 것도 금물이라고 할 수 있다. 그런데 우리는 둘 다 할 때가 많다.

여기서 나는 과학을 비난하지도, 피해자를 비난하지도 않는 세 번째 안을 제시하려고 한다. 우리가 과학을 '이해하면' 어떨까? 예를 들어 행복하면 더 오래 산다는 말은 무슨 뜻일까? 쉽게 말해서 일반적으로 볼 때 인생의 이른 시기에 행복하면 오래 살 가능성이 크다는 말이다. 하지만 이런 상관관계가 절대 완벽하지는 않다. 100퍼센트 들어맞을 수는 없고 반드시 예외가 있게 마련이다. 안타깝게도 그 예외가 여러분이나 여러분이 사랑하는 사람이 될 수도 있다.

우리는 머리가 아프면 아스피린을 먹는다. 그래서 두통이 가실 수도 있지만 반대로 아무 효과가 없다고 해도 아스피린 병을 쓰레기통에 처넣거나 아스피린 회사의 주식을 몽땅 처분하진 않는다. 그냥 아스피린이 이번에는 통하지 않는다고 합리적으로 생각한다. 그럴 때도 있게 마련이다. 별수 없다. 그래도 다음번에 또 머리가 아프면 아스피린을 한두 알 먹을 것이다.

나는 일반 대중이 긍정심리학 연구의 결론을 대하는 태도도 그처럼 지혜로웠으면 좋겠다. 그 결론이 들어맞을 때도 있고 빗나갈 때도 있는 법이다. 만약에 연구자가 X에서 Y가 발생한다고 결론을 내렸다면 그 말은 그런 현상의 발생 빈도가 단순히 우연이라고 보기는 어려운 수준이라는 뜻이다. 예외가 생겼다고 해서 그 연구자를 돌팔이로 매도하거나 그 예외를 비난해야 한다고는 할 수 없다. 그럴 때도 있게 마련이다. 별수 없다. 하지만 그 결론이 일반화가 지극히 타당하다는 점은 변치 않는다. 설사 사람들이 그것을 오해하더라도 말이다.

긍정심리학 연구의 결론에는 예측 변수(예: 행복, 낙천성)와 관심 있는 결과(예: 성공, 건강) 사이에서 도출된 상관계수(혹은 그에 상응하는 통계 요인)가 반영된다.

누구나 알다시피 상관관계가 곧 인과관계는 아니지만 지금 나는 실제로 인과관계를 반영하는 상관관계에 초점을 맞춰서 말하고 있다. 물론 그런 경우라 할지라도 인과관계는 어디까지나 확률의 영향을 받기 때문에 예외가 있을 수밖에 없다. 하지만 예외가 곧 도덕적 비난의 이유가 될 수는 없다.

그러니까 X가 Y로 이어진다는 보편적인 결론을 들을 때 일반 대중은 다음 페이지의 그림 (A)처럼 사실상 직선적인 관계를 생각하기 쉽다. 하지만 긍정심리학을 포함해 사회과학에서 도출되는 결론은 거의 다 그림 (B)와 같은 관계를 보인다.

이런 관계가 완벽하지 않다고 무시하면 안 된다. 만일 모든 조건이 동일하다면 금연하는 사람이 더 오래 산다. 모든 조건이 동일하다면 행복한 사람이 더 큰 성공을 거둔다. 모든 조건이 동일하다면 낙천적인 사람이 더 많이 성취한다. 하지만 반드시 그렇다는 보장은 없다.

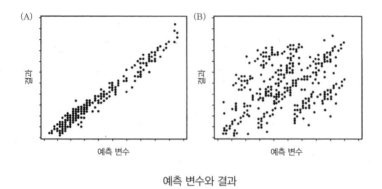

예측 변수와 결과

예외도 있게 마련이다. 별수 없다.

　나는 이와 같은 단서와 고려 사항을 쏙 빼놓고 연구 결과를 제시했을 때 일반 대중이 오해한다고 해서 탓할 일은 아니라고 본다. 정말 책망 받아야 할 쪽은 과장된 책을 쓰는 긍정심리학자들과 합리적으로 사실을 전달할 생각은 안 하고 귀를 솔깃하게 하는 말들에만 집착하는 과학 저술가들이다.

　우리는 좋은 조언이 있으면 새겨들어야 한다. 이를테면 연구 결과에 기초한 것이다. 그런 조언을 듣지 않는 사람을 탓할 수는 있을 것 같다. 하지만 좋은 조언이 통하지 않는다고 해서 조언을 비난하거나 그 조언을 듣는 사람을 손가락질해서는 안 된다. 그럴 때도 있게 마련이니까 말이다.

완벽한
사람은 없다

흠 없는 조약돌보다는 흠 있는 금강석이 더 나으니라.

공자

내가 좋아하는 노래 중 하나가 스티브 굿맨Steve Goodman의 '그대는 내 이름을 부른 적도 없잖아요You Never Even Called Me by My Name'다. 원래 굿맨은 완벽한 컨트리송을 쓸 작정이었다. 컨트리음악 가수인 친구인 데이비드 앨런 코David Allen Coe에게 초안을 보여주자 그는 완벽한 컨트리송이라면 마땅히 음주, 어머니, 비, 기차, 트럭, 감옥, 죽음을 언급해야 한다고 충고했다. 그래서 굿맨은 그런 소재를 전부 쉴 새 없이 한꺼번에 집어넣어 가사를 썼고 그 바람에 이 곡은 정말 완벽⋯ 완벽하게 한심한 노래가 되고 말았다.

나는 마틴 셀리그만Martin Seligman과 대화를 하는 도중에 이 노래를 떠올렸다. 그때 우리는 긍정심리학 혹은 심리학 전반에도 자연스러운 범주들이 있는지 논의하고 있었다. 무슨 말이냐 하면 생물학이나 물리학과 마찬가지로 '마치 고기를 썰 때 마디를 기준으로 하면 잘 썰리는 것처럼 자연스러운 분류를 가능하게 하는' 개념들이 존재하느냐는 것이었다. 나는 언뜻 떠오르는 대로 대답했다. "아니요. 왜냐하면 심리학이 연구하는 건 마디가 없는 해파리니까요. 썰 게 없어요. 우리는 그냥 설명만 할 수 있을 뿐이죠. 그것도 특정한 사회문화적 관점에서만 말이에요."

형편없는 대답은 아니었으나 그 말을 듣고 셀리그만은 수백 년 전에 아이작 뉴턴이 했던 의미심장한 실험을 거론했다. 그 실험에서 뉴턴은 프리즘으로 자연광을 무지개로 분리한 후 또 다른 프리즘으로 무지개를 자연광으로 재결합함으로써 백색광의 기본 구조를 밝혀냈다.

그래서 나는 긍정심리학에 관해 곰곰이 생각해봤다. 연구 결과들을 보면 심리학적으로 건강한 사람을 설명할 때는 다음과 같은 항목들을 비롯해 좋은 삶을 구성하는 다양한 요소를 이야기한다.

- 부정적인 감정보다 긍정적인 감정을 더 많이 경험한다.
- 생활에 만족한다.
- 재능과 강점을 파악하고 발휘한다.
- 활동에 몰입한다.
- 이웃, 동료, 친구, 가족과 친밀한 관계를 유지한다.
- 사회공동체에 기여한다.

• 인생에 의미와 목적이 있다.

이 목록은 분명히 현실과 괴리가 있긴 하지만 긍정심리학의 무지개로 나아가는 출발점으로는 괜찮은 것 같다. 이제 머릿속에서 실험을 한번 해보자. 위의 요소들을 모두 갖춘 사람을 상상해서 그녀가 어떤 모습일지 생각해보자. 참고로 나로서는 그렇게 재결합된 사람이 남성이라고는 도저히 생각할 수가 없다.

그렇게 창조된 존재가 설사 실존 인물은 아니라 해도 최소한 우리가 추구해야 할 이상향으로는 받아들일 만한 인물인가? 그녀는 테레사 수녀와 안젤리나 졸리의 결합체인가? 혹은 지아비를 하늘처럼 받들어 모시는 아내의 결정판인가? 그녀가 터무니없거나 매력이 없거나 소름이 돋을 만큼 오싹하게 느껴지진 않는가?

긍정심리학 실천가들은 좋은 삶의 다양한 구성 요소를 함양하기 위해 노력하고 있다. 나는 그런 노력이 결실을 거두고 있다고 믿는다. 어느 날 우리가 마침내 말도 안 되는 꿈을 실현해 긍정심리학이 밝혀낸 구성 요소를 한 몸에 갖춘 완벽한 인간을 만들어냈다고 치자. 그렇다면 전체로서 그 사람은 부분의 합과 같을까, 그보다 대단할까, 모자랄까? 아니면 스티브 굿맨의 노래처럼 완벽하게 한심한 존재일까? 내 생각에는 아무래도 마지막 보기가 정답이 아닐까 싶다.

어쩌면 인간에게는 결함과 골칫거리가 꼭 필요한지도 모르겠다. 다른 건 몰라도 그 덕에 도전 과제가 생기고 또한 그런 것들을 극복하려다 실패함으로써 우리가 인간다워지기 때문이다. 그리고 보면

1부 무엇이 인생을 살 만한 것으로 만드는가

35

'인간적이다'도 긍정심리학이 보는 좋은 삶의 구성 요소에 집어넣어야 하는 것이 아닌가 싶지만 그랬다가는 나머지 구성 요소들이 불필요하고 불충분한 것이 되어 우리가 다시 원점으로, 그러니까 마디를 찾는 해파리로 돌아가게 되진 않을까 굉장히 우려스럽기도 하다.

불행에도
유익이 있다

대린 맥마흔Darrin McMahon의 저서 『행복의 역사Happiness: A History』를 보면 옛날에는 행복이 그냥 사람에게 '찾아오는' 것으로 여겨졌다고 한다.* 하지만 이후로 인식이 달라졌다. 이제는 행복이, 아니, 적어도 행복을 추구하는 것만큼은 인간의 권리가 됐다. 그리고 확실하게 안녕을 증진해주는 긍정심리학 개입들이 등장함에 따라 많은 사람이 행복을 추구하기만 하는 차원을 넘어설 수 있게 됐다.

　그렇다면 불행은 어떻게 됐고 또 자꾸만 불행을 겪는 사람들은 어

---

* 행복을 뜻하는 영어 'happiness'의 어원은 'happ'이라는 옛 노르웨이어인데 이 말은 '우연' 또는 '행운'을 의미한다. 공교롭게도 한자의 '幸福'을 구성하는 글자들 역시 '우연' 또는 '행운'을 의미한다.

떻게 됐단 말인가?

나는 축농증 전문의와 대화를 나누다 이 주제에 대해 생각하게 됐다. 그는 축농증 수술의 과거와 현재를 지나치리만큼 상세하게 설명해줬다. 수십 년 전에는 의사들이 말 그대로 환자의 얼굴을 절개했다. 요즘은 콧구멍을 통해 수술할 수 있다고 한다. 이처럼 수술이 훨씬 수월해진 덕에 축농증 수술 횟수가 기하급수적으로 늘고 있다.

새로운 수술법의 등장으로 나타난 현상이 또 있으니 옛날 같았으면 그냥 휴지통을 끼고 살며 견뎌냈을 축농증이 이젠 치료가 가능하다는 이유만으로 의학적 문제, 질병으로 간주된다는 것이다.

그럼 이제 만일 우리가 긍정심리학 개입으로 불행을 '치료'할 수 있다면 우리 사회는 이상적이지 않은 기분과 평균 이하의 생활 만족도를 어떻게 취급해야 할까?

그런 것들이 실질적인 질병, 혹은 상징적인 질병이 될까?

인문학을 공부하는 내 친구들이 즐겨 쓰는 표현을 빌리자면 불행을 '문제화'하게 될까?

불행이 치욕스러운 것이 될까? 혹자는 다른 나라는 몰라도 미국에서만큼은 이미 그런 현상이 나타나고 있다고 말할 것이다.

불행이 도덕적 비난의 대상이 될까?

금연처럼 최소한 실내에서는 불행을 드러내지 못하도록 하는 법이 제정될까?

그리고 그런 법에 맞서 불행권을 옹호하는 운동가가 등장해 시무룩한 저항을 펼치게 될까?

이는 시시껄렁한 망상 같아도 그 속에 뼈가 있다. 때때로 불행에도 유익이 있다는 말(뒷부분을 읽어보면 알겠지만 이 명제는 참이다)은 아니다. 행복이 무조건 좋기만 하다는 말도 아니다. 내 말은 긍정심리학이 기술과학에 속하지만 의외로 그리고 필연적으로 규범과학적 영향을 끼칠지도 모른다는 뜻이다.

그래서 우리가 행복해질까?

긍정심리학과
개소리

우리 마음속에 개소리 탐지기를 만들자.

어니스트 헤밍웨이

긍정심리학은 개소리인가?

일전에 누가 완곡한 표현으로 그런 취지의 질문을 했는데 이는 대뜸 생각나는 대로 답할 것이 아니라 심사숙고해볼 문제라고 본다.

'긍정심리학'은 무엇이 인생을 살맛 나게 하는지 과학적으로 탐구해보라는 권고를 받아들인 나 같은 사람들의 연구 작업을 통칭하는 말이다. 뭐든 그렇듯이 긍정심리학도 이론, 연구, 실천의 개별 사례는 좋을 수도 있고 나쁠 수도 있고 추할 수도 있다. 그렇다고 긍정심리학 자체가 개소리라고 생각한다면 그것은 범주 오류다. 긍정심리학은 절대 개소리가 아니다.

그러면 그 용어의 지붕 아래에 터를 잡은 나 같은 사람들이 하는 기초 연구와 응용 작업은 개소리일까, 아닐까?

해리 프랭크퍼트 Harry Frankfurt 는 '개소리에 대하여'라는 명문에서 개소리를 감별하는 기준을 제시했다. 그는 개소리를 거짓말이 아니라 진리에 대한 무관심으로 정의했다.

그 정의를 따르자면 긍정심리학이라는 학문은 개소리가 아니라고 할 수 있다. 왜냐하면 그 학문적 기반이 동료 평가를 거쳐 학술지에 게재되는 연구 논문들이기 때문이고, 그런 논문들에 타당한 성립 조건과 주의 사항이 명시되어 있기 때문이며, 다른 연구자들이 다른 결론을 뒷받침하는 데이터를 확보해서 이견을 제시하기 때문이다. 진실 혹은 진실을 밝히고자 심혈을 기울이는 사회과학적 태도야말로 언제나 긍정심리학의 최대 관심사다.

그러나 역시 위의 정의를 따르자면 자칭 긍정심리학자는 개소리꾼일 수 있다. 어떤 사람이 긍정심리학자입네 하면서 늘어놓는 말이 연구 결과에 대한 무관심의 발로라면 그의 말은 그것이 틀렸을 때야 당연하고 설사 어쩌다 맞았다고 하더라도 개소리에 불과하다.

예를 들자면 이렇다. 누가 행복에 이르는 비밀 혹은 6단계 과정을 알려주겠다고 하면 당장 개소리 탐지기를 작동시켜야 한다(물론 그런 것이 법적으로 허용된다면 말이지만). 긍정심리학자들이 행복의 결정 요인을 많이 알아내긴 했지만 그것을 비밀이라고 하긴 어려운 까닭이 어느 대학 도서관에나 비치된 과학 서적과 학술지에 모두 설명되어 있기 때문이다. 그리고 행복이 식은 죽 먹기라고 하는 사람들은 그런 연구 결과가 게재된 학술지를 아예 거들떠보지도 않는 부류다.

참고로 긍정심리학 도서와 과학 기사를 보면 얼토당토않은 부제나 표제가 붙어 있는 경우가 많은데 그럴 때 나는 웬만해서야 저자나 기고자가 그런 것을 직접 쓰진 않는 줄 알기 때문에 그냥 모른 척한다. 독자 여러분도 책 표지나 신문 기사 제목에 들어간 되지도 않는 소리로 그 책이나 기사의 가치를 판단하는 일이 없도록 주의하기를 당부한다.

각설하고, 내가 알고 존경하는 긍정심리학자들은 말만 번지르르한 부류가 아니다. 물론 그들도 추정과 추측으로 내용을 보태긴 하지만(나 역시 그렇다) 다들 그럴 때 자기가 무엇을 하고 있는지 정확히 인식하고 있다(나 역시 그렇다)고 나는 믿는다. 그렇다면 그들의 말은 설령 그렇게 첨언한 내용이 틀렸다 할지라도 절대 개소리가 아니다. 그것은 어디까지나 건전한 지적 유희이며 수많은 사람이 긍정심리학에 엄청난 관심을 보이는 이유도 바로 그 때문이다.

긍정심리학을 주제로 강연할 때마다 느끼는데 대중은 연구 데이터가 보여주는 실체적 진실을 굉장히 궁금해한다. 내가 질문을 받겠다고 하면 강연 중에 거론했든 안 했든 구체적인 연구들에 대한 질문이 가장 많이 들어온다. 사람들은 근거가 빈약한 내 개인적인 견해를 원하지 않고 쉬이 거부할 수 없는 진실을 알고 싶어 한다. 그들은 더 자세한 내용을 듣고 자기 나름의 결론을 내리기 원한다. 그래서 나는 항상 머리를 싸매고 진실을 밝혀야 하는 처지고 긍정심리학계에 그런 사람이 어디 나뿐일까 싶다.

그런데 독자 여러분이 왜 내 말을 믿어야 할까? 분명히 말하는데 스스로 진실을 확인하고 그것에 대해 생각해보기 전에는 절대 내 말을 믿어서는 안 된다. 긍정심리학은 어디까지나 비옥한 땅일 뿐이고 농작은 각자의 몫이다.

긍정심리학으로 분류한
나쁜 친구들의 유형

나쁜 친구들과 어울리느니 차라리 혼자가 낫다.

조지 워싱턴

긍정심리학이 태동할 때 일각에서는 '나쁜 친구들'의 위험성을 우려하는 목소리가 있었다. 나쁜 친구들이란 선의든 악의든 나름의 의도를 품고 긍정심리학 주위를 어슬렁거리는 부류로, 그중 일부는 마냥 긍정적이기만 하고 과학에는 무관심한 사람들 때문에 꼬여 들기도 한다. 지금껏 긍정심리학은 성장에 성장을 거듭했고 내가 보기에는 나쁜 친구들 역시 급증한 것 같다.

　여기서 나는 염려스러운 마음을 담아 나쁜 친구들이 누구인지 설명하고 나름의 분류법을 제시해볼까 한다. 하워드 가드너Howard Gardner는 최근 자신의 저서에서 세상을 여러 범주로 구분하는 분류 능력이 다중지능 중 하나라고 밝혔다. 18세기 스웨덴의 식물학자로

생물 분류법의 기초를 확립한 카를 리나이우스Carl Linnaeus와 가드너
는 가히 분류법 개발의 천재라 할 만한 사람들이다. 나도 그 반열에
든다고 장담할 수야 없지만 어쨌든 시도나 한번 해보자.

나는 긍정심리학의 나쁜 친구들을 크게 다음과 같이 분류한다.

- 멍청한 친구: 긍정심리학에 관심은 있지만 지나치게 단순화해
  서 보는 사람들.
- 심술궂은 친구: 심리학 안팎에서 긍정심리학은 물론이고 긍정
  적인 것(예: 행복, 낙관주의)이라면 무조건 가차 없이 공격하는
  사람들. 간혹 이들의 비판이 옳은 소리일 때도 나는 그래서 우
  리더러 무엇을 어쩌라는 것인지 좀체 갈피가 잡히지 않는다.
  좌우간에 나는 이들이 긍정심리학자들(물론 멍청하지 않은 사람
  들)의 글을 좀 보고 거기에 좋은 것과 나쁜 것을 공히 탐구하
  고 이해하려 하는 균형 잡힌 심리학의 필요성에 대해서 뭐라
  고 쓰여 있는지 읽어보면 좋겠다.
- 약장수 친구: 긍정심리학의 한 가지 실천법이나 개입(예: 감사한
  것 꼽아보기, 성격 강점을 파악하고 활용하기)만 떠받들며 그것을
  만병통치약처럼 선전하는 사람들.
- (모순되는 말 같겠지만) 행복한 친구: 긍정심리학이 행복학이 아
  닌 줄 알면서도 행복을 누리는 법에 대한 책만 쓰는 사람들.
  책 제목에 '행복'만 들어가면 판매량이 보장되는 현실(아마존
  의 판매 순위로 입증된다)은 나도 잘 알지만 아무리 그렇기로서

니 긍정심리학자들이 우리 학문의 얼굴이라고 할 것을 시장의 손에 넘겨서야 쓰겠는가?

· (야금야금 살을 갉아먹는) 현실 안주형 친구: 긍정심리학의 이론과 발견점을 이미 완결된 것으로 여기는 사람들. 그러면 새로이 연구해볼 만한 주제가 없단 말씀인가? 새로운 응용과 개입이 나올 여지가 없다고?

평소 긍정심리학의 미래에 대해 강의할 때 나는 강의 말미에 이런 말을 인용한다. "나는 주위의 친구들이 걱정스럽다 … 내가 존경해마지 않는 꼬장꼬장한 과학자들이 아니라 광신자, 철학자, 열망자, 몽상가, 무조건적 낙천주의자 등등 말이다." 그리고 누가 쓴 말인지 아느냐고 물어본다.

답은 꼬장꼬장한 학자 정신으로 인본주의 심리학을 창시한 에이브러햄 매슬로Abraham Maslow다. 매슬로는 현실에 안주하는 자세로 세상을 탐구하는 '안전 지향적 과학'과 망신을 당해도 좋다는 대담한 자세로 새로운 물음을 던지는 '성장 지향적 과학'을 구별했다. 긍정심리학은 성장 지향적 과학이 돼야 하는데 여기에 나쁜 친구들은 득이 안 된다.

카페, 술집, 군대,
채팅방의 공통점

미래에 대해 우리가 할 일은 예측이 아니라 실현이다.

양투안 드 생텍쥐페리

긍정심리학의 미래는 어떻게 펼쳐질까? 물론 앞날을 정확하게 예측할 수야 없는 노릇이지만(그럴 수만 있다면 당장 라스베이거스나 월스트리트로 가서 한몫 크게 잡아야지!) 그래도 내 생각을 좀 말해볼까 한다. 탈이 나지 않게 적당히 가려듣기 바란다.

하나, 긍정심리학의 '활약지'가 확대될 것이다. 긍정심리학의 활약지란 뭔가를 잘하는 것이 인정받고 칭송받으며 권장되는 환경을 뜻한다. 흔히 생각하는 것과 달리 긍정심리학의 활약지에는 처음 제시됐던 학교와 기업 외에도 심리학 상담소가 포함돼야 한다. 문제를 겪는 사람들을 돕는 방법 중 하나는 그들이 잘하는 것을 토대로 해법을 마련하는 것이다.

그리고 나는 군대가 긍정심리학의 활약지가 되리란 생각은 꿈에도 못했는데 요즘 보면 다른 군도 그렇지만 특히 육군에서 상당한 관심을 보이고 있다. 앞으로 이런 관심이 더 커질 것으로 전망한다.

그 밖에도 긍정심리학의 또 다른 활약지들이 제시되어 있다. 바로 카페, 술집, 문화회관이고 여기에 어느 독자가 제시한 인터넷 채팅방도 넣을 수 있을 것 같다.

둘, 긍정심리학은 앞으로도 계속 비판을 받을 것이다. 이는 사람들이 긍정심리학을 진지하게 받아들인다는 방증이니 어떤 면에서는 좋은 현상이라고 할 수 있고, 바라건대 긍정심리학자들이 타당한 비판은 받아들이고 그렇지 않은 비판은 정중하게 논박했으면 좋겠다.

아울러 긍정심리학자들이 최근 들어 생겨나고 있는 근거 없는 믿음, 특히 긍정심리학의 개입과 관련된 오해에 적극 대응했으면 좋겠다(이는 어디까지나 나의 희망 사항일 뿐 예측은 아니다). 내가 볼 때 긍정심리학의 개입들은 무조건 성공하는 묘책이 아니다. 아무리 더 나은 삶을 지향한다고 해도 변화란 항상 어려운 법이니 긍정심리학자들은 만병통치약 같은 개입으로 무엇이든 뚝딱 해결할 수 있게 하겠다는 생각일랑 절대 하지 말아야 하는데 이 점에 대해서는 잠시 후 문화를 이야기할 때 다시 논하겠다.

셋, 긍정심리학은 심리학이 그렇듯이 안으로는 신경과학을, 밖으로는 문화를 향할 것이다.

신경생물학적 관점에서 볼 때 좋은 삶의 기초는 무엇일까? 좀 더 넓게 봐서 육체의 역할은 무엇일까? 지금까지 긍정심리학은 외골수 같은 성격이 꽤 강했는데 사실 춤과 음악과 스포츠와 섹스도 삶을 살맛 나게 하는 요소이므로 우리는 긍정심리학적 관점에서 그런 주제들에 대해 더 알아가야 할 필요가 있다.

마틴 셀리그만과 나를 포함한 학자들은 지금껏 긍정심리학을 통해 심리적 안녕에 기여했듯이 이제 육체적 안녕에도 기여하기 위해 이른바 '긍정적 건강'이라고 할 수 있는 분야에 대한 연구에 착수했다. '좋은' 정서적 건강이 단순히 번민과 불행이 없는 상태를 뜻하지 않듯이 '좋은' 육체적 건강도 단순히 질환이 없는 상태를 뜻하진 않을 것이다. 나는 그냥 오래 사는 것이 아니라 원기 왕성하게 적극적으로 살며 질병에서도 금방 회복되는 생명력 넘치는 상태를 '초특급 건강'이라고 하는데 이에 대한 관심이 앞으로 확대되리라 본다.

문화는 인간의 본성을 보기 좋게 포장하는 허울이 아니다. 문화는 인간의 본성 그 자체고 문화적 차이는 여러 가지 중요한 측면에서 나타난다. 현재 긍정심리학 연구와 응용이 세계 곳곳으로 퍼져 나가고 있는데 이를 그냥 미국 학문을 수출할 기회 정도로 여기면 절대 안 된다. 개인주의 문화에서 '통하는' 개입들은 집단주의 문화에서 효력을 발휘할 수도 있고 아닐 수도 있다. 사실 작금의 긍정심리학 개입들은 심리치료나 경영자 코칭의 틀을 따라서 주로 일대일로 적용된다. 어쩌다 '집단' 개입을 쓴다고 해도 순전히 효율성을 생각해서 그러는 경우가 보통이다. 그러나 우리는 모두 집단 속에서 살며 사랑하고 일하며 놀이하는 존재니까 좋은 삶을 일구기 위해 노력하는 과정에서 집단에 확실하게 초점을 맞추는 편이 좋지 않을까? 나

1부 무엇이 인생을 살 만한 것으로 만드는가

는 실제로 그런 일이 일어나리라 본다.

그리고 개인주의와 전체주의의 차이가 아무리 중요하다고 해도 거기에만 주의를 기울여서는 안 된다. 문화적 차이는 그 밖에 위계성, 남녀의 행동 규범, 미래에 대한 태도, 불확실성에 대한 수용도 등에서도 나타난다. 나는 앞으로 긍정심리학이 성장함에 따라 이런 차이점들의 중요성이 밝혀지리라 본다.

긍정심리학자들은 일찍이 루스 베네딕트Ruth Benedict가 지적한 절제와 중도를 중시하는 아폴론적 문화와 감정과 활기를 중시하는 디오니소스적 문화의 차이 역시 유념해야 한다. 긍정심리학 실천가를 자처하는 사람들을 보면 디오니소스적 성향을 보이는 경우가 많은데 현재 그들이 디오니소스적 환경에서 활동하고 있다는 점을 감안하면 당장은 딱히 문제 될 것이 없다. 그러나 언젠가는 그들도 아폴론적 집단 및 문화와 조우할 테고 그러면 자신들의 개입과 태도를 그에 맞춰 조정해야 한다. 그래서 나는 육군 인사들을 만나러 갈 때 항상 중얼거린다. "대령들을 껴안을 생각은 절대 하지 말자."

2부
—

좋은 기분은 좋은 삶의 일부다

긍정적인 정서를 누리고 자존감 높이기

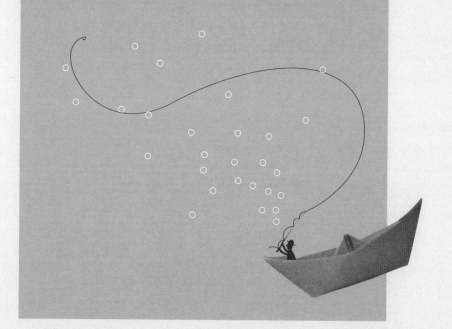

긍정심리학자들은 긍정심리학이 얄팍한 쾌락이나 찬양하는 학문으로
비쳐서 쾌락주의의 일종으로 취급되진 않을까 걱정할 때가 있다. 그래
서 긍정심리학이 잘 사는 삶에서 엿볼 수 있는 각종 현상을 망라한다는
점을 강조하는데 이 책 역시 주로 그런 주제들을 다룬다.
하지만 좋은 기분(즐거움, 행복, 만족, 몰입) 역시 좋은 삶의 일부분이
고 그래서 2부에서는 긍정적인 정서를 직접적으로 다루려고 한다. 경
험의 규모와 복잡성을 떠나서 긍정적인 경험 전반과 관련해 우리가 알
게 된 사실에는 무엇이 있을까? 우리가 만족감을 증대하거나 연장할
방법이 존재할까?

"샤워할 때
무슨 생각을 하십니까"

나는 미래에 대해 생각하는 법이 없다.
어차피 곧 닥치니까.

알베르트 아인슈타인

일전에 신문을 읽다가 어떤 설문조사(공식적인 설문조사의 요건을 갖추진 않았다)의 결과를 봤는데 그 내용이 아주 흥미로웠다. 질문은 간단했다. "샤워할 때 무슨 생각을 하십니까?" 그 결과가 진한 비누 향처럼 내게 오래 머문 까닭은 그때처럼 내가 일반적인 응답자들보다 한수 위인 경우란 아주 드물기 때문이었다.

일반적인 응답자들이 뭐라고 했길래? 그날 해야 할 일을 곰곰이 생각해본다나!

그렇다면 나는 샤워 중에 뭘 할까? 가끔은 샴푸를 깨끗이 씻어내자고 생각한다. 하지만 보통은, 생각한다고 하기도 좀 그런데, 내가 샤워 그 자체를 즐기고 있다고 생각한다.

샤워는 양심의 가책을 느껴야 할 쾌락 행위가 아니다. 7대 죄악에 속하지도 않는다. 샤워는 부도덕한 짓도 아니고 불법도 아니다. 그냥 즐거운 활동이다. 그러니 더욱 많은 사람들이 샤워를 즐기면 좋지 않을까?

우리가 아무 조건도, 걱정도 없이 향유할 수 있는 행위는 극소수에 불과하다. 샤워가 그중 하나다. 그러니 다들 샤워의 즐거움을 만끽하시길! 긍정심리학자 프레드 브라이언트Fred Bryant와 조지프 베로프Joseph Veroff가 향유를 주제로 연구한 결과를 보면 즐거운 경험을 향유하고 싶을 때, 그러니까 지속하고 싶을 때 가장 좋은 방법은 딴생각 안 하고 온전히 거기에 빠져드는 것이다.

그날 해야 할 일을 생각하는 것은 욕실 밖에서야 중요할지 몰라도 벌거벗고 촉촉이 젖어 있을 때는 심각하게 집중을 방해하는 요인이다. 혹시 샤워할 때 수첩을 들고 들어가는가? 그런다고 할 일 목록에 확인 표시라도 할 수 있겠는가? 혹시 샤워의 즐거움을 전혀 못 느끼진 않는가?

참고로 위의 설문조사에서 몇 명은 샤워 중에 섹스를 생각한다고 했다. 여기에 대해서는 굳이 이야기하지 않겠다.

좋은 삶은 어디 멀리 있지 않다. 욕실에서도 찾을 수 있다.

이제부터는 샤워를 즐기자. 그리고 샤워 중에는 다른 어떤 것도 생각하지 말자.

〈사이콜로지 투데이〉 웹사이트에 이 글을 올리자 샤워 중에 메모를 할 수 있게 해준다는 방수 제품 광고가 댓글로 달렸다. 웬만한 댓글은 그냥 그러려니 하는 편이지만 그 건은 도저히 그냥 넘어갈 수가 없어서 물건을 팔아먹고 싶으면 일단 남이 뭐라고 썼는지 대충이라도 읽어보라고 일갈했다.

감정을 억누르면
자존감이 낮아진다

나는 이 책에서 '향유'에 대한 글을 통해 긍정적인 감정을 키우고 지속시키는 전략에 대해 이야기했다. 향유는 순간만이 아니라 그 이후로도 분명히 행복에 좋은 영향을 끼친다. 향유 전략은 타인과 긍정적인 경험 나누기, 추억 만들기(예: 사진 촬영, 기념품 구입), 경험에 몰입하기 등 여러 가지가 있다. 이런 전략들을 자발적으로 활용하는 양상은 분명히 사람마다 다르다. 어떤 사람들은 향유를 많이 하고 어떤 사람들은 거의 하지 않는데 그런 태도가 생활 만족도와 행복에 끼치는 영향은 충분히 예측 가능하다. 그리고 또 어떤 사람들은 한술 더 떠서 '억누르는' 경향을 보이기까지 한다. 긍정적인 감정을 상쇄하기 위해 일부러 더 나쁜 감정을 느끼려 하는 것이다. 억누르기란 말하자면 승리의 문턱에서 패배함으로써 쾌감을 느끼는 것이다.

왜 굳이 긍정적인 감정을 억누르려 할까? 그 이유를 한번 생각해
보자면 남들에게 으스대고 싶지 않아서, 미래가 지금처럼 근사하리
라는 기대를 하고 싶지 않아서 등등일 것이다. 그런데 얼마 전에 읽
은 논문에 또 다른 이유가 제시되어 있었다. 그것은 일련의 연구를
통해 사실로 입증됐으니 나의 단순한 추측보다 더 진지하게 살펴봐
야 할 것이다.

어떤 사람이 긍정적인 감정을 향유하느냐 혹은 억누르냐는 자존
감에 영향을 받는다고 한다.

워털루대학교 연구진이 다양한 설문조사와 실험을 통해 얻은 결
론에 따르면 자존감이 강한 사람은 좋은 기분을 키우고 지속하는 전
략을 하나 이상 사용해서 긍정적인 감정을 향유한다. 반대로 자존감
이 약한 사람은 일부러 좋은 기분을 잠재우거나 외면하는 식으로 긍
정적인 감정을 억누른다. 이런 경향은 외향성과 신경증이라는 성격
특성을 측정해서 통계학적으로 통제한 경우에도 어김없이 나타났
다. 요컨대 마음이 윤택한 사람이 더 윤택한 삶을 누리는 셈이다.

연구진은 연구를 통해 얻은 그 밖의 데이터를 토대로, 이런 현상이
일어나는 이유는 사람들이 일관된 시각으로 자신을 보려고 하기 때
문이라고 주장했다. 자신을 좋아하고 소중히 여기는 자존감이 강한
사람들은 행복을 자신과 어울리는 상태로 보기 때문에 좋은 기분을
향유한다. 반면에 자신을 좋아하지도 소중히 여기지도 않는 자존감
이 약한 사람들은 불행을 자신과 어울리는 상태로 보기 때문에 좋은

기분을 억누른다.

이런 해석이 옳다면 쾌락주의보다 일관성이 감정에 더 큰 영향을 끼친다는 뜻인데 그렇다면 흥미로운 시사점을 얻을 수 있다.

예전부터 나는 행복하게 사는 법을 몰라서 불행한 사람들이 있다고 생각했다. 기운을 낼 줄 모르는 사람에게 아무리 기운을 내라고 해봤자 부질없는 짓이다. 하지만 이제 보니 어떤 사람들은 자신에 대한 관점을 유지하려면 불행해야 하기 때문에, 최소한 행복하진 않아야 하기 때문에 불행하게 사는 것 같기도 하다.

긍정심리학자들은 더 행복하게 살기 위한 전략을 많이 고안했는데 그중 대부분은 더 행복해지려면 이렇게 하고 저렇게 하라는 것이다. 그런데 위에서 설명한 연구의 결과를 보면 무조건 기술만 안다고 다가 아닌 것 같다. 사람들에게는 행복해야 할 이유 역시 필요하다. 응용 긍정심리학자들의 어깨가 더욱 무거워진 셈이다.

좋은 하루를 보내자. 아니면 이렇게 말해야 하려나? 좋은 하루가 자신과 어울린다고 생각하자.

인생의 사소한 즐거움을
누리는 법

나는 돈 많은 가난뱅이로 살고 싶다.

파블로 피카소

예나 지금이나 돈과 행복의 상관관계는 현대인의 주된 관심사이고 최근 몇 년 동안 긍정심리학자들은 여러 흥미진진한 연구를 통해 다른 것은 몰라도 그 둘이 복잡하게 얽혀 있다는 사실만큼은 잘 보여 줬다.

그리고 조르디 쿠아드박Jordi Quoidbach, 엘리자베스 던Elizabeth W. Dunn, 페트리디스K. V. Petrides, 모이라 미코와이착Moïra Mikolajczak이 흥미진진한 연구 분야를 하나 더 개척했다. 2010년에 그들은 부유한 사람들이 사소한 즐거움을 향유할 가능성이 더 작은가 하는 문제를 탐구했다. 내가 굳이 이 연구에 관해 쓰고 있다는 사실에서 알 수 있듯이 그 질문의 답은 흥미롭게도 '그렇다'였다. 부유한 사람들은 사소한 것들에서 느끼는 즐거움이 남들보다 작은 것 같다. 이미 대단한 것들을 누리고 있어서일까? 연구 결과가 무엇을 의미하는지를 이야기하기 전에 먼저 어떤 연구였는지를 설명해야겠다.

두 가지 연구가 실시됐다. 첫 번째 연구에서는 설문조사와 실험을 병행했다. 벨기에 출신 성인 참가자들을 모집한 후 표준적인 설문조사지를 통해 소득, 긍정적인 감정을 향유하는 성향, 전반적인 행복도를 측정했다. 참가자 중 절반은 사전에 유로화가 찍힌 사진을 봤고 절반은 그렇지 않았다. 1차 분석에서는 부유함(소득)으로 향유도 평가 점수가 부정적으로 예측되고 사전에 화폐를 본 것 역시 마찬가지라고 나타났다. 2차 분석에서는 향유 경향을 고려하면 소득과 행복은 통계적 연관성이 약한 것으로 밝혀졌다.

두 번째 연구에서도 캐나다 출신 성인 참가자들 중 절반에게는 먼저 화폐 사진을 보여주고 나머지에게는 보여주지 않은 상태에서 양쪽 모두 초콜릿바를 먹게 했다. 점수를 매기는 기준은 두 가지다. 오래 먹을수록 더 많이 향유한다고 가정하여 초콜릿을 얼마나 오래 먹느냐와 얼마나 맛있게 먹는 것처럼 보이느냐. 여성이 초콜릿을 먹을 때 시간이 더 많이 걸렸기 때문에 통계 분석에서 성별은 통제 변수로 설정했다. 결과적으로 화폐를 보고 나면 먹는 시간과 관찰된 즐거움이 모두 감소했다.

연구진은 단순히 부유함을 생각나게만 해도 참가자들이 초콜릿바처럼 인생의 사소한 것을 향유하는 능력이 떨어진다고 결론 내렸다.

이런 연구 결과에 트집을 잡을 수 있을까? 있다마다. 이 논문은

〈심리과학Psychological Science〉이라는 저명한 학술지에 게재됐는데 여기 실리는 논문들을 보면 '헉' 소리가 날 만큼 대단하면서도 또 한편으로 어딘가 미진한 구석이 있는 경우가 적지 않다.

쿠아드박과 동료 학자들의 첫 번째 연구와 관련해서 나는 나이와 기존의 향유 경험 등 교란 변인이 어땠는지가 궁금했다. 마찬가지로 두 번째 연구에서는 참가자들이 먹은 '초콜릿바'의 정체가 궁금했다. 나는 소득이 늘어나면서 고추 맛, 천일염 맛, 고추냉이 맛 등이 나는 수제 초콜릿의 세계에 눈을 떴다. 그야말로 신세계였다! 그래도 여전히 허쉬 초콜릿을 먹고 가끔은 앉은 자리에서 M&M을 몇 봉지씩 털어먹을 때도 있긴 하지만 어디까지나 몸이 허하고 당이 당길 때만 그렇다. 내가 '좋은' 초콜릿을 향유할 수 있을까? 두말하면 잔소리지.

하지만 이 연구의 결과를 한번 있는 그대로 받아들여보자. 논의를 이어가기 위해 이렇게 물어보자. 돈 있는 사람들이 허쉬 초콜릿처럼 사소한 것들의 가치를 몰라본다는 것이 무엇을 의미하는가? 많은 것을 의미한다. 그것은 그들이 인생에서 작은 즐거움을 주는 것들(내 생각에는 대단한 즐거움을 주는 것들보다 그 수가 많지 싶다)에 익숙해졌다는 뜻이다. 그리고 항상 큰돈을 쓰면 모를까, 그렇지 않으면 행복이 감소할 가능성이 크다는 뜻이다. 그들이 남들은 무엇에서 만족을 느끼는지 모르고 남들을 이해하지 못한다는 뜻이기도 하다. 또한 그들이 끊임없이 좋은 삶을 추구할 테지만 계속 낙심할 수밖에 없다는 뜻이다.

성경에 보면 낙타가 바늘귀로 들어가는 것이 부자가 천국에 들어가는 것보다 쉽다고 되어 있다(마태복음 19:24). 우리는 여기에 이렇게 덧붙일 수 있을 것이다. 너무 돈, 돈 하며 살다간 지상의 삶조차 제대로 누리지 못한다고.

패스트푸드와
조급증

어떻게 기다려야 하는지 아는 자에게 적절한 시기에 모든 것이 주어진다.

노먼 빈센트 필

패스트푸드를 거부하지 못하는 사람들도 그런 음식이 몸에 안 좋은 줄은 다 잘 안다. 천보중Chen-Bo Zhong과 샌퍼드 드보Sanford E. DeVoe의 논문에는 심리학적 관점에서 본 패스트푸드의 또 다른 단점이 나와 있다. 이들의 말에 따르면 무의식중에 패스트푸드를 떠올리기만 해도 참을성이 약해질 수 있다고 한다.

연구진은 대학생들을 대상으로 세 차례에 걸쳐 실험을 진행했다. 첫 번째 실험에서는 연구 참가자들이 컴퓨터로 작업을 하는 동안 모니터에 유명 패스트푸드 프랜차이즈(맥도널드, KFC, 서브웨이, 타코벨, 버거킹, 웬디스)의 로고가 의식할 수 없을 만큼 짧게 나타났다 사라지게 했다. 비교 집단도 똑같은 작업을 했지만 패스트푸드 로고는 나타나지 않았다. 그러고 나서 모든 참가자에게 짧은 글을 읽게 했다. 시간을 재촉하거나 제한하는 말을 전혀 하지 않았는데도 '패스트푸드' 참가자들이 더 빨리 읽었다. 그 자체로는 나쁘다고 할 수 없을지도 모른다. 연구진은 참가자들이 글의 내용을 기억하거나 글을 읽으면서 재미를 느꼈는지는 측정하지 않았다. 하지만 아직 두 실험이 남았다.

두 번째 실험에서는 참가자들에게 마지막으로 패스트푸드를 먹었던 때나 식료품을 사러 갔던 때 중 하나를 떠올리게 했다. 그러고는 전혀 연관이 없는 마케팅 설문조사지를 작성하게 했다. 패스트푸드를 떠올렸던 참가자들은 시간 절약 상품을 선호하는 경향을 보였다.

세 번째 실험에서는 참가자들에게 패스트푸드 프랜차이즈를 포함해 다양한 기업의 로고를 보고 심미적 매력도를 평가하라고 했다. 패스트푸드를 떠올리게 하는 로고를 본 경우에는 이후의 작업에서 만족을 지연하려는 마음이 약해졌다.

연구진은 논문을 끝맺으며 생활의 한 영역에서 시간을 절약할 수 있게 해준다는 패스트푸드 때문에 다른 영역들에서는 시간에 쫓기는 조급증이 발생한다는, 일견 모순된 현상을 지적했다. 기껏 시간을 절약해놓고도 그 시간에 인생을 살맛 나게 하는 것들을 향유하지 못한다면 무슨 소용이 있을까?

영국 출신의 미국 시인 오든W. H. Auden은 이렇게 썼다. "대죄라고 할 것은 딱 하나가 아닐까 싶다. 바로 조급증이다. 우리는 조급증 때문에 낙원에서 추방됐고 조급증 때문에 그곳으로 돌아가지 못한다."

열정은
고통을 견디는 것이다

열정이 없다면 정말로 인생을 살았다고 할 수 있겠는가?

앨런 암스트롱

긍정심리학은 무엇이 인생을 살맛 나게 하는지 탐구하는 학문이고 그 태동기부터 긍정심리학자들은 그와 관련된 개념들을 하나씩 긍정심리학의 품속으로 착실히 끌어오고 있다. 최근 들어 긍정심리학자들이 탐내는 개념 중 하나가 열정인데 여기서는 퀘벡대학교에 재직 중인 심리학자 로버트 밸러런드 Robert Vallerand의 열정 연구를 이야기해볼까 한다.

일단 근래의 연구에서 다루는 '열정'이 무엇인지 설명을 좀 해야 할 것 같다. 듣자 하니 열정을 뜻하는 영어 단어 'Passion'은 '고통을 견디다'라는 뜻의 라틴어 동사 'Patior'에서 나왔다고 하는데 흥미롭게도 지금은 'Passion'이 고통스러운 사건을 인내한다는 수동적인 의미가 아니라 우리가 무언가를 즐겁게 추구하는 것, 그중에서도 적극적으로 추구하는 것을 뜻하는 말로 쓰이는 경우가 대부분이다.

옛날에는 'Passion'이 예수와 기독교 순교자들의 수난을 가리키는 말로 쓰였다(예: 2004년에 개봉한 멜 깁슨 감독의 〈패션 오브 크라이스트The Passion Of The Christ〉). 이런 용법이 좀 더 보편성을 띠면서 아주 강렬한 감정을 일컫게 됐고 그러면서 괴로움은 물론이고 괴로움을 견디게 해주는 감정들까지 포함하게 됐다. 사실 오늘날에도 누군가가 어떤 활동이나 목표에 얼마나 열정적인지 가늠하는 척도 중 하나는 그 사람이 그것을 쟁취하기 위해 기꺼이 희생할 각오가 되어 있느냐하는 것이 아닌가 싶다. 랜디 포시Randy Pausch의 『마지막 강의The Last Lecture』에서 기억에 남은 대목 중 하나가 청중에게 우리 삶에 장벽이 있는 이유는 우리가 어떤 것을 얼마나 간절히 원하는지 보여줄 수 있도록 하기 위해서라고 말하는 장면이었다.

서양 역사에서 열정은 흔히 이성과 대비되면서 마치 (적어도 외부의 관찰자가 보는 관점에서는) 비이성적인 것처럼 비쳤는데 이 점은 뒤에서 다시 살펴보겠다.

용법의 변천사를 보면 비교적 최근에는 열정passion의 의미가 한층 협소해져서 강렬한 성적 욕구를 가리키는 욕정이라는 뜻으로 쓰였고 지금도 그렇게 많이 쓰이긴 하지만 그 밖에 사랑, 기쁨, 증오, 분노 등 다른 강렬한 감정을 나타내는 말로도 사용된다.

밸러런드는 열정을 '자신이 좋아하고 사랑하고 또 자신을 규정하는 활동에 강하게 끌리는 경향'이라고 정의했다. '열정'을 사람들이 좋아하거나 사랑하는 활동에 국한했다는 점에서 그의 연구는 긍정 심리학의 품에 쏙 들어온다. 내 생각에는 증오나 분노로 얼룩진 어두운 열정을 탐구해봐도 재미있을 것 같지만 밸러런드는 그럴 의향이 없었다. 그런 데 관심 있는 독자들은 라디오를 틀면 나오는 정치 토크쇼를 들어보기 바란다.

밸러런드는 열정을 통해 우리가 어떤 사람인지 규정된다는 중요한 사실을 적시함으로써 자신의 연구를 표면적으로 비슷해 보이는 끈기와 인내에 관한 연구와 차별화했다. 내 얘기를 하자면 해마다 정말 이를 악물고 끈기 있게 종합소득세 신고서를 작성하지만 거기에 절대로 '열정'이라는 단어를 갖다 붙이진 않는다. 나 자신이 국세청의 순교자로 느껴진다면 모를까.

밸러런드는 기타 연주와 농구를 예로 든다. 기타를 치고 농구를 하는 사람이야 많지만 그것이 열정이 되는 때는 자신을 기타 연주자나 농구 선수로 여기기 시작할 때다.

밸러런드가 정의하는 열정이 긍정심리학에서 다룰 만한 주제일까? 물론이다. 열정을 느끼는 활동 덕분에 인생이 살맛 나는 경우가 얼마나 많은가. 설사 그런 활동이 심리학자들에게 푸대접받는 것이 다반사라고 할지라도 말이다('흥미'를 상세하게 다루는 심리학 논문들이 있긴 한데 나는 흥미라고 하면 꼭 열정의 미적지근한 사촌처럼 느껴진다).

우리는 어디에서 열정을 찾는가? 어떤 사람들은 일에 열정을 느끼고 또 어떤 사람들은 사랑하는 사람에게 열정을 느낀다. 내가 볼 때 이들은 소수의 행운아다.

많은 사람이 여가 활동에서 열정을 찾는다. 내가 친구여서 잘 아는데 로버트 밸러런드는 기타 연주와 농구에 열정을 느낀다(그렇다고 둘을 동시에 하진 않는다. 적어도 내가 아는 한에서는). 그리고 나는 스크래블Scrabble(알파벳 타일을 붙여 단어를 만드는 보드게임-옮긴이)을 하고 미시간대학교 미식축구팀을 응원할 때 열정을 느낀다. 꼭 어떤 활동을 잘해야만 열정을 느끼는 것은 아니다. 내 스크래블 실력은 아무리 좋게 봐줘도 중간 정도밖에 안 된다. 그래도 요즘 우리 학교 미식축구팀의 리그 성적을 보면 차라리 내 타일 맞추기 실력이 한 수 위인 것 같다.

우리가 여가 활동에서 열정을 잘 느끼는 이유는 내재적 동기에서 자발적으로 하는 활동이기 때문이다. 해야 해서 하는 활동보다는 하고 싶어서 하는 활동으로 자신을 규정하는 것이 훨씬 쉽다.

그건 그렇고, 밸러런드는 심리학 연구에도 열정을 느끼는 것 같다. 열정을 주제로 꾸준히 인상적인 연구 결과를 내놓으며 열의에 찬 글을 쓰고 강의를 하는 것을 보면 말이다.

그가 초기 연구에서 실시한 설문조사 결과를 보면 성인 응답자 중 85퍼센트가 자신이 열정을 느끼는 활동을 최소한 하나 정도는 어렵지 않게 생각해낼 수 있는 것으로 나타났다. 내가 말한 대로 그중 대부분이 여가 활동이다. 사람들은 가장 강하게 열정을 느끼는 활동에 주당 평균 8.5시간을 썼고 보통 그런 경향은 청소년기부터 시작돼서 오랜 세월 동안 이어졌다(아동정신분석학자인 에릭 에릭슨Erik Erikson이 자아 정체성 형성을 청소년기의 핵심 과업으로 꼽은 것이 결코 우연이 아니다).

이후 그는 응답자가 직접 열정을 측정해 보고할 수 있게끔 자기 보고 척도를 개발했는데 현명하게도 열정을 두 가지로 구별했다. 각각 '건전한' 열정과 '불건전한' 열정, 그의 표현을 그대로 쓰자면 '조화로운 열정'과 '강박적 열정'이다. 이 두 종류의 열정은 서로 확연히 다르지만 동시에 발생할 수 있고 흥미롭게도 둘 다 그 사람의 자아상에 영향을 끼친다. 하지만 조화로운 열정은 즐거움을 제외하면 아무런 심리적 조건이 붙지 않는 반면에 강박적 열정은 그 대상이 되는 활동에 대한 의존 현상이 꼬리처럼 따라붙는다. 가령, 조깅에 열정을 느끼는 두 사람이 부상을 당했다고 해보자. 열정이 조화로운 사람은 몸이 나을 때까지 한동안 달리기를 쉴 것이다. 그러나 열정이 강박적인 사람은 계속 달려서 부상이 더 심해질 것이다.

당연히 조화로운 열정은 심리학적으로 좋은 삶이라고 하면 흔히 떠오르는 요인들, 곧 긍정적 정서, 생활 만족도, 신체적 건강, 우수한 실력(열정적 활동을 하는 실력)과 연관되어 있다. 강박적 열정은 대체로 그와 정반대되는 양상을 보일 뿐만 아니라 한술 더 떠서 대인관계에 지장을 주는 경우도 있다. 그리고 강박적 열정을 느끼는 사람들은 그 활동을 하는 와중에 혹은 그 이후에 수치심을 느끼기도 한다.

앞에서 열정이란 단어의 변천사를 짚어보며 어떤 활동을 위해 고통도 감수한다는 각오를 강조했는데 그렇다면 강박적 열정에 관해 실증적으로 드러난 사실들과 모순되지 않는가? 내가 보기에는 그렇지 않다. 열정이 강박적으로 변하는 것은 열정이 열정의 걸림돌이 될 때다. 조깅을 하다 다리를 삔 사람은 조깅을 잘할 수 없고 그런데도 계속 조깅을 한다면 더욱더 실력이 나빠질 것이다. 도박에 강박적 열정을 느끼는 사람은 온 재산을 날려서 다시는 도박판에 못 끼게 될 공산이 크다.

요컨대 열정은 인생을 살맛 나게 하지만 열정을 좇을 때는 열정이 계속 유지되게 해야 한다. 열정은 희생이 따를 수 있기 때문에 열정이다. 열정이 건전성을 띠려면 그 대상이 되는 활동과 마찬가지로 희생 역시 자발적이어야 하고 그 희생 때문에 열정적 활동의 목표를 달성하는 데 지장을 받는 일이 없어야 한다. 열정이 남들의 눈에 비이성적으로 보이고 말고는 그것이 조화로운 열정이냐 강박적 열정이냐, 건전한 열정이냐 불건전한 열정이냐와 아무 상관이 없다. 본래 열정이란 남이 아닌 나의 것이고 열정에서 중요한 것은 그것이 내가 볼 때 이치에 맞느냐 하는 것이다.

스크래블 플레이어로서 나는 Q로 시작되면서 U 없이 만들 수 있는 'QAT', 'QAID', 'QI'를 사랑한다. 여러분이 이 단어들을 중요시하고 말고는 내게 별로 중요하지 않다. 물론 여러분 중 누군가가 어쩌다 내 상대가 된다면 제발 모르기를 바랄 테지만 말이다.

애착증이 공포증과
비슷한 이유

행복하게 여행하려면 가볍게 여행해야 한다.

앙투안 드 생텍쥐페리

나는 작가이기도 하지만 독자이다. 그러다 보니 독자들이 내용보다
는 제목에 더 잘 끌린다는 것을 알게 되어 내 글에도 도발적인 제목
을 붙이려 하고 가끔은 비속어나 비속어에 가까운 말을 쓰기도 한다.
그래도 유명인들이 발정 나서 저지르는 추잡한 짓거리에 대해서는
쓰지 않겠다고 딱 선을 그어 놓았다.

그래서일까, 이 글을 써야겠다는 생각이 떠올랐을 때 마땅한 제목
이 생각나지 않아 쓰기가 망설여졌다. '애착증soteria'이라고 붙이면
확실할 테지만 그러면 누가 거들떠나 보겠나? 그 말이 무슨 뜻인지
도 모르는 사람이 태반일 텐데 말이다.

하지만 이렇게 여러분을 모셨으니 설명을 좀 해야겠다. '애착증'은

공포증_{phobia}의 긍정적 상대어다. 공포증이 어떤 사물을 비이성적으로 두려워하는 것이라면 애착증은 어떤 사물에 비이성적으로 끌리는 것이다. 미국 대중문화에서 가장 유명한 애착증의 사례라면 찰리 브라운의 친구인 라이너스가 담요에 집착하는 것일 텐데 나는 비단 라이너스만 아니라 누구라도 정확한 명칭은 없을지언정 그런 애착증이 분명히 있으리라 확신한다.

아닌 게 아니라 지난 학기에 내가 대형 강의에서 어쩌다 애착증을 거론한 적이 있었는데 학생들의 머리 위에서 그때만큼 많은 전구가 반짝인 적이 없었다. 여기저기서 학생들이 손을 들고 신나게 자기 이야기를 했다. 다들 애착증이 있으니까 무슨 말인지 알아들었던 것이다. 참고로 대학의 대형 강의에서 학생들이 그렇게 흥분하는 경우는 흔치 않다.

애착증에 대해 글을 써볼까 하는 마음이 든 것은 디트로이트에 착륙하려던 여객기에서 승객이 속옷에 숨겨 둔 폭탄을 터뜨리려 한 사건의 여파 때문이었다. 그의 테러 기도는 미수에 그쳤지만 하마터면 엄청난 재앙을 불러왔을 사건이었기 때문일까, 여객기 내에서는 착륙 한 시간 전부터 무릎에 아무것도 올려둘 수 없게 한다는 조항이 신설됐다.

나는 비행기 불안증이 있는 사람이다 보니 그렇게 비행의 안전성을 향상하려는 조치가 환영할 만한 것일 수도 있다. 하지만 웬걸, 앞으로 비행기 탈 일을… 특히 착륙 시간을 생각하면 마음이 훨씬 더 불안해졌다. 비행기가 착륙할 때 나는 무조건 뭐라도 붙들어야 한다.

보통은 재킷, 혹시 쿠션이 있으면 쿠션을 붙들고 가끔은 손때 묻은 내 서류가방이라도 붙든다.

왜? 그러면 기분이 좀 나아지니까. 물론 이치엔 전혀 안 맞는다. 내가 뭘 붙들고 있든 간에(그리고 아무리 눈을 부릅뜨고 허드슨강의 기적(2009년 허드슨강에 불시착한 여객기에서 탑승객 전원이 무사히 생존한 사건-옮긴이)을 재현해줄 지형지물을 찾고 있어 봤자) 추락할 비행기는 추락할 것이다. 그래도 뭔가 기분 좋고 익숙하게 느껴지는 것을 꼭 붙들고 있으면 불안감이 좀 줄어든다. 이것이 애착증의 주요한 특징 중 하나다.

수년 전에 펜실베이니아대학교에서 마틴 셀리그만과 공동으로 긍정심리학 강의를 했을 때의 일이다. 우리는 왠지 재미있을 것 같은 수업 외 활동을 생각해냈다. 중간고사 기간이 코앞이라 우리는 학생들에게 시험을 치러 갈 때 외투와 넥타이를 포함해 정장을 쫙 빼입고 가보라고 했다. 그러면서 근사한 모습을 하고 있으면 시험을 잘 치르게 될지도 모른다는 이유를 댔다.

그러자 학생들은 무슨 뚱딴지같은 소리냐고 했다. 다들 찢어진 티셔츠나 트레이닝복, 너덜너덜한 청바지, 심지어는 침실용 실내화까지, 하여튼 원래 시험을 칠 때 입던 복장을 하고 가겠단다. 우리가 한술 더 떠서 시험 직전에 머리도 하고 화장도 하고 가라고 했더니 모두 그냥 웃어넘겼다. 몇몇은 시험을 칠 때면 가급적 안 씻고 안 빗는다고 했다.

많은 학생이 시험 전용 복장을 해야 시험운이 좋다고 해서 우리도 더는 고집을 부리지 않았다.

그때는 그냥 그러려니 했지만 지금 생각해보면 학생들이 우리에게 말하려던 것은 '행운의 옷' 같은 미신이 아니라 애착증이 아니었나 싶다. 단순히 미신이었다면 학생들이 그렇게 엄청난 의견 일치를 보이진 않았을 것이다.

애착증은 비이성적일지는 몰라도 아무것에나 생기진 않는다. 기분 좋은 감촉과 익숙한 냄새가 필수 조건이다. 공포증과 마찬가지로 애착증도 생물학적인 영향을 크게 받는다. 라이너스의 담요를 생각해보자. 라이너스에게 담요를 잃어버리는 것 다음으로 무서운 것은 담요를 빠는 것이다. 세제회사가 아무리 열심히 광고해도 우리는 자기 물건에서 상쾌한 냄새가 나는 것을 원하지 않을 때가 있다.

그렇다면 긍정적인 면은 무엇인가? 정신분석학 논문을 보면 애착증과 애착증의 가까운 친척이라고 할 이른바 이행대상transitional object(아이가 엄마에 대한 절대적 의존에서 상대적 의존으로 나아가는 과도기에 엄마 대신 애착을 보이는 인형이나 담요 같은 물건-옮긴이), 또 성적인 사촌인 페티시(특정한 물건에서 성적인 쾌감을 느끼는 것-옮긴이)에 대한 논의가 나온다. 일반적으로 이런 논의에서는 애착증과 정신병리학의 관련성을 강조하며 애착증이 미성숙함을 드러낸다는 견해를 역설한다.

여기서 이행대상이나 페티시를 건드리진 않겠다(그러면 분명히 재미있긴 할 테지만). 그냥 긍정심리학자의 입장에서 애착증은 유해하다고 밝혀지지 않는 한 무해하다고만 해두겠다. 아니, 애착증 덕분에 불안감이 줄어들고 마음이 편해진다면 좋은 삶에 보탬이 된다고 할 수도 있다. 사실 담요, 곰 인형, 트레이닝복만 아니라 안락의자, 북슬북슬한 카펫, 터틀넥 스웨터 등을 생각해보면 애착증은 아주 흔한 것인지도 모른다. 애착증이 '없으면' 인생이 팍팍할 수 있다. 어쩌면 학생들은 보기 좋을 때가 아니라 기분이 좋을 때 시험을 잘 칠지 모른다. 아니면 애착증 덕분에 옥시토신이 샘솟을 수도 있다. 이는 실증적으로 따져봐야 할 흥미로운 문제다.

다음번에 비행기를 타면 어땠는지 알려 드리겠다. 조언은 언제든 환영이다.

───────── **덧붙이는 글**

최근 내가 비행기를 몇 번 타본 경험에 한해서는 착륙 한 시간 전부터 무릎 위에 물건을 올려놓지 못하도록 하는 규정을 반드시 지켜야 하는 것은 아니었다.

대니얼 카너먼과
함께한 일요일 오후

💧

경험을 현명하게 사용한다면, 어떤 일도 시간 낭비는 아니다.

오귀스트 로댕

2010년 12월 19일, 미시간대학교 2010년 겨울 졸업식에 특별 연사로 나선 사람은 프린스턴대학교의 심리학 및 공공행정학 교수이자 2002년 노벨 경제학상 수상자로서 행동경제학과 긍정심리학을 포함해 다방면에 지대한 공헌을 한 대니얼 카너먼Daniel Kahneman이었다.

겨울 졸업식은 봄 졸업식에 비하면 조촐한 행사다. 5월에 미식축구장에서 열리는 봄 졸업식에는 졸업생의 가족과 친구가 수만 명 참석하지만 농구장에서 열리는 겨울 졸업식은 참석 인원이 수천 명에 그친다.

하지만 나는 큰 졸업식보다 작은 졸업식이 좋은데 작은 만큼 더 친근하게 느껴지기 때문이다. 확실히 몸이 더 편하다. 주차 문제로 골치를 썩을 일도 별로 없고 입장과 퇴장도 수월하다. 박사 졸업생이 모두 호명되고 학위 수령자가 모두 무대에 올라 학과장, 교무처장, 경우에 따라서는 총장과도 악수를 나눈다.

나는 이번 12월 졸업식의 연사가 지난 5월 졸업식의 연사만큼 좋았다. 이는 대단한 칭찬이다. 그도 그럴 것이 지난 5월의 연사는 버락 오바마였기 때문이다.

카너먼 교수와 개인적으로 알고 지내는 사이는 아니지만 그의 연구는 오래전부터 지켜보며 훌륭하다고 생각했다. 지난 학기에 긍정 심리학 강의를 하면서 그의 생각을 얼마나 읊어댔던지 많은 수강생이 겨울 졸업식에 그가 연사로 온다는 소식을 듣고는 신이 나서 본인 졸업식도 아닌데 굳이 참석하겠다고들 했다.

그는 명예 학위를 받고 10~15분 정도 기념사를 전했는데 평소처럼 훌륭했다. 예의 명쾌하고도 도발적인 화법을 구사했고 세상에서 가장 똑똑한 사람처럼 보였다. 무대 위의 대형 화면에 비친 모습으로 보건대 눈에 총기까지 어려 있는 것 같았다.

바깥에는 눈이 쌓여 있었고 그는 미시간과 캘리포니아의 삶을 비교한 논문을 언급하며 운을 뗐다. 미시간 사람, 캘리포니아 사람 할 것 없이 누구나 중서부보다는 서부 연안이 날씨가 훨씬 좋으니까 사는 것도 더 행복할 것이라고 믿는다. 청중은 빙긋 웃었다. 그는 여전히 코트, 장갑, 목도리 차림으로 있는 우리에게 그 말을 더 납득시킬 필요라도 있는 것처럼 이렇게 덧붙였다. "정말 더 좋아요. 아시잖아요."

그러고는 허를 찌르듯이 캘리포니아 사람들이 중서부 사람들보다 더 행복하진 않다고 했다. 기후가 행복에 영향을 끼칠 수도 있지만 행복에 영향을 끼치는 다른 요인들에 비하면 어차피 그 영향력이란 미미하다는 것이었다. 그런데도 다들 캘리포니아 사람들과 중서부 사람들 중에 누가 더 행복할 것 같으냐는 질문을 받았을 때 캘리포니아 사람들이 더 행복할 것 같다고 대답하는 이유는 그런 질문으로 인해 캘리포니아와 중서부의 차이에 초점을 맞추게 되고 그럴 때면 날씨야말로 명백한 차이점으로 부각되기 때문이다. '초점 착각 focusing illusion'이라고 하는 이 현상은 폭넓게 일어난다. 무언가를 비교할 때 우리는 초점을 맞추는 대상에 과도하게 영향을 받는다. 이 경우에는 날씨가 그렇다고 하겠다.

그는 논지를 요약하면서 "무엇이든 우리 생각만큼 중요하진 않습니다. 적어도 우리가 그것에 대해 생각할 때만큼은요"라고 말했다. 나는 동료 교수와 함께 앉아 있었는데 그 짧은 요약문을 듣는 순간 우리는 자기도 모르게 서로 마주 보고 소리 없이 외쳤다. "와!"

기념사의 나머지는 경험 자아experiencing self와 기억 자아remembering self에 관한 이야기였다. 각 자아의 행복이 중요하긴 하지만 그 결정 요인은 서로 다를 수 있다. 졸업생과 나머지 참석자들에게 그는 무엇을 가치 있게 여길지 잘 선택하고 그에 따라 행동하라고 조언했다. 그는 차이점을 간결하게 정리했다. "기억 자아의 행복은 성취에 영향을 받고 경험 자아의 행복은 긍정적 감정에 영향을 받는데 긍정적 감정은 타인에게서 오는 것입니다."

카너먼 교수의 중요한 견해를 하나 더 거론하자면 우리가 좋은 경험에 대해 기억하는 것은 그것이 어떻게 끝났느냐 하는 것이라고 한다. 미시간대학교 2010년 겨울 졸업생들로 말하자면 그들의 대학 생활은 우리 시대에 가장 중요하다고 할 사상가의 명연설로 마무리 됐다.

나로 말하자면 그날 오후는 경험할 때도 기억할 때도 흐뭇한 순간이었다.

돈과 행복에 대한 착각

지갑이 가벼우면 마음이 무겁다.

괴테

흔히 긍정심리학 연구의 결과라며 돈으로는 행복을 살 수 없다고 생각한다. 하지만 이는 착각이다. 연구 결과를 보면 소득과 행복(생활 만족도)은 양의 상관관계에 있다. 그렇다고 정비례하진 않는다. 소득이 늘어날수록 생활 만족도의 상승폭은 줄어든다. 소득 증가는 돈이 거의 없는 사람들에게서 가장 큰 힘을 발휘하지만 먹고살 만해졌다고 해서 안 중요해지는 것은 아니다. 우리 긍정심리학자들은 설사 다른 것은 못한다고 해도 최소한 우리의 데이터만큼은 진지하게 살펴봐야 한다.

대부분의 사람에게는 소득이 행복의 가장 큰 요인이 아닐 테고 물질주의의 팽배는 심리학적으로 보나 도덕적으로 보나 마땅히 규탄

해야 할 현상이다. 하지만 돈은 중요하다. 설령 그 중요성이 별로 크진 않다고 하더라도 말이다. 영화배우 메이 웨스트Mae West가 남긴 명언이 있다. "내가 부유하게도 살아보고 가난하게도 살아봐서 아는데 부유한 것이 더 낫다."

돈과 행복의 관계에 대해 밝혀진 사실이 하나 더 있다. 각 국가의 국민 생활 만족도 평균을 비교해보면 국민총생산GNP이 국민 행복의 강력한 예측 변수다. 예외가 없진 않지만 일반적으로 가장 불행한 나라들은 가장 가난한 나라들이고 가장 행복한 나라들은 가장 부유한 나라들이다.

일부 데이터에서는 국가의 부가 증가해도 국민의 행복은 증진하지 않는 것으로 나타난다. 그렇다면 연구 결과가 모순되는 셈인데 혹시 국가 표본이 완벽하지 않아서 그런 것은 아닐까 싶다.

내 경우에는 그간 임금이 오르면서 확실히 생활이 더 안락해졌다. 여기서 돈과 행복의 관계를 좀 엿볼 수 있을 것 같다. 긍정심리학자들은 쾌락과 안락을 구별한다. 쾌락은 우리가 금방 적응하기 때문에 오래가지 못한다. 반면에 안락은 사라지기 전까지는 별로 의식하지 못한다. 나는 이를 '크고 노란 택시 효과'라고 한다. 이 말은 조니 미철Joni Mitchell의 〈빅 옐로 택시〉라는 노래에서 따왔다. 이 노래에서 미철은 뭔가가 없어지기 전에는 그런 것이 있는 줄도 모르는 우리의 모습을 이야기했다.

우리 가족이 처음으로 에어컨을 샀을 때, 또 처음으로 컬러텔레비전을 샀을 때가 아직도 기억난다. 한동안은 삶이 아주 즐겁고, 아주

시원하고 생생했다. 그런데 지금은 고장 났을 때가 아니면 그런 것들을 당연시한다. 그래서 삶이 비참하다. 혹시 운이 좋아서 여분의 수입이 있는 사람이라면 행복에서 그 소득의 가치는 바로 안락함을 누리는 것이 아닐까 싶다. 안락함이 좋으냐고? 나는 좋다고 본다. 적어도 안락하지 않게 사는 사람에게 안락함이 별로 중요하지 않다는 말은 절대로 안 할 것이다.

돈과 행복에 관해 밝혀진 사실이 좀 더 있다.

힐케 플라스만Hilke Plassmann, 존 오도허티John O'Doherty, 바바 쉬브Baba Shiv, 안토니오 랑겔Antonio Rangel은 2008년에 〈미국 국립과학원 회보Proceedings of the National Academy of Sciences〉를 통해 발표한 연구에서 참가자들이 와인을 마시는 동안 두뇌의 활동을 측정했다. 그랬더니 와인이 저렴한 것이라고 했을 때보다 비싼 것이라고 했을 때 두뇌에서 쾌락을 처리하는 부위가 더 활발히 움직였다. 그런데 반전은 둘 다 똑같은 와인이었다는 사실이다! 어쩌면 부유한 사람들은 이런저런 것에 돈을 더 많이 쓰기 때문에 더 행복한 것인지도 모르겠다. 그건 그렇고, 이 연구에서 위의 두 가지 상황 외에도 참가자들에게 지금 마시는 와인이 원래는 아주 비싼 가격인데 대폭 할인을 받아서 샀다고 하면 어떻게 되는지도 살펴봤으면 좋았겠다는 아쉬움이 남는다. 그러면 fMRI(기능적 자기공명영상) 장비가 합선되는 불상사가 일어났으려나.

한편, 2008년에 〈사이언스〉 지에 게재된 논문에서 엘리자베스 던, 라라 애크닌Lara B. Aknin, 마이클 노튼Michael I. Norton은 타인에게 돈을 쓴다면 돈으로 행복을 살 수 있다고 결론 내렸다. 이들은 세 차례에 걸친 연구의 결과를 소개했다. 첫 번째 연구에서는 미국인들을 대상으로 한 설문조사를 통해 사람들이 타인에게 줄 선물을 사는 데 쓰는 돈이나 자선단체에 기부하는 돈의 액수가 전반적인 행복도와 긍정적으로 연관되어 있고 이는 총수입을 통제 변수로 놓아도 마찬가지라고 밝혀졌다(참고로 총수입으로 행복이 예측된다는 것도 드러났다). 두 번째 연구에서는 한 회사에서 이익배분제에 따라 상여금을 받은 직원들을 조사했다. 상여금을 타인에게 쓴 경우에는 그 금액으로 6~8주 후의 행복도가 예측됐지만 본인에게 쓴 경우에는 그렇지 않았다. 세 번째 연구가 진짜 실험이었다. 연구진은 참가자들에게 5달러나 20달러를 나눠주고 본인을 위해 쓰거나 타인을 위해 쓰라고 했다. 그리고 그들의 행복도를 측정했다. 그 결과, 타인에게 돈을 쓴 사람들이 더 행복했고 그 액수는 중요하지 않았다. 논문에 보고된 사실이 하나 더 있다. 또 다른 참가자들에게 어느 쪽이 사람을 더 행복하게 할지 예상해보라고 하자 본인에게 20달러를 쓸 때 가장 행복해질 것 같다고 오판했다는 것이다.

이를 모두 종합해보면 타인에게 값비싼 선물을 줄 때 가장 큰 행복을 얻는다고 할 수 있을까? 사실 던을 비롯한 연구진이 실험을 통해 밝혀낸 것만으로는 그렇다고 할 수 없지만(말했다시피 5달러를 쓰든 20달러를 쓰든 아무 차이가 없었다) 과학 하는 사람들이 즐겨 말하듯이 후속 연구가 필요할 것 같다. 이때 연구진이 소정의 금액을 지급하지 않고 참가자들에게 본인의 재산 중에서 거액을 타인에게 나눠줘 보라고 하면 가장 효과적이지 싶다.

　미국 인디언들은 포틀래치potlatch라는 축제에서 자신이 가장 아끼는 물건을 아무 대가 없이 나눠주는 의례를 행하는데 긍정심리학계에서는 이를 관심 있게 살펴봐야 할 것 같다. 어쩌면 우리도 나름의 포틀래치 의식을 만들고 거행해야 하지 않나 싶다. 단, 컬러텔레비전이나 에어컨은 나눔에서 제외한다는 조건으로.

기분에 따라
할 일을 조정하라

인간에게는 행복만 아니라
정확히 그만큼의 불행 역시 필요하다는 것을 아는가?

표도르 도스토옙스키

긍정심리학 이론과 연구 덕분에 '행복한 사람은 바보다'라는 해묵은 편견이 깨졌다. 바버라 프레드릭슨Barbara Fredrickson이 정립한 긍정적 정서의 확장 및 구축 이론broaden-and-build theory of positive emotions에서부터 소냐 류보머스키Sonja Lyubomirsky, 로라 킹Laura King, 에드 디너Ed Diener가 인생의 여러 중요한 영역에서 생활 만족도와 긍정적 결과의 연관성을 밝혀낸 문헌조사 결과에 이르기까지, 이제 우리는 기분이 좋으면 바람직한 결과가 나온다고 결론을 내릴 수 있는 근거가 든든히 확보되어 있다.

　2008년에 〈디벨롭멘털 사이언스Developmental Science〉에 실린 시몬 쉬넬Simone Schnall, 비크럼 재스월Vikram Jaswal, 크리스티나 로Christina

Rowe의 논문은 위의 결론과 반대되는 내용을 담고 있기에 주목할 만하다. 이 논문에는 아동을 대상으로 한 두 차례의 실험 결과가 보고되어 있다.

첫 번째 실험에서는 행복한 기분을 자아낸다고 알려진 음악과 우울한 기분을 자아낸다고 알려진 음악 중 하나를 10~11세 아이들에게 반복해서 들려줬다. 조작 점검을 통해 실제로 의도한 효과가 나타나는지 확인했다. 그 후 아이들에게 숨은그림찾기를 시켰다. 숨은그림찾기를 하면 꼼꼼한 정도가 드러난다. 결과를 보니 행복한 기분을 느낀 아이들이 우울한 기분을 느낀 아이들보다 성과가 안 좋았다.

두 번째 실험에서는 6~7세 아이들에게 행복한 기분, 중립적인 기분, 우울한 기분 중 하나를 자아내는 영상을 보여줬다. 이번에도 역시 조작 점검을 통해 실제로 의도한 효과가 나타나는지 확인했다. 그리고 첫 번째 실험과 마찬가지로 숨은그림찾기를 시켰다. 행복한 기분을 느끼는 아이들이 가장 안 좋은 성과를 보였고 나머지 두 집단의 아이들은 차이가 별로 없었다.

이런 결과가 언론의 눈에 띄어서 엉뚱한 제목의(예: '슬픔이 좋은 이유') 보도가 나오기 전에 이 연구(미리 말해두는데 분명히 훌륭하고 흥미롭고 중요한 연구다)에 대해 좀 더 자세히 알아보자.

하나, 이 연구는 행복한 아이들의 학습 능력이 떨어진다는 것을 보여주지 않는다. 행복한 아이들이 열등한 학생이 아니라는 것을 이미 우리는 잘 알고 있다. 그뿐만 아니라 쉬넬과 동료 학자들도 인정하다시피 행복할수록 더 창의적으로 사고할 수 있다는 것 역시 우리는 잘 알고 있다. 꼼꼼함도 중요한 능력이긴 하지만 이 연구에서 우수한 학업 능력이나 인생의 성공과 관련된 능력들이 폭넓게 탐구된 것은 아니다.

둘, 이 연구는 우울한 아이들의 학습 능력이 우수하다는 것 역시 보여주지 않는다. 당연한 소리다.

셋, 좀 더 넓게 봤을 때 이 연구가 행복이나 우울함을 특질로 이야기한다고 보기도 어렵다. 이 연구의 초점은 심리학자들이 '상태'라고 부르는, 일시적으로 유발된 기분이다.

이 연구가 보여주는 것은 상황에 따라서, 구체적으로 말하자면 꼼꼼함이 요구되는 상황에서 행복한 기분 때문에 손해가 생길 수도 있다는 사실이다.

뭔 말이 이렇게 많냐고? 나는 이런 연구 결과에 대한 그릇된 일반화가 활개 치지 못하게 하고 싶다. 그중에서도 특히 슬픔, 우울, 비관주의라면 사족을 못 쓰는 것처럼 보이는 언론을 통해서, 또 그런 것들이 상황에 따라선 유익이 있을 수도 있다는(행복, 열의, 낙관주의 역시 상황에 따라선 유익이 있을 수 있듯이) 것을 보여주는 연구 결과들을 통해서 잘못된 일반론이 퍼지는 것을 막고 싶다.

긍정심리학자들이 끊임없이 쾌활하고 행복하게 살기를 종용한다고 비난하는 사람들도 있다. 책임감 있는 긍정심리학자치고 그런 사람이 있을까 싶지만 설사 그렇더라도 반대로 위와 같은 연구 결과를 두고 호들갑을 떨며 슬픔을 정당화하거나 우울을 미화하진 말자.

내가 공명정대한 권고안을 제시하겠다. 모두 자기 기분을 스스로 다스려 그때그때 필요에 맞게 조정하자. 신이 나고 들뜰 때는 논문을 퇴고하거나 세금 신고서를 검토하지 말자. 그리고 우울할 때는 인생의 큰 변화를 계획하거나 새로운 프로젝트에 대한 브레인스토밍을 하지 말자.

성공과
생활 만족도 실험

다리가 부러졌다면 목이 부러지지 않은 것에 대해 감사하라.

웨일스 속담

앞에서 실험으로 유발된 행복 때문에 손해가 생길 수 있음을 보여주
는 연구 결과를 이야기했다. 그리고 상태 연구가 특질 연구와 동일하
진 않으니 주의하라고 했다. 다시 말해 실험으로 유발된 감정(예: 행
복)이 그와 연관된 습관적 기질(예: 생활 만족도)과 똑같은 효력을 발
하리란 법은 없다.

하지만 때로는 상태 연구와 특질 연구가 동일한 결론으로 이어
지기도 한다. 시게히로 오이시Shigehiro Oishi, 에드 디너, 리처드 루카
스Richard Lucas가 발표한 중요한 논문을 보면 생활 만족도로 표현되는
기질적 행복 때문에 손해가 발생할 수 있다고 되어 있다. 단, 무조건
손해가 생기진 않고 구체적으로 어떤 결실에 초점을 맞추느냐에 따

2부
좋은 기분은 좋은 삶의 일부다

라 달라진다.

 연구진은 여러 개의 대규모 표본에서 횡단 데이터와 종단 데이터를 확보해 분석했다. 각 데이터에는 성인 응답자들의 생활 만족도 평가 결과와 함께 다양한 영역의 '성공'과 관련된 정보가 포함되어 있었다. 연구진의 관심사는 성공과 생활 만족도의 상관관계였다.

 첫 번째 중요한 발견점은 어떤 결실에 초점을 맞추느냐와 상관없이 만족도가 높은 행복한 사람들이 만족도가 낮은 불행한 사람들보다 더 성공적이었다는 점이다.

 두 번째 중요한 발견점은 만족도가 가장 높은 사람들과 만족도가 보통인 사람들을 비교하면 어떤 결실에 주목하느냐가 상관있었다는 점이다. 가까운 사람과의 관계를 보자면 극도로 행복한 사람들이 그보다 좀 덜 행복한 사람들보다 성공적이었다. 하지만 학교, 직장, 정치 참여에서의 성공을 보면 가장 행복한 사람들이 그보다 약간 덜한 만족도를 표현한 사람들보다 성과가 안 좋았다. 하지만 첫 번째 발견점을 유념하자.

 연구진의 결론이다. "행복이 보통 수준 이상인 경우에 가장 효과적인 행복의 수준이란 그 사람이 사용할 수 있는 자원과 성공의 기준이 되는 특정한 결실에 따라서 달라지는 것으로 보인다."

 좋다. 아무래도 너무 행복하면 안 되는 상황도 있나 보다. 연구자들은 위의 발견점들이 다르게 해석될 여지도 있음을 인정한다. 일부 데이터는 응답자들에게서 일시에 수집됐는데 그렇다면 과연 응답자들이 보고한 만족도와 그들이 거둔 성공 중에서 무엇이 먼저냐는 의문이 제기될 수 있고 그 데이터만으로는 해답을 얻을 수 없다. 하지만 그 밖의 데이터에서 세월이 흘러도 위와 같은 양상이 그대로 나타나는 것이 드러나기 때문에 만족이 실제로 특정한 결실을 부른다는 결론이 힘을 받는다. 이와 관련해서는 적당히 행복한 사람들이 충분히 행복한 사람들보다 더 굶주렸기 때문에, 다시 말해 동기가 더 강하기 때문에 성취 위주의 영역들에 더 많은 노력을 기울이는 것일지도 모른다고 말할 수 있다.

아니면 큰 행복이 우수한 성적이나 높은 임금보다는 좋은 인간관계로 이어지기가 더 용이한지도 모른다. 다른 이유를 떠나서 행복이란 전염성이 있어서 타인의 마음을 끌어당기기 때문이다.

혹은 쉽게 생각해서 하루가 24시간밖에 안 되니까 하나를 성취하려면 다른 것을 포기하는 수밖에 없어서 그런 것인지도 모른다. 내가 이런 생각을 내비치자 에드 디너는 이렇게 말했다. "뉴턴이 물리학 연구를 그렇게 많이 할 수 있었던 것도 사람들과 어울리는 걸 별로 안 좋아해서였죠."

우리는 원하든 원치 않든 선택을 하며 산다. 대학생 때 나는 밤낮없이 공부만 하고 사교란 것은 일절 몰랐다. 그래서 우수한 성적이 아니었으면 굳게 닫혀 있었을 기회의 문들이 열렸다. 그럴 때마다 나는 설령 행복한 마음으로는 아닐지언정 분명히 내 의지에 따라 그 문을 통과했다. 이제 30년이 지나 일류 대학교에 종신교수로 재직 중인 지금은 딱히 모자란 것이 없다. 멋진 친구들도 있다. 어쩌면 우리는 성취와 인간관계를 다 누릴 수 있는 것인지도 모른다. 다만 동시에 누리기가 어려울 뿐.

유전율과
행복의 관계

내가 성공을 했다면 오직 천사와 같은 어머니의 덕이다.

에이브러햄 링컨

긍정심리학 연구의 결론 중에서 자주 거론되는 것이 행복은 유전자, 환경, 자발적 활동의 산물이라는 것이다. 꽤 합리적인 말이다. 사실 그런 원리는 인간의 성격 중 거의 모든 부분에 적용된다.

일부 긍정심리학자는 더 나아가 행복의 공식까지 제시하는데 대체로 보면 대규모 표본 연구 결과를 토대로 해서 각 구성 요소의 비중을 명시하는 식이다. 대표적인 공식은 유전자 50퍼센트, 환경 10퍼센트, 자발적 활동 40퍼센트다. 연구 논문을 읽어 보면 이런 공식들 역시 꽤 합리적이다. 다만, 정확한 비중은 어떤 표본을 토대로 했느냐에 따라 달라진다.

그래서 내가 하고 싶은 말은? 결론적으로 말하자면 표본 집단의 행복을 분석하듯이 개인의 순간적인 행복이나 전반적인 행복을 분석할 수 있다는 생각은 '지극히 비합리적'이라는 말이다.

한 무리(표본)의 사람들에 대해 포괄적으로 말할 때는 유전자의 차이가 행복의 차이에 50퍼센트 정도 영향을 끼친다는 식으로 말할 수 있다. 하지만 톰이 회사에서 월급이 오르거나 좋아하는 스포츠팀이 승리해서, 또는 가족들과 주말을 잘 보내서 일시적으로 행복을 느낄 때 그 행복 중 50퍼센트가 유전자 때문이라고 말할 수는 없다. 말도 안 되는 소리다. 50퍼센트라니 앞에서부터 50퍼센트인가, 뒤에서부터 50퍼센트인가, 아니면 중간 어딘가에서부터 50퍼센트인가? 이는 최악의 범주 오류다.

문득 오래된 질문이 떠오른다. "사각형의 가로변과 세로변 중에서 무엇이 넓이에 더 큰 영향을 끼치는가?" 그냥 생각해도 바보 같은 물음이다. 물론 크기가 다른 사각형들의 '표본'이 주어진다면 전체적 관점에서 표본의 특성을 요약하는 답을 제시할 수는 있겠다. 그러나 그 '비중'을 일반화하여 다른 사각형 표본들도 마찬가지라고 할 수는 없는 노릇이다. 좌우간에 우리는 사각형이 어떻게 생겼느냐에 따라 그 답이 크게 달라진다는 사실을 잘 알고 있다.

행복과 행복의 결정 요인들을 생각할 때도 마찬가지다. 단, 그 이치가 위의 예만큼 쉽게 이해되진 않을 수 있다.

유전자의 영향부터 따져보자. 과학적 정의에 따르면 어떤 형질의 '유전율'이란 사람들 사이에서 유전 요인의 차이로 인해 해당 형질의 차이가 빚어지는 비율을 뜻한다. 따라서 유전율 추정치(예: 50퍼센트의 행복 유전율)는 개인이 아닌 집단에만 적용된다.

같은 맥락에서 유전율이라고 말한다고 해서 무조건 유전자로 물려받았다고 생각하진 말기를 바란다. 톰이 푸른 눈을 어머니에게서 유전자로 물려받았다는 말은 할 수 있지만* 그의 행복 중 절반이 아니, 얼마만큼이든 간에 하여튼 행복이 어머니에게서 유전자로 물려받은 것이라는 말은 할 수 없다.

같은 논리가 행복을 구성하는 다른 요소들의 비중에도 적용된다. 자, 한번 보자. '환경'에는 그 사람이 사는 국가가 포함된다. 만약 노르웨이와 스웨덴을 비교해서 비중을 계산한다면 국가는 거의 상관이 없다는 결론이 나올 것이다. 하지만 스칸디나비아 국가들과 사하라 이남 아프리카 국가들을 비교하면 환경의 비중이 훨씬 커질 것이다.

그뿐만 아니라 어떤 한 사람의 행복에서 국가가 끼치는 영향력이 얼마라고도 말할 수 없다. 우리는 단지 집단에 대한 일반론만 내놓을 수 있을 뿐이다.

긍정심리학 저술가들이 그런 공식을 제시할 때 정말로 그것을 개인에게 적용하라고, 혹은 개인이 경험하는 구체적인 행복의 순간에 적용하라고 그러는 것인지는 잘 모르겠다. 하지만 독자들이 그런 식으로 비약하는 경우가 많은 것은 분명하다고 할 것이 내 강의를 듣는 학생들 중에서도 행복을 논하는 대중 서적을 읽고 그런 생각을

---

* 눈 색깔의 '유전자' 유전이 친숙한 예이긴 하지만 여기서 말하는 것처럼 간단한 과정은 아니라고 알고 있다. 그러니 여기서는 넓은 차원에서 행복의 유전율에 대한 논지만 이해하고 넘어가기 바란다.

내비치는 친구들이 대단히 많기 때문이다. 나는 그들에게 유전율을 설명해주느라 꽤 많은 시간을 쓴다.

에드 디너도 행복에 대한 오해를 파헤치는 중요한 논문에서 '오해 2: 행복의 원인들을 원그래프로 나타낼 수 있다'라는 제목으로 똑같은 점을 지적했다. 그는 사망률을 예로 들었는데 정말 탁월한 선택이어서 나도 요긴하게 활용하고 있다. 어떤 표본 집단에 대해 대표적인 사망 원인이 암, 뇌졸중, 사고, 살인, 말라리아 등이라고 말할 수는 있다. 어떤 사인들은 다른 사인들보다 발생률이 훨씬 높고 따라서 더 중요하다고 볼 수 있겠으나 이는 어디까지나 그 표본에 관해 이야기할 때뿐이다.

대부분의 나라에서는 말라리아가 사망 원인 중 큰 비중을 차지하지 않는다. 하지만 그렇다고 한들 하필이면 말라리아로 죽어가는 사람에게는 아무 위안이 되지 않을 테고 말라리아가 드물게나마 발생하는 지역에 사는 사람이 적절한 예방 조치를 받지 않는다면 어리석은 짓이다.

디너는 다음과 같이 결론 내렸다.

> 때로는 이 수치[비중]들이 더 큰 행복을 누리려면 무엇을 바꾸는 편이 가장 효과적인지 알려주는 지침으로 둔갑해 대중에게 제공되기도 한다. 하지만 개인의 행복에 변화를 일으키는 요인은 다수의 행복에 변화를 일으키는 요인과 다를 수 있다. 모집단에서는 종교로 인한 개체 간 차이가 그리 크지 않더라도 누군

가는 종교인이 됨으로써 행복이 막대하게 증진될 수 있다. 원그래프식 사고방식은 간단하고 명료하기 때문에 매혹적이지만 거기에는 오해의 소지가 있다.

긍정심리학이 중요한 이유는 연구 결과를 토대로 하기 때문이다. 하지만 그 연구 결과는 바르게 이해돼야만 한다.

미소와 수명

경기용 얼굴과 생활용 얼굴

우리 몸에는 완벽한 약국이 있다.
어떤 병도 치유할 수 있는 강력한 약을 가지고 있다.
바로 웃음이다.

노먼 커즌스

긍정심리학계에서 중대한 연구 중 하나는 리앤 하커LeeAnne Harker와 대커 켈트너Dacher Keltner가 실시한 뒤셴 미소Duchenne smile와 결혼 만족도 연구다. 이들은 베이에어리어에 소재한 여자 대학교의 1958~60년 졸업 앨범에서 114장의 사진을 분석했다. 그중 3명을 제외한 전원이 미소를 짓고 있었으나 다 같은 미소는 아니었다. 일부 학생은 이른바 뒤셴 미소라고 해서 얼굴 가득 행복이 넘치는 진솔한 미소를 짓고 있었는데 이런 미소의 특징은 눈가의 근육이 수축하면서 잔주름이 잡히는 것이다. 나머지 학생들은 입으로만 웃는 소위 스튜어디스 미소를 짓고 있었다. 사진 속 미소의 '뒤셴성性'을 10점 척도로 평가해보니 평균 3.8점이었다.

연구자들이 그 사진들을 분석 대상으로 선정한 이유는 사진 속 여성들이 인생의 중대사에 대한 장기 연구에 참가했기 때문이었다. 구체적으로 말하자면 연구자들은 해당 여성들이 졸업 사진을 찍고 수십 년이 지난 후 결혼은 했는지, 했다면 결혼 만족도는 어느 정도인지를 알 수 있었다. 연구 결과, 졸업 사진 속 미소의 뒤센성으로 두 가지가 모두 예측됐다. 졸업 사진에서 긍정적인 감정인 행복을 표현한(아마 졸업 사진만 아니라 인생의 다른 영역에서도 마찬가지였을 것이다) 여학생들이 중년에 더 나은 결혼 생활을 영위하고 있었다.

의심 많은 사람들은 그런 결과가 매력적인 외모 같은 교란 변인의 영향을 받았을지도 모른다고 생각할 것이다. 일반적으로 육체의 아름다움이 행복으로 직결되지 않는다는 사실을 군이 언급하지 않더라도 위의 표본에서 얻은 결과는 예쁜 얼굴과 상관이 없었다. 하커와 켈트너가 사진 속 얼굴의 매력도를 평가해보니 그 점수(대체로 뒤센성 점수와 무관했다)로는 만족스러운 결혼 생활 여부가 예측되지 않았다.

꽤 흥미로운 결과라서 나는 행복이나 긍정심리학에 관해 강연할 때면 꼭 이를 거론한다.

그러니 비교적 최근에 뒤센 미소를 연구한 논문에 내가 주목한 것도 당연한데 이번에는 메이저리그 1952년 시즌의 선수들 사진이 분석 대상이었다. 연구자들은 각 선수의 표정을 미소 없음, 뒤센 아닌 부분적 미소, 완벽한 뒤센 미소로 분류했다. 세 유형의 비율은 차례대로 42퍼센트, 43퍼센트, 15퍼센트였다.

이후 2009년 6월을 기준으로 별세한 선수 150명의 수명을 조사했다. 전혀 웃지 않은 선수들은 평균 72년을 살았고 조금 웃은 선수들은 평균 75년, 뒤셴 미소를 지은 선수들은 평균 80년을 살았다. 이는 통계적으로 유의미한 차이이고 분석 과정에서 매력도 등 교란 변인이 될 만한 것은 통제가 됐다. 그런데 이 결과는 통계적으로만 유의미한 것이 아니라 우리 삶에도 유의미하다. 결과를 액면 그대로 받아들인다면 뒤셴 미소로 수명이 5~8년, 그것도 행복한 나날이 5~8년 연장된다는 말이니까 말이다.

나는 평생을 스포츠 애호가로 살아왔는데 나만 그렇게 생각하는지 몰라도 요즘은 '경기용 얼굴'이 좀 달라진 것 같다. 옛날에는 운동선수들이 어떻게든 자신 있고 결연한 표정을 짓거나 아니면 아예 무표정으로 일관했다. 그런데 근래에는 화가 머리끝까지 난 것처럼 오만상을 찡그리는 선수가 많다. 최근 몇 차례의 NCAA 농구 토너먼트전을 보면서 나는 무슨 40분짜리 어수선한 마오리족이 전투 전에 추는 춤인 하카춤을 보는 줄 알았다.

경기용 얼굴은 상대방에게 위압감을 주고 선수로서 위용을 뽐내는 수단이다. 그런데 경기용 얼굴이 그냥 수단일 뿐이라면 무슨 걱정일까? 하지만 혹시 경기용 얼굴에 평소 인생을 살아가는 태도가 반영된다면, 그러니까 경기용 얼굴이 곧 생활용 얼굴이라면 나는 요즘 선수들이 좀 걱정된다. 그들이 경기 중에는 몰라도 그 외의 순간에는 좀 더 많이 웃었으면 좋겠다.

참, 방금 소개한 연구에서 미소는 선수들이 행복 여부를 떠나서 얼마나 오래 사느냐를 가늠하는 지표였을 뿐 장수의 원인은 아니었다.

가짜 미소를 짓는다고 더 오래 살진 않는다. 그러나 긍정심리학자들을 통해 지속적인 행복을 자아낸다고 밝혀진 것들을 행하면 유익할 수도 있다.

그리고 설령 유익하지 않다고 할지라도 어쨌든 그런 것을 행하는 과정에서 여러분은 물론이고 여러분을 만나는 사람들도 모두 더 좋은 시간을 더 많이 누리게 될 것이다.

행복
아웃라이어

가는 곳마다 나보다 한 발 먼저 다녀간 시인이 있음을 발견한다.

지그문트 프로이트

말콤 글래드웰 Malcolm Gladwell의 『아웃라이어 Outliers』를 읽었다. 아마 독자 여러분도 많이들 읽었을 것이다. 이 책에는 성공과 성공자들에 대한 저자의 시각이 담겨 있다. 그의 이전 책들이 그랬듯이 『아웃라이어』도 도발적인 내용을 잘 풀어낸 책이다. 긍정심리학을 공부하는 사람이라면 모두 잠시 하던 일을 멈추고 우리 중에 그런 재능 있는 저술가가 있는 것에 대해 감사할 일이다.

글래드웰의 관심사는 존 록펠러, 비틀스, 빌 게이츠 등이 이룩한 것처럼 널리 칭송받는 성공이다. 경이로운 성취는 평소 긍정심리학 집안에서 찬밥 신세다. 그보다 훨씬 큰 관심을 받는 쪽은 따뜻하고 포근한 식구들, 우리가 안아주면 같이 안아줘서 기분이 좋아지는 식구들, 이를테면 행복, 희망, 친절, 사랑이다. 반면에 성취는 엘리트적이고 배타적이어서 많은 사람에게 그리 쉽게 품을 내주지 않는다.

그럼에도 성취는 분명히 인생을 살맛 나게 하는 굉장히 중요한 요소다. 『아웃라이어』에서 개진된 견해는 내가 아는 연구 결과와 일맥상통한다.

하나, 경이로운 성취는 천재성만으로 거둘 수 없다. 재능도 중요하지만 그것만으로는 부족하다. 성취는 온갖 외적 요인이 어우러진 결과다. 간단히 말하자면 시기와 지역을 잘 타고 태어나야 하고, 적절한 자원을 이용할 수 있어야 하며, 교육과 성원을 받아야 한다. 혼자 힘으로는 절대 안 되는 일이다. 저 혼자 잘나서 성공하는 사람은 아무도 없다. 극한개인주의 rugged individualism(누구나 혼자 힘으로 성공할 수 있으므로 국가의 지원을 최소화해야 한다는 주의-옮긴이)는 극히 잘못됐다.

둘, 성공을 거두려면 그전에 오랫동안 기술을 연마해야 한다. 글래드웰은 최소한 1만 시간을 들여야 한다고 주장하지만 수치를 너무 적게 잡은 것이 아닌가 싶다. 성취를 연구하는 심리학자들은 어떤 분야에 크나큰 공헌을 하는 사람들을 보면 대부분 필요한 지식과 기술에 통달하기 위해 꼬박 10년을 쏟아부었다며 10년의 법칙을 이야기한다. 거기에 더해 12-7 법칙이라고 해서 그 10년 동안 하루 12시간씩 일주일에 7일을 힘써야 한다고 말한다. 기가 팍 죽는가? 당연히 그럴 것이다. 〈아메리칸 아이돌〉이 보여주는 것과 달리 원래 탁월함으로 가는 길에 왕도란 없는 법이다.

아마 이런 결론이 많은 젊은이의 귀에 달갑게 들리진 않을 것이다.

며칠 전에 열차를 탔는데 옆자리에 아가씨가 앉아 있었다. 그녀의 진로와 포부를 놓고 대화를 하던 중에 나는 점잖게 10년의 법칙을 이야기했다. 그녀는 자꾸만 '긍정적인 이미지 그리기'가 더 좋은 원칙이라며 그쪽으로 화제를 돌리려 했다. 하지만 나도 순순히 물러서지 않았으니 젊은 사람들이 성공은 식은 죽 먹기라고, 그냥 자신이 열정과 흥미를 느끼는 분야를 찾아서 명함을 파고 웹사이트를 만든 다음 성공을 빌기만 하면(맙소사!) 다 된다고 생각하는 것을 우리처럼 알 만큼 아는 사람들이 그냥 놔둔다면 무책임한 짓이라고 생각하기 때문이었다.

셋, 글래드웰은 성취에서 유산이 중요한 역할을 한다고 역설하는데 여기서 유산이란 그 사람이 태어나는 문화 집단의 행동 유도성이라고 바꿔 말할 수 있다. 시대와 지역에 따라 특정 영역에서 성취를 가능케 하는 유산이 있다. 그 예로 글래드웰은 한 세대 전에 법조계에서 엘리트(WASP, 곧 앵글로색슨계 백인 개신교도) 로펌이 받아주지 않아 어쩔 수 없이 직접 로펌을 차려야만 했던 유대인 변호사들을 거론한다. 엘리트 로펌들이 다루지 않는 사건, 예컨대 어쩌다 한 번씩 있는 기업 인수 관련 건은 당연히 '기타' 로펌들의 몫으로 떨어졌다. 이후 경영 환경이 바뀌고 법률이 변하면서 기업 인수가 활발해지고 거기서 엄청난 수익이 나오기 시작했을 때 누가 번창했을지는 말하지 않아도 알 것이다.

논의를 끝내기 전에 나는 『아웃라이어』의 내용이 다른 유형의 성취, 곧 행복에도 적용될 수 있다는 말을 하고 싶다. 여기서 내가 말하는 행복이란 단순히 중간 수준의 생활 만족도를 뜻하지 않는다. 내가 말하는 것은 경이로운 행복이다. 그것은 어떤 조증躁症 같은 것이 아니라 구름 위를 걷는 것 같은 기분이 드는 삶, 보는 사람들이 입을 쩍 벌리고 '세상에!'라고 감탄하는 삶이다.

아마 다들 그렇게 경이로운 행복 속에 사는 사람을 몇 명 정도는 알 것이다. 그 사람들이 원래부터 그렇게 태어났을까? 조건이 어땠든 간에 그렇게 행복했을까?

글래드웰의 책을 토대로 추정해보자면 절대 그렇지 않다. 쾌활한 기질과 안정 애착(양육자에 대한 아기의 정서적 유대감이 안정적으로 형성된 상태-옮긴이)이 기초를 깔았을 수야 있겠지만 그렇다고 해도 행복의 아웃라이어가 되려면 성취의 아웃라이어와 마찬가지로 촉진 요인들(그중 많은 수가 외적 요인)이 절묘하게 어우러지고 저해 요인들이 없어야 한다.

이런 말은 운명론처럼 들리니 절대 자기계발서의 출발점이 되진 못한다. 하지만 성취의 아웃라이어들이 걸어온 삶에서 지속적인 수련 역시 큰 역할을 했음을 잊지 말자. 우리가 더 행복해지기 위해 할 수 있는 것들이 분명히 존재하지만 아마 그런 것들을 완벽의 경지로 끌어올리려면 오랜 세월이 걸릴 것이다. 연구 결과를 보면 나이가 든다고 해서 행복과 생활 만족도가 향상되진 않는다고 한다. 이를 있는 그대로 받아들인다면 사람들은 더 행복해지려는 노력을 하지 않는다고, 혹은 더 행복해지는 방법을 모른다고(후자의 가능성이 더 크다) 해석할 수 있다. 이런 문제를 해결하기 위해 긍정심리학계가 장기적으로 노력을 기울여야 하지 않을까 싶다. 그런데 긍정심리학자들이 합리적인 공식만 제시해서는 안 된다. 우리는 경고문도 함께 내보내야 한다. "굉장히 오랜 시간이 소요됩니다!"

우리가 행복의 유산에 대해 이야기할 수 있을까? 유산에 대한 글래드웰의 논의는 그의 책에서 가장 흥미로운 대목이면서 또 가장 빈약한 부분이기도 하다. '문화'라는 말은 그 의미가 문어발처럼 확장되고 있는데 글래드웰은 성취에 대해 설명하기 위해 문화의 한 가지 측면에 집중하는 바람에 그 외에도 결정적인 영향을 끼칠 수 있는 나머지 측면들은 모두 무시해버리고 말았다.

그는 동아시아 학생들이 수학에서 우수한 성취도를 보이는 까닭은 중국, 일본, 한국 경제의 근간이 쌀이기 때문이라고 주장한다. 그는 벼농사를 지으려면 고된 노동을 해야 하는 현실이 문화적인 교훈이 되어 학교에서 농가의 자손이 아닌 학생들에게까지 전달되는 것 같다고 한다. 맞는 말이다. 하지만 동아시아 문화에는 그 밖에도 중요하게 볼 만한 특성들이 있다. 글래드웰도 그중 일부를 거론하긴 한다. 예를 들면 동아시아 언어에서는 '숫자'의 명칭이 짧고 일관성 있다는 점이다. 그러나 중국, 일본, 1446년에 한글이 반포되기 전까지 한국의 문자를 쓸 때 두뇌에서 사용되는 부위가 서양 알파벳을 쓸 때와 다르다는 점은 언급하지 않는다. 그리고 수백 년 전부터 동아시아 문화의 기틀이 된 유교에서 고된 노동이 훌륭한 미덕으로 꼽히는 것은 물론이고 스승이 가장 존경받아야 할 존재로 꼽힌다는 점 역시 언급하지 않는다.

그런데 나는 딴 얘기를 좀 해야겠다. 행복의 유산은 어떤 모습일까? 아마도 좋은 삶, 만족스러운 삶으로 이어지는 요소들, 이를테면 가족, 친구, 공동체, 자유, 관용, 몰입, 의미, 목적을 강조하는 문화일 것이다. 반대로 쾌락주의, 물질주의, 냉혹한 경쟁을 강조하는 문화는 아닐 것이다. 비열함을 용인하고 두둔하는 문화는 더더욱 아닐 것이다.

그런 보편적인 면이 있긴 해도 내가 볼 때 행복의 유산이란 지역성이 다분할 것 같다.

다행히도 지역 문화는 변화될 수 있다. 글래드웰은 유산이 변화된 흥미로운 사례를 몇 가지 들려준다. 그는 한국의 항공사를 예로 들며 한때는 상급자에게 존댓말을 쓰는 문화 때문에 비행기가 진로를 벗어난 위태로운 상황에서조차 부기장이 기장에게 이의를 제기할 수가 없어 위험성이 매우 컸으나 이후 조종실에서 영어 사용을 의무화하자 직설적인 대화가 가능해져 안전성이 크게 향상됐다고 전한다. 그리고 널리 격찬을 받은 KIPP Knowledge Is Power Program 아카데미와 같은 학교들 덕분에 학생들의 문화적 유산이 바뀐 사례도 제시한다. 나는 보통 학교에서는 문제아로 취급될 아이들만을 입학생으로 받아 10년 만에 명문학교로 성공시킨 KIPP 아카데미와 같은 사례가 있었기에 미국 빈민가에 동아시아의 교실이 만들어질 수 있었다고 본다. 어떻게 하면 행복의 문화적 유산을 만들 수 있을까? 이 책에 실린 다른 글도 읽어봤다면 그 답을 알 것이다. 바로 '나'의 삶에서 '너'가 중요해지게 하는 것이다. 이는 그저 구호만 외쳐서는 될 일이 아니고 오랫동안 부단히 노력해야만 실현할 수 있다.

3부

당신의 성격과 재능은 열려 있다

긍정적 사고의 가치를 의심하는 당신에게

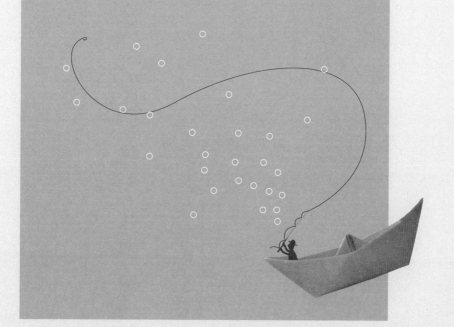

긍정적으로 생각하면 어떤 효과가 있을까? 그런 사고방식을 북돋울 수 있을까? 희망과 낙관주의의 유익성을 분명히 보여주는 연구 결과가 수십 년째 나오고 있으니 이 책에서 그에 대한 논의는 굳이 길게 하지 않아도 되겠다 하는 생각이 들 법도 하지만 여전히 긍정적 사고의 가치를 의심하는 사람들이 있다. 3부에서는 긍정적 사고에 강력한 힘이 있음을 다시 한 번 주장하는 바다. 최소한 희망과 낙관주의를 면밀히 살펴보면 분명히 그런 힘을 알 수 있다.

요즘 나는 성격 강점, 말하자면 호기심, 친절, 협동심처럼 도덕적 가치를 인정받는 특질들을 연구하고 있다. 이런 연구를 통해 얻은 교훈 중에서 가장 중요하다고 할 것은 성격을 탐구할 때, 어떤 성격이 존재한다 안 한다 이분법적으로 딱 잘라서 보지 말고 성격을 그 사람 안에 존재하는 긍정적인 성향들의 집합체로 보고 그런 성향들이 누구에게나 존재하되 사람마다 정도의 차이가 있을 뿐이라고 생각해야 한다는 점이다. 각각의 성향을 완벽한 수준으로 갖춘 사람도 없지만 아예 못 갖춘 사람도 없다. 3부에는 성격 강점에 대한 최근의 연구 결과들이 소개되어 있다.

긍정심리학에는 두 줄기의 전통이 있는데 하나는 감정과 행복에 초점이 맞춰진 온화하고 포근한 전통이고 다른 하나는 성취와 달성에 초점이 맞춰진 꼿꼿하고 도전적인 전통이다. 좋은 삶을 탐구할 때는 두 전통 모두 중요하고 그 사이에서 굳이 대립각을 형성할 필요가 없다. 3부의 말미에는 재능이 무엇이고 어떻게 증진할 수 있는지를 알아본다.

삶이란
죽기 전까지 하는 활동이다

우리는 타인과 이어져 있을 때 더 나은 사람이 된다.

랜디 포시

몇 년 전에 나는 동료 학자 벤 딘Ben Dean과 함께 긍정심리학에 관심이 있는 성인 1464명을 대상으로 설문조사를 벌여 우리의 새로운 학문과 관련해서 가장 알고 싶은 것이 무엇인지 알아봤다. 많은 응답자가 실제로 인생을 잘 살았던 사람들, 다시 말해 우리가 정량적인 기법으로 연구하고 있는 성격 강점들을 현실에서 보여준 사람들의 흥미진진한 사례를 알고 싶다고 했다. 소크라테스와 예수에서부터 오늘날의 현인들에 이르기까지 위대한 스승들은 언제나 비유를 통해 사람들을 가르치고 감화했으며 경영학과 법학에서는 구체적인 사례를 상세하게 검토하는 것이 우수한 교수법으로 통한다. 심리학자들도 사례를 활용하긴 했으나 주로 문제에 초점을 맞춘 정신질환 사례 연구가 대부분이었다. 예외적으로 하워드 가드너가 역사 속에서 비범한 재능을 보인 인물들의 심리적 전기를 작성하고 앤 콜비Anne Colby와 윌리엄 데이먼William Damon이 우리 시대에 도덕적으로 남다른 공헌을 한 인물들의 사례를 연구하긴 했으나 긍정심리학계에서 실제 사례를 들어 우리 인생을 가장 살맛 나게 하는 것을 밝히려는 시도는 여전히 부족한 실정이다.

그런 예외를 하나 더 소개해볼까 한다. 어떻게 사는 것이 잘 사는 것인지 보여주는 훌륭한 예다. 그 주인공은 카네기멜론대학교 컴퓨터공학과의 랜디 포시Randy Pausch 교수로, 그의 '마지막 강의'는 인터넷 곳곳에서 볼 수 있다. 우리 학교를 포함해 많은 대학에서 해마다 '마지막 강의'가 열린다. 교내외에서 상을 받은 학자가 학교 측의 요청을 받아 죽음을 목전에 뒀다고 가정하고 학생들에게 생애 마지막 가르침을 베푸는 행사다. 내 개인적인 바람이지만 이제 포시 교수의 강의가 세계에서 유일한 마지막 강의가 됐으니 우리 모두 예를 갖춰 그 명칭을 그만 썼으면 좋겠다.*

세상사에 관심이 별로 없는 사람들을 위해 첨언하자면 그 강의를 할 당시에 포시 교수는 무자비한 췌장암으로 죽어가고 있었다. 하지만 그의 마지막 강의는 신세 한탄도, 낭만적 미화도, 허장성세도 아

---

* 참 얄궂기도 하지, 나도 2010년 3월 9일에 미시간대학교에서 모범교수상을 수상하면서 '마지막 강의'를 해달라는 요청을 받았다. 당연히 영예롭고 가슴 벅찬 일이었으나 이 내용에서 한 말이 있으니 그 요청을 그대로 따를 수는 없었다. 그래서 마지막 강의 대신 '첫 강의'를 하겠다고 했다. 강의는 제법 쓸 만했다. 비록 포시의 강의에는 미치지 못했지만 그래도 괜찮았다.

니었다. 다만 아름다운 강의일 뿐이었다. 그의 강의를 튼 지 5분 만에 나는 그가 죽어가고 있다는 사실을 까맣게 잊어버렸다. 오히려 그가 어떻게 살아가고 있는가에 열중하게 됐다.

나는 그의 마지막 강의를 여러 입장에서 봤다. 학생들을 가르치는 선생으로서 나는 깊은 감동을 받았다. 강단에서 강의하는 사람으로서는 존경 어린 감탄을 금할 길이 없었다. 한 사람의 인간으로서는 그가 자랑스러웠다.

여러분도 그의 강의를 직접 봤으면 좋겠다. 내가 감히 다 요약할 수 없는 탓이다.

그래도 나름의 견해는 좀 밝히고 싶다. 나를 비롯한 긍정심리학자들은 행복과 성취로 가는 길이 여러 갈래라고, 곧 쾌락을 통해, 몰입을 통해, 의미를 통해 그런 경지에 이를 수 있다고 말한다. 그렇다면 랜디 포시는 행복의 해트트릭을 달성한 셈이다. 그는 장난꾸러기이고 자기 일을 사랑하며 세상에 크게 기여하고 있다.

그에게는 타인이 중요하고 타인에게도 그가 중요하다. 대학에서 종신교수가 됐을 때 그는 자신의 연구팀에 감사한 마음을 표현하기 위해 팀원을 모두 디즈니월드에 데리고 갔다. 나중에 동료 교수가 "어떻게 그럴 수 있죠?"라고 묻자 그는 이렇게 되물었다. "어떻게 안 그럴 수 있죠?"

나처럼 강단에 서는 사람들은 모두 포시 교수의 '사례'를 가르쳐야 한다. 더는 꼬마 한스(프로이트가 발표한 사례 연구의 주인공으로, 오이디 푸스 콤플렉스와 거세 불안으로 인해 말馬 공포증이 있었으나 프로이트의 개

입으로 치료됐다-옮긴이)와 꼬마 앨버트(행동주의심리학을 창시한 존 왓
슨 John B. Watson의 실험 대상이 된 아동으로, 왓슨은 본래 동물을 무서워하지
않는 앨버트에게 흰 쥐를 보여주는 동시에 굉음을 내어 놀라게 하는 과정을
반복함으로써 흰 쥐에 대한 공포를 학습시켰다-옮긴이)의 이야기가 심리
학계에서 가장 유명한 사례가 돼서는 안 된다.

　많은 사람이 삶이란 죽기 전까지 우리가 하는 활동이라고 했다. 포
시는 잘 사는 것이 올바르게 사는 것임을 우리에게 보여줬다. 살다
보면 누구나 크나큰 장벽에 부닥치게 마련이고 때로는 산 넘어 산이
기다리고 있는 경우도 있다. 하지만 포시 교수가 일러줬듯이 그런 장
애물은 우리가 무언가를 간절히 원한다는 사실을 잊지 않게 하려고
존재하는 것이다.

──────── 덧붙이는 글

랜디 포시는 2008년 7월 25일에 향년 47세의 나이로 세상을 떠
났다.

낙관주의는
사회를 갉아먹지 않는다

아무것도 아닌 사람이 되려면 아무것도 안 하면 된다.

너새니얼 호손

낙관주의는 다른 이들은 몰라도 엘리트 지성인들 사이에서는 좋은 소리를 들은 적이 한 번도 없다. 알다시피 낙관주의라는 말이 대중적으로 쓰이기 시작한 것은 볼테르의 『캉디드 혹은 낙관주의』가 발간되고 그 속에서 팡글로스 박사라는 짜증 나는 인물을 통해 어리석은 낙관주의가 구체화되면서부터다.

그렇기 때문에 지난 몇십 년간 낙관주의가 성취, 인간관계, 건강에 유익하다는 사실을 밝힌 실증적 연구들이 흥미롭고 중요하다고 할 수 있다. 낙관주의에 대한 연구 덕분에 긍정심리학이 태동할 수 있었다.

최근 들어 긍정심리학에 대한 반발이 거세게 일고 있는데 그쪽에서 말하는, 낙관주의가 무지나 현실 부정의 징표라는 견해는 이미 수백 년도 더 된 케케묵은 주장이다. 예전부터 학계와 대중매체에서는 낙관주의, 긍정적 사고, 더 넓게는 긍정심리학을 문제시하며 그런 것들 때문에 근래 미국의 경제위기를 포함해 현대 사회의 수많은 병폐가 생겨났다는 말이 나왔다.

이런 비판은 강의 시간에 짚고 넘어갈 수밖에 없고 그럴 때면 이따금 나는 시치미 뚝 떼고 되묻고 싶어진다. "그래서 무슨 말을 하고 싶은 걸까요? 그러니까 비판자들의 말은 사람들에게 비관주의와 절망을 권하란 건가요?" 정말로 그런 뜻이 담긴 비판자들의 말을 인용할 수도 있겠지만 그러면 그들의 생각을 앞뒤 다 자르고 내게 유리한 것만 쏙 빼다 나르는 격이 된다. 설사 일부 비판자가 자기주장을 합리화하기 위해 그런 무책임한 짓을 저지른다고 한들 나까지 그럴 수는 없다.

사실 대부분의 비판자는 미래에 대해 현실적인 기대를 품기를 권고한다. 만약 실제로 정답이 존재한다면, 다시 말해 기대의 정확성을 판단하는 기준이 되는 현실이 존재한다면 이는 지극히 합리적인 권고다. 자, 나는 이 글을 마무리 짓게 되리라고 낙관한다. 사람들이 이 글을 읽으리라고 낙관한다. 많은 독자가 이 글을 재미있게 읽으리라고 낙관한다. 과거의 경험에 비춰보면 이는 지극히 현실적인 기대다.

그리고 나는 내가 NBA에서 뛰게 될 가능성, 노벨상을 타게 될 가능성, 안젤리나 졸리에게 입양될 가능성에 대해서는 비관적이다. 내가 아무리 간절히 바란다고 한들 그런 일은 절대 일어날 수 없다. 만약 그런 일이 일어날 것이라는 기대 속에 살아간다면 내 어리석은 낙관주의가 내 인생의 기반을 갉아먹을 것이 분명하다. 모든 사람이 절대 실현 불가능한 일이 일어나리라는 기대로 살아간다면 세상이 폭삭 주저앉을 것이다.

그래서 긍정심리학을 비판하는 사람들의 말이 옳다고? 천만의 말씀. 낙관주의를 비판하는 사람들은 미래에 대한 기대가 옳은 것과 그른 것의 두 가지 범주로 깔끔하게 나뉘지 않는다는 점을 간과하곤 한다. 그 두 가지 외에 당장은 옳다 그르다 콕 집어 말할 수 없는, 제 3의 범주에 속하는 애매한 기대도 있게 마련이다. 그런 기대는 지금 우리가 어떻게 행동하느냐에 따라 앞으로 옳은 것이 될 수도 있고 틀린 것이 될 수도 있다. 낙관주의는 우리를 움직이게 한다. 내가 생각하는 낙관주의는 우리로 하여금 생각이나 소신을 행동으로 옮기게 하는 힘이 있다. 긍정적 사고는 이와 같은 제3의 기대와 어우러질 때 위력을 발휘한다.

평균적으로 볼 때 낙관적인 사람들이 자신을 더 잘 돌보기 때문에 더 건강하고, 낙관적인 학생들이 수업에 더 잘 출석하기 때문에 더 좋은 성적을 받으며, 낙관적인 보험설계사들이 잠재고객과 더 자주 접촉하기 때문에 더 좋은 실적을 올린다. 물론 무조건 그런 식이라고 말할 수는 없으나 그래도 딱 한 가지, 적극적으로 행동할수록 유리한 영역에서는 소극성이 실패로 이어진다는 것만큼은 장담할 수 있다.

그리고 우리는 어떤 사람의 기대가 별로 가망이 없어 보인다고 해서 대뜸 실현 불가능하다고 낙인찍지도 말아야 한다. 비현실적이라고 해서 반드시 불가능하진 않다. 소형 선박들로 대서양 항해를 시작했을 때 콜럼버스가 비현실적이었을까? 메이저리그 선수가 되기로 했을 때 메이저리그 최초의 흑인 선수 재키 로빈슨Jackie Robinson이 비현실적이었을까? 알바니아를 떠나 인도에서 사랑의 선교회를 세우기로 했을 때 테레사 수녀가 비현실적이었을까? 하버드를 자퇴하고 소프트웨어를 개발하기로 했을 때 빌 게이츠가 비현실적이었을까? 대통령 후보 경선에 출마했을 때 버락 오바마가 비현실적이었을까? 아마 이 모든 경우에 그렇다고 답할 수 있을 테지만 그 뒷이야기는 우리가 아는 대로다.

물론 이처럼 낙관주의가 통한 사례에 반박해 낙관주의가 통하지 않은 사례 역시 제시할 수 있다. 알다시피 세간의 이야기를 잔뜩 끌어모으기만 한다고 해서 타당한 데이터가 확보되진 않는다. 그래서 나는 낙관주의가 대체로 유익하다는 사실을 증명하는 수많은 연구 결과를 더욱 관심 있게 본다.

그런 연구 문헌을 읽어 보면 낙관주의는 우리 사회의 기반을 갉아먹지 않는다. 그러긴커녕 오래전에 프랑스 역사학자 알렉시스 드 토크빌Alexis de Tocqueville이 간파했듯이 낙관주의야말로 미국의 '근간'이다. 비판자들에게 복이 있으라! 다만 그들이 우리 모두의 문제인 어리석음, 또는 탐욕, 나태, 질투, 식탐을 겨냥하고 긍정적 사고는 대죄로 취급하지 않기를! 가뜩이나 살기 어려운 세상에서 그 귀중한 자원마저 앗아가면 무슨 득이 되랴.

예술은 보기 나름,
삶은 선택하기 나름이다

작은 변화가 일어날 때 진정한 삶을 살게 된다.

톨스토이

나는 긍정적 사고, 그중에서도 특히 긍정심리학을 겨냥한 비판에 대해 논했다. 되도록 밝은 면을 보려고 하는 태도 때문에 우리 사회의 기반이 무너지고 있는가? 나는 아니라고 결론지었지만 어쩌면 경솔했는지도 모르겠다. 알고 보니 '낙관주의'는 이미 뉴욕시 지하철에 침투해 있었다. 멀쩡하게만 보이는 뉴욕의 거리 밑에 거대한 악어, 늑대만 한 쥐도 모자라서 또 다른 괴물이 도사리고 있을지도 모른다는 것이다. 이름하여 낙관주의!

근거 없는 괴담이 아니다. 인터넷에서 관련 글을 읽을 수 있으니 틀림없이 진실이다. 정부의 사주를 받은 것이 분명한 뉴욕 광역교통청이 승객들에게 700만 개의 메트로카드를 배포했다. 그리고 거기에는 한 단어가 또렷이 찍혀 있다. '낙관주의'!

그다음은? 낙관주의로 시작된 파멸의 전주곡에 이어서 친절, 사랑, 관용을 강요하는 말들이 쏟아져나올 것이다. 하 수상한 시절이로다.

특이한 캔버스에 미술 작품을 담아보자는 의도로 기획된 이 메트로카드는 긍정적으로든 부정적으로든 다양한 반응을 자아냈다. 나는 그 점이 좋은 예술 작품이라는 방증이 아닐까 싶다. 카드를 디자인한 미술가 리드 사이퍼_{Reed Seifer}는 "사람들이 자기 마음대로 해석할 수 있다는 점이 좋아요. 칭찬도 비판도 모두 환영이죠. 나는 사람들이 작가의 의도에 구애받지 않고 감상할 수 있는 작품이 좋아요"라고 밝혔다.

나는 생전 뉴욕 지하철을 타본 적이 없고 내가 아무리 낙관적이라고 한들 미시간주에서 뉴욕 지하철을 탈 방법은 절대 찾을 수 없을 것 같다. 그런 내가 이 메트로카드에 주목하게 된 것은 미시간대학교에서 내 강의를 듣는 에릭 킴이라는 학생이 명절에 고향에 가서 지하철을 탄 덕분이었다.

그는 내게 짧은 메일을 보냈다.

지하철을 타려고 카드를 꺼내서 그 문구를 볼 때마다 아주 짧게나마 유쾌한 기분이 샘솟았고 그 덕일까요, 마음속의 생각도 달라지는 것 같았어요. 낙관적으로 생각해보자면 아무래도 이런 현상이 뉴욕 전역에서 수백만 명의 지하철 승객에게 일어나지 않았을까 싶어요. 이건 공중보건을 증진하는 아주 훌륭한 개입

같아요. 도시 전체에서 잠깐씩 따뜻한 마음이 커졌고 어쩌면 그런 마음들이 모여서 여기저기서 의미 있는 결과를 낳았을지도 모르니까요.

본인도 인정했다시피 에릭은 메트로카드 '개입'에 유익한 효과가 있으리란 생각으로 어리석은 낙관주의라는 죄를 범했는지도 모른다. 그리고 그는 그런 효과에 부작용이 있을 수 있다는 점을 분명히 간과했다.

선의로 낙관주의를 비판하는 사람이라면 이렇게 지적할 수 있을 것이다. 지하철 승객들이 생글생글 웃기 시작하면 낯선 사람들끼리 대화를 하게 될 테고, 그러면 내려야 할 곳을 지나칠 수 있고, 다른 승객에게 자리를 양보하겠답시고 일어나는 바람에 안전사고의 위험성이 증가하며, 부디 그런 일은 없길 바라지만 혹여나 그렇게 웃는 얼굴로 월스트리트의 직장에 출근했다간 미국 경제를 전 세계의 선망의 대상이 되게 한 특유의 예리함을 잃어버리고 말 것이라고 말이다. 흐음.

저항운동이 시급하다. 이를테면 '여기 들어오는 자 모두 희망을 버리라' 같은 말을 쓴 위조 메트로카드를 살포해야 한다. 그러면 세상이 더 살기 좋아지고 미국을 무너뜨리려는 세력에도 맞설 수 있을 것이다.

아니면 말고. 예술은 보는 사람 나름이다. 좋은 삶도, 별로 좋지 않은 삶도 마찬가지다. 어디까지나 여러분이 선택하기 나름이다.

좋은 희망과
나쁜 희망 구별하기

희망은 인간의 고통을 연장하므로 모든 악 중에서 가장 악하다.

프리드리히 니체

앞에서 논한 희망과 낙관주의라는, 예나 지금이나 항상 논란이 되는 두 개념을 조명한다는 점에서 나는 그리스 신화 속 판도라 이야기를 다시 보게 됐다.

신화에 따르면 판도라는 인류 최초의 여성이었다. 프로메테우스가 하늘에서 불을 훔친 후 제우스는 인간에게 복수하기 위해 판도라에게 상자라고도 전해지는 항아리를 하나 주며 절대 열어보지 말라고 경고한다. 하지만 호기심을 못 이긴 판도라가 항아리를 열어버리는 바람에 온갖 악이 세상에 쏟아져나온다. 판도라는 얼른 항아리를 닫아버리고 결국 제우스의 의도대로 희망만이 그 안에 남게 된다.

어릴 적에는 희망이 지금까지 사람들로 하여금 악을 이겨내게 해준 순전한 선이라고 배웠다.

그런데 성인이 된 지금 보니 이 신화는 그처럼 간단치 않고 특히 희망이 그렇다. 성난 제우스는 왜 희망을 온갖 악과 함께 한곳에 담았을까?

구닥다리 농담 하나 꺼내볼까?

> 질문: 당신같이 괜찮은 사람이 이런 데서 뭐 하고 있어요?
> 대답: 이런 데서 다들 하는 짓을 하고 있지.

그러니까 희망 역시 악이 분명하다. 그렇게 한데 어우러져 있잖은가. 세상에 존재하는 온갖 악을 생각해보면 세상이 달라지리란 희망은 어리석은 것이고 따라서 악영향을 끼친다. 니체가 주장한 대로 희망은 우리를 괴롭히는 것을 연장한다.

그러면 이런 생각이 낙관주의(일명 희망)에 대한 그칠 줄 모르는 찬반 논쟁과 무슨 상관일까?

하나, 신화와 정반대로 희망과 낙관주의를 통해 고통이 실질적으로 완화될 수 있음을 보여주는 데이터를 살펴보자. 낙관주의적 성향이 다분한 사람은 더 행복하고 건강하게 산다. 그리고 그런 사람일수록 사고도 잘 안 당한다.

칼라 버그Carla Berg, 릭 스나이더Rick Snyder, 낸시 해밀턴Nancy Hamilton이 실시한 흥미로운 실험도 살펴볼 만하다. 이들은 상상요법을 이용해 본인들의 표현을 빌리자면 '희망 유도'를 일으켰다. 연구 참가자들은 15분 동안 중요한 목표와 그것의 성취 방법에 대해 생각했다. 비교 조건에 있는 참가자들은 집을 정리하는 방법에 대한 책을 15분 동안 읽었다. 모든 참가자가 오른손잡이는 왼손을, 왼손잡이는 오른손을 얼음물에 담그고 버틸 수 있을 때까지 버텼다(최대 5분). 이는 고통에 대한 인내력을 측정할 때 표준적으로 쓰이는 방식이고 고통스럽긴 해도 해롭진 않다. 짧게나마 희망 유도를 받은 참가자들은 손을 담근 채로 약 150초를 버텼고 비교 조건에 있는 참가자들은 약 90초를 버텼다. 희망이 있다고 해서 참가자들이 보고한 고통의 수준이 달라지진 않았으나 고통을 참아내는 능력은 향상됐다.

둘, 희망과 낙관주의의 효과가 희망에 찬 신념의 구체적인 내용에 따라 달라진다고 했던 점을 다시 생각해보자. 실현 가능성이 별로 없는 것을 기대한다면 정말로 어리석은 짓이다. 그런 데 심하게 빠져드는 것은 '악'이라고 할 수 있다. 하지만 실현될 수 있는 것을 희망하는 것은 영리하다고(좋다고) 할 수 있으니 그 이유는 우리가 낙관주의에 힘입어 희망 사항의 실현 가능성을 키우는 쪽으로 행동하게 될 수도 있기 때문이다.

셋, 신화 속 판도라 이야기, 그리고 니체와 오늘날의 긍정심리학 비판자들이 덧붙인 이야기에서는 세상이 악한 것들로 빽빽이 들어찬 곳으로 그려지고 좋은 것은 거의 언급되지 않는다는 점을 잊지 말자. 그런 세상에서는 당연히 나쁜 것들이 절대 변할 수 없으니 희망이 악일 수밖에 없다.

내가 볼 때 그런 세상은 어디까지나 가설 속에만 존재할 뿐이다.

물론 세상에는 악한 것들이 존재하지만 우정, 사랑, 봉사 등 좋은 것들 역시 확실히 존재한다. 실제 세상은 그리스 신화나 신문 칼럼 속 세상보다 복잡하고 우리는 그 복잡성을 있는 그대로 받아들여 선과 악의 존재를 인정하고 좋은 희망과 나쁜 희망을 알아볼 수 있어야 한다.

적어도 나는 우리가 그러기를 희망한다.

강점 약점
모두 인정하기

성격은 지문처럼 날 때부터 정해져서 바꿀 수 없는 것이 아니다.
성격은 타고나는 것이 아니라 우리가 책임지고 가꿔야 하는 것이다.

짐 론

긍정심리학자들이 강점 기반 접근법을 옹호할 때면 나는 그들이 지난 수십 년간 병원, 학교, 일터에서 문제의 치료에만 중점을 두고 개입을 마련했던 풍토를 바꾸자는 중대한 주장을 펼치고 있다고 생각한다. 반면에 그들이 약점과 문제를 무시하자고 권하거나 사람이 변화하려면 무언가에 숙달해야만 한다는 주장을 펼치고 있다고는 생각하지 않는다. 그런데 이처럼 지극히 합리적인 조언이 무슨 영문인지 오로지 강점만 중요하다는 아주 비합리적인 주장으로 둔갑해버린 탓에 나는 좋은 삶을 살려면 강점에만 집중해야 한다는 증거가 있느냐는 질문을 받을 때가 한두 번이 아니다.

강점만 중요하다는 주장은 굳이 연구 결과를 거론하지 않고 상식적으로 생각해도 얼마든지 논박할 수 있다. 노동자들을 예로 들자면 아무리 재주가 좋다고 할지라도 일단 기본적으로 제시간에 출근하고 동료에게 최소한의 예의는 지킬 줄 알아야 한다.

우리는 사람들을 각자가 강점을 발휘할 수 있는 자리에 배치해야 할까? 물론이다. 우리 학부에서는 좋은 강의자에게 대형 강의를 맡긴다. 필요한 능력을 갖춘 강사진이 충분히 확보되어 있기 때문에 가능한 일이다.

그렇다고 내 동료 학자들이 날 때부터 훌륭한 강의자는 아니었다. 수많은 수강자의 이목을 집중시키며 정보를 명쾌하고 흥미롭게 전달하기란 분명히 재능이 없으면 불가능한 일이지만 그런 재능은 어디까지나 무수히 훈련하고 멘토링을 받고 피드백에 귀 기울임으로써 계발된 것이다.

그와 반대로 재능의 가치가 과대평가됐다는 주장도 있는데 이 역시 그만큼 바보 같은 소리다. 설령 선천적인 재능에 대해서는 그런 말을 할 수 있다고 하더라도 오랜 세월에 걸쳐 갈고닦은 재능을 두고는 못할 말이다. 그리고 사실 선천적인 재능이라고 해봐야 그 수가 얼마나 되는가?

농구를 좋아하는 나는 이 시대 최고의 '재능'을 뽐낸 두 선수, 래리 버드Larry Bird와 마이클 조던이 눈만 뜨면 훈련하는 사람들이었음을 잘 안다. 조던의 무릎에 용수철이 달렸다거나 버드의 시력이 가히 초인적이었다고 해서 그들의 기량을 폄하할 수는 없겠지만 그처럼 겉으로 보기에 타고난 것 같은 재능도 실상은 훈련을 통해 연마됐음이 틀림없다.

나는 강점 대 약점, 재능 대 훈련, 유전 대 환경 이런 이분법적 논쟁이 절대 해결될 수 없다고 본다. 그도 그럴 것이 한 사람을 전체적으로 본다면 '모두' 중요하기 때문이다.

아직 할 말이 하나 더 남았다. '강점'이라는 용어의 의미가 문어발식으로 확장돼 이제는 거기에 절대음감, 또 친절 같은 덕목, 그리고 갤럽에서 제시하는 업무 기술(예: 타인을 내 편으로 만드는 기술)까지 포함되는 것 같다. 우리는 강점과 강점 기반 접근법에 대해 말할 때 신중을 기해야 하고 우리가 말하는 강점이 무슨 의미인지 구체적으로 밝혀야 한다. 문제 중심의 접근법을 이야기할 때도 마찬가지다.

강점과 약점은 둘 다 중요하고 둘 다 우리의 일부분이다. 나는 이 사실을 몇 년 전에 깨달았다. 동료 긍정심리학자가 내게 헬스장에 등록해서 살을 좀 빼는 편이 좋겠다고 했다. 나는 거기에 대고 "그냥 내가 잘하는 것만 신경 써주면 좋겠는데?"라고 응수했다가 되돌아온 말을 듣고 그 자리에 딱 멈춰 서고 말았다. "팬을 원하는 거야, 친구를 원하는 거야?"

20킬로그램짜리 대답이었다.

성격은
섹시하다

나는 마음이 행복할 때 내가 가장 섹시하게 느껴진다.

안나 쿠르니코바

나는 1976년에 대학교수가 됐는데 교수의 중요한 임무 중 하나는 박사 학위 논문을 쓰는 대학원생을 일대일로 지도하는 것이다. 지금까지 약 50편의 논문 작성을 지도하면서 한편으로는 응원자 역할을, 또 한편으로는 건널목 안전 지킴이 역할을 하는 법을 터득했다. 말하자면 "좋아, 가는 거야! 단, 좌우 잘 살펴야 해"라고 하는 셈이랄까. 논문 쓰기는 어렵다. 다른 이유를 떠나서 보통은 첫 논문이 마지막 논문이 되기 때문이다. 박사 과정 학생들은 경험이 없으니 교훈을 얻을 수도 없고, 따라서 내게는 그들의 앞길에 놓인 함정들을 경고해줄 책임이 있다.

가장 큰 위험 요소는 단연 미루기이고 학생들이 미룰 방법이야 수

두룩하다. 양념통 정리하기. 집 청소하기. 연필 깎기. 컴퓨터 소프트웨어 업데이트하기. 뭐든 논문 주제와 동떨어진 글 읽기. 그리고 신문에 난 구혼 광고를 읽으며 나중에 대학원생의 '비현실적인 삶'이 끝나고 찾아올 '현실적인 삶'을 꿈꾸는 것도 한 방법이다.

그런데 내 수제자 중 한 명이었던 트레이시 스틴Tracy Steen은 구혼 광고를 엄청나게 읽으면서도 논문을 전혀 미루지 않고 완성했다. 그 비결? 그녀가 구혼 광고를 읽은 까닭은 어디까지나 사람들이 잠재적 연인에게 자신을 어떻게 소개하는지, 또 그 반대급부로 무엇을 원하는지 파악해서 논문에 활용하기 위해서였다.

다른 심리학자들도 구혼 광고를 연구했는데 주로 진화론적 관점에서 남자와 여자 사이에 차이가 드러나리란 가정 하에서였다. 흔히 추정하기로 남성은 아이를 잘 낳을 수 있는 여성을 원하므로 젊고 매력적인 여성이 그에 부합하고, 여성은 자녀를 잘 보호하고 부양할 수 있는 남성을 원하므로 야심 있고 잘나가는 남성이 그에 부합한다고 본다. 실제 데이터도 대부분 이런 예상을 뒷받침한다.

그런데 연구 결과를 보면 이처럼 진화론자들이 강조하는 '외모와 부'의 거래관계 외에도 그보다 훨씬 인상적인 양상 역시 드러난다. 한마디로 성격이 섹시하다는 것이다. 구혼 광고의 내용으로 판단하자면 실제로 좋은 성격이 매력적인 외모와 직업적 성공보다 우위에 있다. 광고주들이 자기를 소개하는 말을 봐도 그렇고 연인에게서 원하는 것을 봐도 그렇다. 남자나 여자나 마찬가지다.

트레이시 스틴의 조사 방법은 간단했다. 앤아버 지방지에 실린 구혼 광고 수백 편을 읽고 각 광고에서 드러나는 광고주의 특징과 희망 상대의 조건을 부호화했다. 그녀는 긍정심리학적 관점을 취했고 특히 광고에서 성격 강점을 언급하는 대목에 관심이 있었다.

좋은 성격을 나타내는 표현은 거의 모든 광고에 등장했다. 지면 제약으로 글자 수가 심하게 제한되어 있는데도 광고를 낸 청년들은 반드시 성격을 명시했다. 상대방의 조건으로 자주 거론되는 긍정적 특질은 다음과 같았다. 사랑 능력(36퍼센트), 유머 감각(30퍼센트), 열의(25퍼센트), 친절(24퍼센트), 호기심(19퍼센트). 자신을 소개할 때도 비슷한 표현들을 썼다. 유머(39퍼센트), 사랑 능력(36퍼센트), 열의(29퍼센트), 호기심(25퍼센트), 친절(23퍼센트).

결과는 그 자체로도 흥미롭지만 내가 여기서 거론하는 이유는 성격에 대해 하고 싶은 말이 있어서다. 샌님들이 관심을 보일 만한 말은 아니다. 내가 하고 싶은 말은 성격이 섹시하고 거기에는 다 그럴 만한 이유가 있다는 것이다. 성격이 좋으면 로맨스 외에도 우정을 비롯해 가정은 물론이고 학교, 직장, 지역사회에서 중요성을 띠는 모든 유형의 관계를 맺을 수 있다. 대중매체에서는 나쁜 남자와 못된 여자를 칭송하지만 사실 그런 부류는 전염병처럼 피해야만 한다.

성격 유형은
이론일 뿐이다

세상에는 두 가지 유형의 사람이 있다.
세상에는 두 가지 유형의 사람이 있다고 믿는 사람과 그렇지 않은 사람이다.

로버트 벤츨리

심리학자들이 성격 특질 같은 개인차를 연구할 때마다 반복되어 나오는 결론은 인간의 '유형'이란 존재하지 않고 설사 존재한다고 할지라도 거의 존재하지 않는 것이나 다름없다는 것이다. 그러니까 사람들을 누구는 이쪽, 누구는 저쪽 하는 식으로 분명하게 나눌 수 있는 경계선, 범주 따위는 없다는 말이다. 사람들은 분명히 서로 다르지만 이는 어디까지나 차원의 문제다. 바꿔 말해 심리적 차이는 종류의 차이가 아니라 정도의 차이다.

우리는 무심코 내향적인 사람과 외향적인 사람, 낙관주의자와 비관주의자, 똑똑한 사람과 멍청한 사람을 구별해서 말하지만 사실은 모두 편의적인 말이다. 이런 용어는 상대적인 것으로 받아들여야 한다. 가령, 누군가를 외향적이라고 하면 그 사람이 우리 마음속에 있는 준거 집단에 비해 활발하다는 뜻이다. 딱 거기까지다. 왜냐하면 내향성과 외향성을 명확히 가르는 선이란 존재하지 않기 때문이다. 어떤 측면에서 개인차를 따지든 간에 우리는 모두 양 극단이 아니라 그 사이의 어딘가에 자리를 잡고 있다.

사람들의 심리적 문제는 어떤가? 그 역시 더 가벼우냐 중하냐 하는 차원의 문제인 것이 보통이다. 예컨대 우울증은 그냥 기분이 안 좋은 상태와 절망스러운 실의에 빠진 상태를 양 끝점으로 하는 선분으로 생각해 볼 수 있다. 극심한 우울증을 앓는 사람은 병원에 입원할 수도 있고 심리치료를 받거나 약을 복용할 수도 있고 스스로 목숨을 끊을 수도 있다. 이 같은 우울증의 결과는 모두 그렇다 아니다 하는 이분법이 적용되지만 엄밀히 말해서 우울증 자체는 이분법이 통하지 않는다. 그 선분 위에 확실한 금을 긋기란 불가능하다. 사람을 질환이 있는 유형과 없는 유형으로 구분할 수 있다고 가정해서 정신병 진단을 자행하는 이들이 그런 금을 그으려고 불굴의 노력을 거듭해봤자 허사일 뿐이다.

그러면 행복, 성격 강점, 좋은 대인관계 같은 긍정적인 특징들은 또 어떤가? 이번에도 역시 행복 대 불행, 친절함 대 심술궂음, 마당발 대 외톨이 등 편의적으로 사람을 구별할 수 있다. 이런 용어들이 상대적이란 사실을 인지하고만 있다면 그와 같은 특징을 극단적으로 보이는 사람을 그런 식으로 설명하는 것은 지극히 합리적이다. 하지만 거기서 좀 더 나아가 일부가 그렇게 극단적인 경향을 보이는 현상을 두고 사람들을 이질적인 유형으로 나눌 수 있다고 생각하면 오산이다.

나도 성격 강점을 연구하면서 본의 아니게 그런 오해를 부추기고 말았다. 우리는 사람들이 보편적으로 인정하는 긍정적인 특질들에 관한 온라인 검사를 제공하는데 이때 검사지가 완료되면 자동으로 응답자의 대표 강점이라고도 하는 '최고' 강점에 대한 피드백이 나온다. 이 피드백은 어디까지나 상대적인 것(응답자의 다른 강점들, 다른 사람들의 강점들 등과 비교해 강하게 드러나는 강점)을 이야기하는 것일 뿐이지만 일부 응답자는 그것을 자신의 '유형'으로 받아들인다. 맙소사! 성격 유형이란 어디까지나 이론적으로만 존재하고 어떤 강점이든 사람마다 강약의 차이만 있을 뿐이다.

동료 학자들과 나는 데이터를 토대로 그런 사실을 밝히는 논문을 발표했다.

배경 설명을 좀 해야겠다. 만약 우리가 측정하는 성격 강점의 차원들에서 사람들이 어디에 분포하느냐에 따라서 인간의 유형을 규정할 수 있다면 강점 점수의 도수분포도에는 뚝 끊어지는 구간이나 우뚝 솟아오르는 구간이 있어야 한다. 그렇지 않고 분포도가 단절 없이 부드럽게 이어진다면 유형 구분이 불가능하다는 뜻이다.

이해를 돕기 위해 키의 분포도를 예로 들어보겠다. 아마 이 분포도는 대체로 우리가 잘 아는 종 모양의 곡선을 보일 것이다. 그러나 양 끝이 삐죽하게 올라가 있을 수 있다. 유전자와 신진대사의 영향으로 키가 아주 작은 사람과 큰 사람이 꽤 많기 때문이다. 여기서 우리는

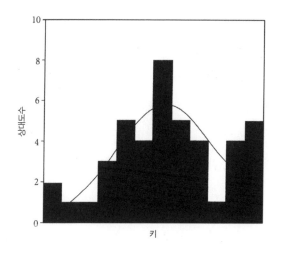

키의 도수분포도

인간의 유형에 대한 증거를 볼 수 있다. 예컨대 위의 그림에서 왼편에 있는 일부는 연골무형성증이 있고 오른편에 있는 일부는 말단비대증이 있을 것이다.

　통계 기법들을 쓰면 도수분포에 유의미한 단절이 있는지 밝히고 또 그 기저에 있는 잠재 변수를 파악할 수 있다. 우리는 악마와 성자가 도수분포도에서 어느 쪽에 자리 잡고 있는지 세부 사항으로 들어가진 않고 그런 기법들을 써서 성인 응답자 8만 3576명의 성격 강점 측정 점수를 분석했다. 우리의 측정치는 신뢰도가 높고 응답자들의 보고를 토대로 타당성을 검증했기 때문에 주목할 만하다. 거기에 망라된 긍정적 특질들은 미리 영향력 있는 종교와 철학 전통을 분석해 그 결과를 토대로 선정한 것이다.

그 데이터를 어떤 식으로 검토해도, 그러니까 어떤 성격 강점을 살펴봐도 거기서 도출된 결과들은 하나같이 성격 강점을 범주적 관점이 아니라 차원적 관점에서 봐야 한다는 주장을 뒷받침했다.

우리는 논문을 끝맺으며 현실에서는 아무리 최고인 사람이라 하더라도 현명하진 않고 다만 더 현명할 뿐이며, 친절하진 않고 다만 더 친절할 뿐이며, 용감하진 않고 다만 더 용감할 뿐이라고 분명하게 밝혔다.

이런 결론이 실망스럽진 않다. 세상에는 성자도 없지만 죄인도 없다. 더 성자 같은 사람(어디까지나 특정한 성격 강점과 관련해서)과 더 죄인 같은 사람만 있을 뿐이고 이는 유형의 차이가 아니라 정도의 차이다. 우리의 데이터를 보면 누구나 어떤 특질에 대해 그 출발점이 어디든 간에 더 죄인 같은 사람에서 더 성자 같은 사람으로 나아갈 수 있다고도 말할 수 있다. 왜냐하면 우리가 완전히 다른 사람이 돼야만 넘을 수 있는 장벽, 유형과 유형을 구분하는 장벽 같은 것은 존재하지 않기 때문이다. 끝으로, '좋은 사람'이 되는 것이 여전히 목적으로 존재할 수는 있고 또 마땅히 그래야만 하겠지만 그 경지는 절대로 다다를 수 없고 다만 가까이 다가갈 수만 있을 뿐이다.

사는 곳이
중요하다

우리는 카멜레온과 같아서
우리의 빛깔과 도덕성의 색조가 주변 사람들을 따라서 물든다.

존 로크

〈아메리칸 사이콜로지스트American Psychologist〉 2010년 9월호에 핵심 논문으로 실린 글에서 박난숙과 나는 우리가 미국 도시별 거주자들의 심리적 차이를 주제로 진행하고 있던 연구를 소개했다. 사회과학의 많은 분야에서 도시 생활이 중점적으로 다뤄지고 있긴 하나 심리학자들은 거주 도시에 따라 사람들의 심리적 특성이 달라질 가능성에는 별로 관심을 보이지 않는다. 그나마 어쩌다 한 번씩 도시 간의 차이를 연구할 때도 범죄, 비만, 정신질환 등 문제점에만 천착하는 것이 보통이다.

그와 달리 우리는 미국 50개 대도시에 거주하는 시민 4만 7000명 이상의 성격 강점(학구열, 친절, 협동심 등 긍정적 기질)을 연구했다. 이들은 2002년부터 2005년까지 성격 강점을 평가하는 온라인 검사를 완료한 사람들이었다. 연구 결과, 도시 간 성격 강점의 차이가 발견됐고 이는 경제 수준, 2008년 대선 투표 경향 등 도시의 중요한 특징과 깊은 관련이 있었다.

연구 결과를 해석하기 위해 우리는 강점들을 지성적이고 대내적인 '머리' 강점(예: 호기심, 창의력)과 정서적이고 대외적인 '가슴' 강점(예: 감사, 용서)으로 나눴다.

주민들이 지성적이고 대내적인 기질(머리 강점)을 더 강하게 보이는 샌프란시스코와 시애틀 등은 1인당 특허 개수 같은 지표와 첨단 산업체의 존재를 토대로 볼 때 더 혁신적인 도시들이다. 그 주민들은 2008년 대선에서 주로 진보 후보인 버락 오바마에게 투표했다.

이들 도시는 대학교가 더 많다. 인구 밀도도 더 높고 물가도 더 비싸다. 이런 특징들을 종합해보면 머리 도시의 문화는 개인의 성취, 부, 교육, 변화와 관련이 있다고 할 수 있다.

반면에 주민들이 정서적이고 대외적인 기질(가슴 강점)을 강하게 보이는 엘패소와 오마하 등은 덜 혁신적이다. 이들 도시의 주민들은 2008년 대선에서 주로 보수 후보인 존 매케인에게 투표했다.

가슴 도시는 규모가 더 작고 인구 밀도도 더 낮다. 물가도 더 저렴하다. 기온이 더 따뜻해서인지 주민들이 외출을 많이 하고 이웃들과 자주 어울린다. 이들 도시는 자녀를 둔 가정이 더 많다. 주민들은 긍정적인 정서와 인생의 의미를 더 강하게 느낀다고 보고한다. 이런 특징들로 미루어 가슴 도시의 문화는 타인들, 그리고 사람과 사람 사이의 정서적 유대에 초점이 맞춰져 있다고 할 수 있다. 가슴 도시에 사는 사람들은 더 친절하고 상냥한데 그 이유는 친밀한 관계를 맺을 기회가 더 많기 때문이고 어쩌면 삶이 더 유쾌하고 의미 있기 때문인지도 모르겠다.

우리는 이렇게 결론 내렸다.

심리학계는 본격적인 연구 주제로서 도시에 더 큰 관심을 기울여야 한다. 심리학 연구자들은 도시에서 주민들의 다양한 성격 강점을 표현할 여건이 어떻게 조성되는지 규명함으로써 향후 도시 정책과 주민의 안녕에 기여할 수 있다.

각 도시의 자치단체와 상공회의소는 샌프란시스코와 보스턴 같은 도시를 모방하려 들지 말고 우리의 연구 결과에서 드러나는 머리 강점과 가슴 강점의 느슨한 상반관계에 주목하여 현재의 생활양식이 그런 도시들과 다르기만 할 뿐 이미 그 자체로 좋은 것일 수 있다는 점에 관심을 기울일 필요가 있다.

사는 곳은 중요하다.

회복탄력성은
모든 사람에게 있다

링 위에서든 밖에서든 쓰러지는 것은 잘못이 아니다.
계속 쓰러져 있는 것이 잘못이다.

무하마드 알리

요즘 들어 저술가와 연구자들에게서 회복탄력성 resilience에 대한 질문을 많이 받는다. 회복탄력성은 예나 지금이나 긍정심리학자들의 관심사이고 세계 곳곳의 경제 상황과 여타 문제들을 생각해보면 이젠일반 대중의 관심사이기도 하다. 회복탄력성이란 무엇인가? 사람의회복탄력성을 어떻게 가늠할 수 있는가? 어떻게 하면 회복탄력성을함양할 수 있는가?

이런 물음들에 답하기 전에 먼저 그 표현을 주의 깊게 살펴봐야 한다.

이론가와 연구자들이 회복탄력성을 역경에 대한 반응이라는 뜻으로 쓰긴 하지만 그 구체적인 의미를 보자면 상실 후에 상심하지 않는 것, 스트레스 상황을 잘 버텨내는 것, 마음의 동요가 별로 없는 것, 번영하는 것 등으로 일관성이 없다는 지적도 있다. 아마도 회복탄력성의 정의는 역경에 직면했을 때 사람들이 실제로 보이는 반응만큼 다양하지 싶다.

그런데 회복탄력성에 대한 연구를 보면 정작 관심의 초점이 돼야 할 역경의 구체적인 면면, 예를 들면 단발성이냐 만성이냐, 특수하냐 보편적이냐, 대체적으로 통제 가능하냐 불가능하냐 등은 도외시하는 경우가 많다.

일부 연구에서는 참가자들이 애초에 역경, 간단히 말해서 인생에서 나쁘게 느껴지는 사건을 경험했는지조차 확인되지 않는다. 만약 외상trauma(외부의 요인 때문에 발생하는 정신적 충격-옮긴이)을 경험하지 않았다면 외상 후 스트레스 장애니 외상 후 성장이니 하여튼 외상 후 어쩌고 하는 것을 말할 수 없는 노릇 아닌가!

이제 설명을 좀 해보겠다.

예컨대 '회복탄력성'은 개체의 회복을 일으키는 성질이다. 테니스공을 꽉 쥐었다 펴면 원래 모습으로 되돌아가는 것 말이다. 나야 테니스공이 왜 본래 모습으로 돌아가는지 잘은 모르지만 아마 그 원료와 디자인 때문이 아닐까 싶다. 혹시 겉에 붙은 잔털들 때문이려나?

'불굴성'은 예전에 심리학 논문에서 역경이나 외상에 동요하지 않는 성질을 뜻하는 말로 쓰였다. 예를 들어 양성 정신분열증을 잃는 엄마를 둔 아이가 정상으로 보인다면 불굴성이 있다고 표현했다. 좀 더 자세히 들여다보면 그런 아이들은 하나같이 엄마가 못하는 양육을 대신해주는 어른(친척, 선생님)이 있었음을 알 수 있다. 이를 보면 회복탄력성을 단순히 마음에 두르는 코팅쯤으로 여겨 개인적인 차원에서만 생각해서는 안 된다는 중요한 사실을 알 수 있다.

'성장'은 어떤 사람이 역경을 겪은 후에 이전보다 '더' 나은 모습을 보이는 것이다. "나를 죽이지 못한 것은 나를 더 강하게 할 뿐이다." 비유하자면 테니스공을 꽉 쥐었다 폈더니 배구공이 되는 것이다.

외상 후 성장의 가능성이 나를 비롯한 긍정심리학자들의 주요 관심사이긴 하나 아직 이 개념에 대해서는 논란이 있다. 관련 연구를 보면 보통은 먼저 당사자에게 외상에 관해 묻는 일종의 예비 과정을 거친 후 외상에서 얻을 수 있는 유익에 대해 물어본다. 그러면 짐작하다시피 많은 사람이 구원이라는 관점에서, 바꿔 말해 불행의 극복이라는 관점에서 흔히 들을 수 있는 구도의 인간 승리담을 이야기한다. 이때 불행과 그 결과가 사후에 과장될 소지가 있다는 점을 염두에 둬야 한다.

성장이 무엇인지 더 잘 보여주는 사례 중 하나는 외상 후 성격 강점에 대한 나의 연구다. 이 연구를 통해서 외상을 초래할 만한 사건을 겪은 후 종교성, 감사, 친절, 희망, 용기 같은 강점이 강화되는 현상이 밝혀졌다. 여타 연구들과 달리 우리는 외상을 언급하기 '이전'에 성격 강점(표면적인 결과)을 측정했다. 이로써 위에서 문제 삼은 예비 효과를 최소화했지만 이처럼 순서를 바꾸는 것도 이상적이라고는 할 수 없었다.

평균적으로 볼 때 외상의 유익이 그리 크진 않았다는 점을 강조해야겠다. 그래도 유익이 있긴 했으니 좋은 소식, 흥미로운 소식이라고 할 수는 있겠지만 그렇다고 해서 있을지 없을지 모르는 효과를 바라고 나쁜 사건을 기대하고 반기면 곤란하다.

나는 회복탄력성이라는 용어가 잠재적인 역경 이후에 '정상'으로 되돌아가는 것을 가리키는 말로 쓰이는 편이 가장 좋다고 본다. 정상은 좋을 수도 있고 아닐 수도 있다. 그것은 그 사람이 원래 어땠느냐에 달려 있다.

옛날 농담 하나 해볼까?

환자: 선생님, 손을 수술 받은 후에 피아노를 칠 수 있을까요?

의사: 그럼요.

환자: 세상에, 난 원래 피아노를 칠 줄 몰랐는데!

회복탄력성은 다차원적이라는 점, 그러니까 어떤 영역에서는 원래 상태로 되돌아갈 수 있지만 또 어떤 영역에서는 그렇지 못할 수도 있다는 점을 알아둬야 한다.

그리고 회복이 확실해질 때까지 걸리는 시간이 사람에 따라, 또 영역에 따라 크게 다르다는 점 또한 알아둬야 한다.

나는 회복탄력성이 단일한 것은 아니라고 보고, 또 사람에게 있을 수도 있고 없을 수도 있는 것은 절대 아니라고 본다. 사실 나는 글을 쓸 때 그 용어를 거의 안 쓴다. '회복탄력성'은 사람의 다양한 내적 특징과 외적 특징을 아우르는 말이고 그 특징들은 정도의 차이만 있을 뿐 모든 사람에게 존재하는 것이다. 예를 들자면 낙관주의, 효능

감, 의미와 목적, 생활 만족, 우울증 저항력, 사회적 지원, 집단의 사기 등이다.

회복탄력성을 측정할 때는 적절한 분석을 통해 회복탄력성의 구체적인 요소들을 평가하고 성격의 다양한 측면에서 그 사람을 설명해야 한다.

같은 맥락에서 회복탄력성을 증진하려면 그것의 구체적인 요소들을 대상으로 삼아야 하는데 그중 많은 수는 이미 우리가 어떻게 증진할 수 있는지 아는 것들이다.

요컨대 신중하게 용어를 사용하면 중요한 물음에 현명하게 답할 수 있다.

무분별한 친절은
베풀지 마라

순간을 지배하는 사람이 인생을 지배한다.

볼프람 폰 에셴바흐

대니얼 코일Daniel Coyle의 『탤런트 코드 The Talent Code』라는 책에 대해 듣고 가장 먼저 든 생각은 '딱하다'였다. 아무래도 이미 베스트셀러가 된 말콤 글래드웰의 『아웃라이어』와 주제도 논지(훈련, 훈련, 훈련!)도 똑같은 것 같으니 한발 늦었다는 생각이었다. 그래도 사서 읽어봤는데 그러기를 정말 잘했다 싶다. 모름지기 책이란 아무리 그 책이 명저라고 해도 표지만 보고, 또는 비슷하다 싶은 책만 보고 섣불리 판단해서는 안 되는 법이다.

코일은 우리가 위대함을 기를 수 있다는 논지를 펼치며 다양한 차원에서 그 방법을 소개함으로써 자기만의 몫을 한다.

하나, 그는 장기간의 훈련을 강조하는 데서 그치지 않고 훈련을 하면 할수록 그 대상이 되는 행동과 관련된 신경을 감싸고 있는 미엘린myelin이라는 물질이 두터워져서 행동의 효율이 대폭 증대된다고 주장한다. 나야 신경과학자가 아니니 미엘린만으로 그런 현상을 다 설명할 수 있을진 모르겠다. 하지만 그러지 말란 법도 없고 나로서는 신경과학을 토대로 전문 능력을 설명한다는 점이 마음에 든다. 안 그래도 더 나은 사람이 되려면 '마구잡이로 친절을 베풀고 무분별하게 아름다움을 행하라'(미국의 문필가 앤 허버트Anne Herbert가 남긴 말-옮긴이)라고 하는 뻔한 조언이 영 탐탁잖았는데 이제 그에 반대할 명분이 생겼다. 내가 볼 때 친절은 마구잡이로 베풀 것이 아니며 아름다움 역시 무분별하게 행할 것이 아니다. 좌우간에 무분별한 행위를 마구잡이로 1만 시간 이상 한다고 해서 신경계의 미엘린이 달라질 사람이 그리 많을 것 같진 않다.

둘, 그는 재능의 용광로, 다시 말해 재능 있는 사람들이 거의 한꺼번에 쏟아져 나오는 곳에 대해 이야기한다. 이를테면 기원전 400년경의 그리스 아테네와 서기 1400년대의 피렌체가 그렇고 현대에 들어서는 각각 남성 축구 선수와 여성 골프 선수를 대거 배출하고 있는 브라질과 한국이 그렇다. 물론 그렇게 재능 있는 사람들이 하늘에서 뚝 떨어진 것은 아니다. 모두 끊임없이 기술을 훈련하고 서로에게서 배웠기 때문에 그렇게 될 수 있었다.

셋, 코일은 선동자의 중요성을 논한다. 선동자란 어떤 시대와 지역에 처음으로 등장해 남다른 재능을 보이며 그 시대 그 지역 사람들에게 그들도 자기와 똑같이 할 수 있다는 생각을 심어주는 사람이다.

예를 들면 수많은 러시아인이 테니스 코트로 뛰어들어 기량을 뽐내는 계기를 마련한 안나 쿠르니코바가 그렇다.

예나 지금이나 심리학자들은 환경에 상관없이 위대한 리더가 되는 사람들이 있다는, 이른바 리더십 위인론에 회의적이다. 하지만 선동자들은 그와 다른 유형의 리더들이고 나는 그런 사람들이 분명히 존재한다고 믿는다. 나만 해도 대학생 시절에 전공이었던 공학에서 눈을 좀 돌릴 겸 들었던 강의에서 강사였던 일리노이대학원생 세 명에게 '선동'을 당해서 심리학을 공부하게 됐다. 당시 헨리, 존, 스탠은 나보다 훨씬 나이가 많아 보였지만 그렇다고 언젠가 나도 그들과 같은 일을 하리라고는 상상조차 하지도 못할 만큼 나이 차이가 많이 나는 것 같진 않았다(나중에 알고 보니 나와 동갑이었다).

넷, 코일은 시뮬레이션을 통해 우리가 필요한 훈련을 하고 미엘린을 강화할 수 있다고 역설하는데 내가 이 책에서 가장 흥미롭게 본 대목이기도 하다. 그가 말하는 '시뮬레이션'은 문자 그대로의 시뮬레이션으로, 예를 들자면 공군 조종사들이 비행 시뮬레이터를 이용해 에이스로 성장하는 것, 브라질에서 축구 선수들이 '풋살'('공중전화부스에서 각성제를 맞고 하는' 축구라고 쓰여 있다)을 통해 수월하게 기술을 연마하는 것, 캘리포니아 남부에서 텅 빈 수영장들이 스케이트보드장으로 이용되면서 그 신종 스포츠에 새로운 동작이 무수히 생겨난 것 등이다. 코일은 이런 시뮬레이션 덕분에 사람들이 필요한 행동을 매우 신속하게 반복하고 또 반복함으로써 신경회로를 급속도로 증진할 수 있다고 한다.

긍정심리학의 관심사는 긍정적 정서, 긍정적 특질, 긍정적 제도다. 이 삼위일체 중에서 탁월성과 안녕을 촉진하는 제도에 대한 이해가 가장 부족한 실정인데 나는 코일의 견해에서 그런 제도를 만드는 데 필요한 청사진을 볼 수 있다고 생각한다. 물론 세부 사항이야 각 제도가 촉진하는 것이 무엇이냐에 따라 달라질 테지만 일반적으로 볼 때 사람이 의도적으로 재능을 향상하려면 뜻이 맞는 이들의 무리, 한두 명의 선동자, 적절한 시뮬레이션이 있어야 한다. 전문 교육 역시 중요하고 사실 코일의 책에서 또 흥미로운 대목이 훌륭한 교육자, 그의 말을 빌리자면 재능의 조련사에 대한 이야기다.

물론 훈련, 훈련, 훈련이 중요한 것이야 두말하면 잔소리.

성과를 내는 사람을
축하해주자

남의 이익에 신경 써라.
분배되지 않은 이익은 결코 오래가지 않는다.

볼테르

〈뉴요커New Yorker〉지 2009년 5월 11일판에 말콤 글래드웰의 '다윗이 골리앗을 꺾는 방법'이라는 글이 실렸다. 그 부제가 꽤 도발적이었다. '약자가 규칙을 어길 때'.

표면적으로 보면 이 글은 비벡 라나디베Vivek Ranadivé가 감독으로 있었던 레드우드시티 여학생 농구팀의 이야기다. 원래 인도의 뭄바이 출신인 라나디베는 딸인 안잘리가 소속된 농구팀의 감독이 되기 전까지만 해도 농구에는 문외한이었다. 크리켓과 축구에 익숙한 그에게 미국에서 하는 농구는 얼토당토않은 스포츠였다. 양 팀이 번갈아가며 공을 잡고 득점을 노리는 스포츠라니…. 그런 전략은 더 재능 있는 팀, 다시 말해 더 덩치 큰 선수들이 드리블, 패스, 슛, 리바운드

하는 팀에 분명히 더 유리했다. 그의 팀은 재능이 없었다. 그는 팀원들을 실리콘밸리 컴퓨터 프로그래머들 밑에서 자란 '금발 계집애들'이라고, 나로서는 좀 비하하는 듯하여 선뜻 받아들이기 어려운 말로 표현했다.

라나디베는 경기 내내 전면 압박 수비를 펼치기로 했다. 특이하긴 해도 규정에 어긋나진 않는 전략이었다. 그의 팀은 그 방면으로 굉장한 실력을 선보이며 승승장구해 결승전까지 진출했다. 상대의 골 밑에서 공격권을 빼앗으면 굳이 드리블, 패스, 리바운드, 점프슛을 할 필요 없이 레이업슛만 하면 된다. 그의 팀도 그 정도는 할 수 있었다.

늘 그렇듯이 이 글에서도 글래드웰은 그 밖의 견해와 사실을 소개했다. 그는 지난 200년간의 군사 전투를 연구한 결과를 보면 다윗이 골리앗을 이긴 경우가 전체의 29퍼센트라고 했다. 꽤 괜찮은 수치다. 하지만 약자들이 별난 전술을 쓸 때는 이긴 경우가 전체의 64퍼센트였다. 이 정도면 정말 대단한 수치다.

사랑과 전쟁에 반칙이란 없다. 하지만 농구는 아닌가 보다. 레드우드시티 팀의 이야기는 씁쓸하게 막을 내린다. 결승전에서 그들이 만난 심판(상대 팀이 추천)은 열두 살 여학생들이 경기 내내 전면 압박 수비를 펼치는 것은 바람직하지 않다고 생각했다(그 사람은 놀런 리처드슨Nolan Richardson 감독 휘하에서 '지옥의 40분'으로 유명했던 아칸소대학교 남자 농구팀에 대해 들어본 적이 없나 보다). 레드우드시티 팀이 상대의 인바운드 패스를 가로채려 할 때마다 거듭해서 파울이 선언됐다. 결국 그들은 기존 방식을 포기할 수밖에 없었다. 득점 후에 코트를 어슬렁거리며 상대 팀이 슛을 날리기만 기다리는 형국이 됐다. 그래서 끝내 패배했다. 원래 상대 팀만큼 '좋은' 팀은 아니었으니까.

그렇다면 농구 경기에서는 어떻게 뛰어야 하는 걸까? 쉽게 말하면 승리하기 위해서 뛰고 규칙을 지키면서 뛰면 된다. 사실 전면 압박 수비를 금지하는 규칙은 없다. 하지만 '마땅히' 이러저러하게 뛰어야 한다는 인식이 있기 때문에 그런 인식을 거스르는 팀은 좋은 꼴을 못 본다. 호루라기가 불리게 되어 있다.

나야 농구를 좋아하지만 그렇지 않은 독자도 많을 줄 안다. 괜찮다. 어차피 여기서 이야기하고 싶은 것은 인생이라는 경기니까 말이다.

인생은 농구보다도 훨씬 복잡하다. 우리는 승리(행복)를 위해서 뛰려 하지만 인생에는 명확한 규칙이 거의 없다(반대로 암묵적 규칙은 넘쳐 난다).

내가 지금껏 살면서 간담이 서늘할 때가 몇 번 있었는데 그중 하나가 10대 시절 우체국에서 집배원으로 일할 때였다. 출근 첫날 나는 예정보다 두 시간 일찍 배달을 끝냈다. 퇴근 시간이 다 되어 뿌듯한 마음으로 느긋하게 앉아 있는데 노조 대표가 나를 찾아와 나직이 말했다.

"다신 이러지 마라. 두 다리 성하게 걸어 다니고 싶으면 말이야."

미시간대학교의 우리 동료 교수 한 명은 매 학기 수백 명 규모의 강의를 맡는다. 그가 학기 중에 매주 학생들을 여러 명씩 집으로 불러서 저녁을 대접하다 보니 학기 말이 되면 그의 가족과 식사 한 끼 하지 않은 수강생이 거의 없다시피 하다. 이를 두고 몇몇 교수는 찬사를 보내긴커녕 비난을 퍼붓는다.

"그 양반 왜 그런대? 그리고 그 집 안주인은 또 왜 그렇게 산대? 남편한테 무슨 약점이라도 잡혔나?"

주변에서 인생을 열정적이고 충실하게 살아가는 사람들을 떠올려보자. 그들은 잘 웃고 잘 운다. 우리를 안아줘야 할 때 안아준다. 우리를 꾸짖어야 할 때 꾸짖어준다. 부탁할 때는 항상 정중히 예를 갖추고 또 감사 인사를 잊는 법이 절대 없다. 그런데 우리는 등 뒤에서 어떻게 하는가? 눈살을 찌푸리거나 어이가 없다는 표정을 지을지도 모른다. 사람이 그래서는 안 되는 법이기 때문이다!

아, 참으로 부끄러운 노릇이다.

농구 선수 월트 체임벌린Wilt Chamberlain이 남긴 명언이 있다. "골리앗을 응원하는 사람은 아무도 없다." 그럴지도 모른다. 하지만 우리가 항상 다윗을 응원하는 것도 아니다. 왜냐하면 다윗이 이기면 안 되는 법이기 때문이고 특히 별난 방법을 찾아서 이기면 안 되는 법이기 때문이다.

그래서 긍정심리학의 관점에서 내가 하고 싶은 말은? 누가 남다른 방식으로 좋은 성과를 보일 때는 그것이 부도덕하고 불법적인 짓이 아닌 이상 용인해주자. 아니, 축하해주자. 혹시 거기서 좋은 삶에 대한 교훈을 얻게 될지도 모를 일이다.

나도 그렇고 여러분도 그렇고 우리는 대부분 골리앗이 아니라 다윗이다. 우리 모두의 손에 살맛 나는 삶을 살기 위한 '돌팔매'가 있었으면 좋겠다. 직업, 배우자, 자녀가 평범해도 괜찮다. 인생에 전면 압박 수비를 펼치자!

스티브 잡스와 캘리그래피 강의

좋은 삶을 위한 교훈

여정은 그 자체로 보상이다.

스티브 잡스

방금 스티브 잡스의 2005년 스탠퍼드대학교 졸업식 기념사를 봤다. 여러분은 벌써 봤을지 모르지만(조회 수가 무려 수십만이라니!) 나는 이번이 처음이었는데 좋은 삶에 대한 탁견이 담겨 있어 여기서 이야기해보고 싶다.

나는 스티브 잡스에 대해 잘 모르니 연설자가 아니라 연설 내용에 초점을 맞추려 한다. 그렇긴 해도 어차피 그 연설은 연설자와 떼려야 뗄 수가 없긴 하다. 잡스가 한 15분 분량의 연설은 그의 개인적인 이야기 세 편으로 구성되어 있는데 내가 지금껏 들어본 연설 중에서, 특히 졸업식 연설이라는 장르에서는 가히 최고라 할 만했다. 졸업식 연설은 아무리 취지가 좋아도 뻔하고 시시하고 장황하게 마련이다.

졸업생들을 축하해주러 온 친지 중 나이가 지긋한 사람들은 도중에 픽픽 쓰러지기도 한다. 일사병 때문에? 그럴 수도 있겠지. 하지만 지루함도 한몫 톡톡히 할 테고 어쩌면 노년의 청자로서는 차라리 그렇게라도 탈출하는 편이 낫겠다 싶을지도 모른다. 인생은 짧으니까.

중간중간 화면에 잡히는 청중을 보면 잡스의 연설을 듣다 쓰러진 사람은 아무도 없는 것 같았다. 따분해 보이는 사람도 없었다. 아니, 모두 그의 연설에 심취해 있었다. 강의가 주업인 나로서는 미시간에서 내 강의를 듣는 학생 중 절반만이라도 그날 스탠퍼드에서 잡스의 연설을 들었던 청중 전원이 보인 관심을 절반만큼만, 길게도 아니고 강의 시간의 절반만이라도 그런 관심을 보여준다면 정말 가슴이 벅찰 것 같다.

말에 대한 말이 나왔으니 말인데 말을 할 때는 언제나 이야기가 좋은 수단이 되며 특히 이야기가 세 가지로 구성되어 있으면 좋다. 그런 것을 연구하는 사람들은 달변가가 되려면 '3의 법칙'을 쓰라고 한다. 세 가지 형용사를 사용하라. 세 가지 사례를 제시하라. 세 가지 논점을 밝히라. 그리고 술집에 들어오는 인간들을 안주 삼아 씹을 때도 반드시 세 명인지 확인하라. 둘은 물론이고 넷은 절대 안 된다.

잡스의 첫 번째 이야기는 리드대학교를 자퇴한 사연이었다. 정확히 말하자면 그는 듣기 싫은 강의에 내는 돈이 아까워서 등록금은 안 냈지만 계속 학교에 나와서 마음에 드는 강의를 청강했다. 그중 하나가 캘리그래피 강의였다. 이 우연한 사건의 결과가 바로 지금 이 글을 쓰는 내 눈앞에 컴퓨터의 다양한 서체와 비례간격으로 나타나 있다. 이는 잡스가 리드대학교를 자퇴하고 수년 후 세상에 선보인 혁신이요, 최초의 매킨토시 컴퓨터에 수많은 사람이 열광한 요인이기도 했다. 그래서? 잡스는 청중에게 인생에서 별개로 보이는 사건들을 마치 점을 잇듯이 연결해 볼 줄 알아야 한다며 앞만 내다봐서는 그럴 수 없다고 했다. 그러자면 뒤를 돌아봐야만 한다. 그리고 언젠가는 그러한 점들이 이어지리라는 믿음(낙관주의?)이 있어야 한다.

두 번째는 그가 공동 설립한 애플컴퓨터에서 쫓겨난 이야기였다. 그야말로 치욕스럽고 가슴 아픈 일이었다! 가슴에 피멍이 들긴 했지만 잡스는 자기가 지금껏 해온 일을 좋아한다는 것을 깨닫고 계속 그 일을 했다. 그는 픽사를 설립했고 넥스트 NeXT도 설립했다. 넥스트는 이후 애플에 인수됐고 그 뒷이야기는 여러분이 아시는 대로다. 그래서? "위대한 일을 하는 길은 자기가 하는 일을 사랑하는 것뿐"이니 자기가 사랑하는 일을 찾자.

세 번째는 죽음을 실감케 한 췌장암 투병에 대한 이야기였다. 잡스는 "죽음이야말로 인생의 가장 훌륭한 발명품이 아닐까" 싶다고 말했다. 왜냐하면 죽음이 있기에 우리가 뭔가 잃을 것이 있다는 생각의 덫을 피할 수 있기 때문이다. 그래서? 잡스는 자신에게 이런 질문을 자주 던진다고 했다. "오늘이 내 생의 마지막 날이라면 오늘 하려는 일을 하겠는가?" 여기에 '아니'라고 답하는 날이 너무 오래 이어진다면 그는 변화할 때가 됐음을 안다고 했다.

스티브 잡스는 "늘 갈망하라, 늘 어리석게 굴라"라는 충고로 연설을 끝맺었다. 『전 지구 카탈로그 Whole Earth Catalogue』 마지막 판에서 빌려

온 이 말은 참 훌륭한 조언이라 잡스도 몇 번이나 반복해서 말했다. 하지만 나는 그 말을 믿지 않는다. 아니, 전적으로 믿진 않는다. 어쩌면 3의 법칙에 위배돼서 그런 것인지도 모르겠다. 늘 갈망하라고? 지당하신 말씀. 늘 어리석게 굴라고? 에이. 잡스가 전한 좋은 삶에 대한 교훈 중에 어리석은 게 어디 있다고 그래.

일하고 놀고 사랑하고 나눠라

인생을 잘사는 사람들의 비결

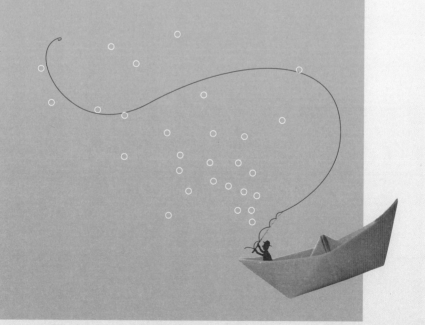

긍정심리학자가 무슨 주제로 연구를 하든 간에 결국 그 결과는 타인의 중요성으로 귀결되는 것이 보통이다. 하긴, 우리는 선천적으로 사회적인 존재이니까 심리학적으로 좋은 삶을 설명할 때 타인이 엄청나게 부각된다고 해도 놀랄 일이 아니다.

4부에서는 우리에게 타인이 중요하고 타인에게도 우리가 중요함을 보여주는 최근 연구 결과와 사례를 논한다.

좋은 인간관계,
행복의 필수조건

겁쟁이는 사랑을 드러낼 능력이 없다.
사랑은 용기 있는 자의 특권이다.

마하트마 간디

"타인은 중요합니다." 내가 긍정심리학을 주제로 강의할 때마다 빠짐없이 하는 말이다. 무슨 자동차 스티커에나 찍혀 있을 법한 표어처럼 들리지만 사실 이 말에는 그동안 긍정심리학 연구를 통해 좋은 삶에 대해 밝혀진 내용이 아주 잘 요약되어 있다. 우리는 주로 타인과 함께할 때 쾌락을 경험하고 그 쾌락의 여운 역시 타인과 함께할 때 분명히 가장 잘 향유한다. 우리는 우리를 타인과 연결해주는 성격 강점(예: 감사)을 통해 인생에서 만족을 느끼고 의미를 찾는 경우가 많다. 우리는 타인과 일하고 사랑하고 놀이한다. 좋은 인간관계는 현대 미국처럼 개인주의 문화가 뚜렷한 사회에서도 행복의 필수 조건인 것 같다.

일반론은 이쯤 하고 이제 타인의 중요성을 여실히 보여주는 두 가지 사례를 제시해볼까 한다. 둘 다 내 친구이자 동료 학자인 박난숙을 통해 알게 됐다(역시 타인은 중요하다).

앞에서 말한 랜디 포시에 대한 예와 달리 이번에는 이 두 가지를 긍정심리학 사례라고 선뜻 말하진 못하겠으니 그도 그럴 것이 뒷이야기를 모르기 때문이다. 그저 짧은 이야기로 알게 된 것이 전부다. 그러니 어디까지나 예시로만 생각해주기 바란다. 그래도 좋은 예이니 아마 여러분도 나처럼 오랫동안 잊지 못할 것이다.

낸시 메이킨Nancy Makin은 몸무게가 318킬로그램이었다. 절망의 악순환 때문이었다. 먹을수록 기분이 나빠졌고 기분이 나쁠수록 더 많이 먹었다. 그녀는 오랜 세월 두문불출하며 가족 외에는 누구도 만나지 않았다. 그러던 어느 날 여동생에게 컴퓨터를 선물 받았다. 인터넷을 사용할 수 있게 되자 평소 정치에 관심이 많았던 메이킨은 채팅방을 돌아다니며 친구를 사귀었고 당연히 그들은 외모로 그녀를 판단하지 않았다.

그녀는 자신을 소중히 여기기 시작하자 하루하루가 기대됐다. "나는 얼굴도 모르는 낯선 이들에게 사랑과 보살핌을 받았다. 친구들은 내 마음과 영혼을 보고 나를 있는 그대로 받아들여줬다." 그러자 살이 빠지기 시작했다. 다이어트를 한 것도, 약을 먹거나 수술을 받은 것도, 특별한 운동 프로그램에 참여한 것도 아니었다. 그저 폭식을 그만뒀을 뿐인데 이후 3년 동안 약 240킬로그램이 빠졌다. "20킬로그램만 빼도 훨씬 행복해질 거란 말을 참 많이 들었고 나 스스로도 그런 말을 했었다. 그런데 이 여정을 통해 실은 그 반대임을 알게 됐다." 그녀는 자신을 더 좋아하게 되면서 체중이 줄어들기 시작했고 자신을 더 좋아하게 된 이유는 새로 사귄 친구들 때문이었다.

웨일스의 카디프에 사는 루크 피타드Luke Pittard는 맥도널드에서 일했다. 그러다 복권에 당첨되어 130만 파운드를 받게 되자 복권 당첨자들이 흔히 하는 대로 했다. 직장을 그만두고 새집을 장만하고 호화스러운 결혼식을 올리고 꿈에 그리던 휴가를 떠났다. 새로운 인생을 시작하고 18개월이 지났을 때 그는 다시 직장으로 돌아갔다. 왜? 동료들이 그리워서였다. 그들은 다시 그를 따뜻하게 맞아줬다. 그중 한 사람은 이렇게 말했다. "루크는 참 괜찮은 동료였어요. 그래서 복권에 당첨됐을 때 모두 자기 일처럼 기뻐했죠. 루크가 복권에 당첨돼서 즐겁게 지낸 것도 좋지만 다시 돌아와서 정말 기뻐요. 루크가 언제 그만뒀었나 싶네요."

복권 당첨금을 쓰고 남은 돈의 예금 이자보다도 벌이가 못한 직장으로 돌아가다니 미친 짓이라고 할 사람이 있다는 것은 루크 본인도 잘 안다. 하지만 그는 "열심히 일해서 손해 본 사람 없다"면서 직업이 있어서 하루하루가 기대된다고 밝혔다.

둘 다 흔히 있는 일은 아니다. 그래서 내가 이렇게 소개하는 것이기도 하다. 인터넷을 탐색한다고 해서 무조건 살이 빠지진 않고 시급 5.85파운드의 직장으로 돌아간다고 해서 복권 당첨으로 생길 수 있는 병폐가 무조건 사라지지도 않는다. 그러나 낸시 메이킨과 루크 피타드가 찾은, 아니, 되찾은 좋은 삶은 그들에게 희망과 의미를 주는 타인과 엮여 있었다.

우리 모두 좋은 삶을 찾는 길에서 이 두 가지 사례의 교훈을 염두에 두면 큰 도움이 되리라고 본다. 타인은 중요하다. 그리고 낸시 메이킨의 인터넷 친구들과 루크 피타드의 직장 동료들도 염두에 두면 큰 도움이 될 것이다. 우리는 모두 누군가에게 그토록 중요한 존재가 될 수 있는 타인이기도 하다.

감사는
생활 만족도다

다른 사람들에게 그들이 중요한 존재임을 알려주면 우리에게 이롭다
감사는 기억이 머리가 아닌 가슴에 저장될 때 일어난다.

라이오넬 햄프턴

일전에 동료 학자와 대화를 나누던 중에 열다섯 살 된 그의 아들이
온라인에서 우리의 성격 강점 검사를 했다는 이야기가 나왔다. 그 아
이의 최고 강점은 감사였다. 동료 학자는 고개를 설레설레 저으며 어
이가 없다는 투로 말했다. "우리는 잘 모르겠던데요."

검사가 아이에게 효과가 없는 것 같다고 대답할 수도 있었겠지만
나는 "아직 충분히 관심을 기울이지 않아서 그런지도 몰라요"라고
했다. 동료를 위해서만 아니라 그 아이를 위해서도 검사가 유효하다
고 믿고 싶었던 까닭은 우리의 이전 연구에서 감사가 생활 만족도와
거기서 비롯되는 모든 좋은 요소와 가장 견고하게 연결된 성격 강점
으로 나왔기 때문이었다.

감사는 사람과 사람 사이에 정서적 유대를 형성하므로 가슴 강점이다. 물론 모든 사람이 큰소리로 확실하게 감사를 표현하진 않지만 (예: 15세 남자아이들) 감사가 얼마나 귀중한 것인지 안다면 우리는 그것을 듣기 위해 귀를 쫑긋 세워야 한다.

제프리 프로Jeffrey Froh, 지아코모 보노Giacomo Bono, 로버트 에몬스Robert Emmons의 연구를 통해 감사할 줄 아는 청소년의 특징과 그런 성향이 이로운 이유가 밝혀졌다. 그들이 표본으로 모은 중학생 700명은 먼저 자기 보고형 감사도 평가를 한 후 시간 간격을 두고 생활 만족도 평가와 사회 통합도 평가를 했다.

결과는 명확했다. 이전 연구들에서 그랬듯이 감사가 생활 만족도로 이어졌고 그 과정에서 사회 통합도가 향상됐다. 그러니까 감사를 통해 정말로 우리와 타인 사이에 유대감이 형성된다는 말이다.

왜 그랬는지는 모르겠는데 나는 몇 년 전부터 사람들에게 받는 감사 카드와 쪽지를 연구실 게시판에 압정으로 붙여 놓는다. 거기에 '감사의 벽'이라는 이름도 붙였다. 그전에는 그런 카드와 쪽지를 받으면 쓱 읽으면서 미소 짓고는 쓰레기통에 툭 던져버렸다. 정말 한심하기 짝이 없는 짓이었다. 이제는 게시판에 붙여 놓으니 볼 때마다 생각하게 된다. 무엇을? 내가 사람들에게 좋은 일을 하고 있다는 것이 아니라 사람들이 감사해 한다는 것을 말이다. 감사의 이유를 보면 주로 추천서를 써주거나 초청 강연에 응해준 것 등 교수로서 일상적으로 하는 일들이었다. 울적하고 심란할 때 게시판을 보면 다른 사람들이 감사하고 있다는 사실에 감사하게 된다. 참으로 아름다운 세상이다! 사람과 사람이 서로 어울리며 살아가는 우리의 세상 말이다.

타인은 중요하다. 하지만 그중에서 독심술을 쓸 줄 아는 사람은 거의 없다. 다른 사람들에게 그들이 중요한 존재임을 알려주자. 그러면 그들에게 이로울 수도 있다. 여러분에게는 분명히 이로울 것이다.

눈물과
테스토스테론

눈물은 눈이 쓰는 고결한 언어다.

로버트 헤릭

2011년 〈사이언스〉 지에 게재된 논문이 인터넷에서 학자들은 물론이고 일반인들에게도 화제가 됐다. 그 내용이 굉장히 흥미로웠기 때문이다. 샤니 겔스타인Shani Gelstein이 이끄는 이스라엘 연구진이 생화학적 측면에서 눈물이 타인에게 끼치는 영향을 연구했다. 결과를 요약하면 여성의 눈물이 남성의 성적 흥분을 감소시킨다는 사실이 여러 가지 방법으로 확인됐다는 것이었다.

논문의 요약부에서 일부를 발췌한다.

여성 기증자에게서 채취한 부정적 정서와 관련된 무취無臭의 눈물에 코를 가져다 대는 것만으로 남성이 여성의 얼굴 사진을 볼 때 일어나는 성적 흥분이 감소했다. 그와 같은 눈물에 코를 가져다 대자 남성은 자기평가 성적 흥분도, 흥분의 생리적 측정치, 테스토스테론 수준이 감소했다. 끝으로, 여성의 눈물에 코를 가져다 대면 남성의 성적 흥분과 관련된 뇌 기질의 활동이 선별적으로 감소하는 것이 기능적 자기공명영상을 통해 드러났다.

연구진은 슬픈 영화를 본 여성들에게서 '불행한' 눈물을 채취해 흡착판에 놓고 남성들에게 냄새를 맡아보라고 했다. 통제 집단의 참가자들은 흡착판에 놓인 생리식염수의 냄새를 맡았다. 다들 생각해보면 알다시피 눈물에는 뚜렷한 냄새가 없는데도 눈물을 접하면 성적 흥분 감소라는 뚜렷한 효과가 나타났다. 이 연구를 보도한 인터넷 기사들을 보면 '눈물은 남성을 가라앉힌다' 같은 제목을 붙인 경우가 많았는데 성적 흥분만 놓고 보자면 분명히 그렇다고 할 수 있다.

하지만 그것이 다일까? 눈물이 성적으로는 남성을 가라앉힐 수 있으나 다른 방면에서도 그럴까? 최소한 내 경험으로는 아닌 것 같다. 눈물을 접하면 나는 타인의 불행을 진지하게 받아들이게 된다. 눈물을 접하면 돕고 싶어진다. 눈물을 접하면 위로하고 어깨나 손을 내밀고 싶어진다. 그럴 때 성적 흥분이 끼어들지 않는다면 더더욱 좋다. 사실 테스토스테론은 성적 흥분만 아니라 공격성과도 연관이 있으므로 눈물을 접하면 남성은 더 친절하고 너그러워진다고 할 수 있다.

그런 효과에 생화학적 근거가 있을 수도 있다니 굉장히 흥미롭다.

연구진은 아직 정체를 알 수 없지만 눈물에 화학 신호가 있는 것이 틀림없다고 결론지었다(나도 동의한다). 후속 연구가 필요하다. 흥미로운 연구는 반드시 더 많은 연구를 낳게 되어 있으니 분명히 후속 연구가 시행될 것이다.

실연의 아픔과
진통제 효과

왜 이것을 가슴이 찢어진다고 하는지 모르겠다.
찢어지는 것이 어디 가슴뿐이랴.

미시 알티즈드

요즘 기능적 자기공명영상를 실험 전략으로 활용하는 심리학 연구
자가 점점 늘어나는 추세다. 연구 참가자들이 거대한 스캐너 안에 들
어가 있으면 두뇌의 사진이 찍히고 거기에 나타난 혈류를 보면 그들
이 이런저런 활동(그냥 가만히 있는 것도 포함)을 하는 동안 두뇌의 어
떤 부위에서 활동량이 늘어나거나 줄어드는지 알 수 있다. 이런 전략
은 심리학자들이 두뇌의 구조와 기능이라는 측면에서 인간의 활동
을 탐구하고 싶어 하는 경향이 강해지고 있는 현실을 생각해보면 의
미가 있긴 하지만 또 한편으로 문제점 역시 존재한다.

 두뇌 영상 촬영이 무지막지하게 비싼 탓에 일반적으로 fMRI 연구
를 할 때는 참가자를 극소규모로 모집하다 보니 연구 설계의 힘이

제한된다. 대개 fMRI 연구 결과는 순전히 경험적이고 무엇과 무엇이 연관되어 있다는 것만 확인하는 수준이다. 그래서 비판자들은 그렇게 보고되는 상관관계가 사실 어디까지나 우연의 산물일 뿐인데 소규모 표본을 사용해서 발생률이 높아진 것은 아니냐고 따져 묻는다.

내가 보기에 fMRI 결과는 여타 연구 전략에서 나오는 결과와 같이 그것을 설명해주는 이론이 있을 때, 특히 그런 이론이 연구 설계 및 분석의 길잡이 역할을 할 때 가장 유익하다. 두뇌 영상은 셀 수 없이 많은 요소와 관련되어 있다. 이론이 마련되어 있으면 연구자는 그중에서 어떤 요소를 주목하고 강조해야 하는지 알 수 있다. 하지만 길잡이가 되는 이론이 없으면 우리가 보는 것은 연구 결과에 대한 사후 설명이고 이는 그냥 결과가 나온 후에 꿰맞춘 것일 수 있다. fMRI 연구 결과 중 다수는 수십 년 전에 생물학자 스티븐 제이 굴드Stephen Jay Gould가 말한 '그냥 그렇다는 이야기'의 전형일지도 모른다.

하지만 예외도 있다. 우리는 그런 예외에 주의를 기울일 필요가 있다. 이론에 기초한 fMRI 연구의 한 예는 최근 미시간대학교의 심리학자 이선 크로스Ethan Kross와 동료 학자들이 발표한 것이다. 그들의 연구는 세간의 주목을 받았고 마땅히 그럴 만했다.

크로스와 동료 학자들은 최근에 연인과 결별한 사람 40명을 참가자로 모집해 다양한 조건에서 두뇌 사진을 촬영했다. 참고로 참가자들은 결별을 통보받은 쪽이었고 거부당한 느낌이 강하게 든다고 심경을 밝혔다. 참가자들에게 전 연인의 사진을 보게 하자 고온 자극을 받을 때, 쉽게 말해 열 때문에 신체적 고통을 겪을 때와 똑같은 두뇌

부위에서 활동을 보였다. 그러다 보니 이 연구를 소개한 대중매체 기사들에 '사랑은 아프다'라는 제목이 달릴 수밖에 없었다.

대중매체에서는 실연의 아픔이 '진짜'라고 결론 내렸는데 이는 꼼꼼하게 따져볼 필요가 있다. 다들 알다시피 실연의 아픔은 진짜(심리적 측면에서)이고 굳이 fMRI 연구로 증명할 필요가 없다. 그리고 실연의 아픔은 우리의 모든 생각, 감정, 행동이 그렇듯이 두뇌와 신경계의 활동에 근거한다. 그렇지 않다고 주장한다면 이미 오래전에 심리학자들에게 퇴짜를 맞은, 정신과 육체의 이원론을 옹호하는 것이다. 이 역시 굳이 fMRI 연구로 증명할 필요가 없다.

그런데 이 연구에서 주목할 점은 두뇌 영상에서 드러나는 활동으로만 본다면 실연으로 인한 고통과 신체 자극으로 인한 고통이 '동일'하다는 사실이다.

정말 흥미로운 발견이다. 이런 발견의 출발점에는 뚜렷한 가설이 있었고 여기서 우리는 이론적 시사점은 물론이고 어쩌면 실용적 시사점도 찾을 수 있을 것 같다.

이론적인 측면에서 내 나름의 그냥 그렇다는 이야기를 하나 제시하자면 인간의 진화 과정에서 실연이 기존의 두뇌 구조와 기능에 무임승차함에 따라 사회적으로 거부당하는 것이 고통으로 느껴지게 됐고 그것이 신체적 자극으로 인한 고통 때문에 발생하는 행동, 예를 들면 고통의 원인과 거리를 둔 후 그 피해가 회복될 때까지 시간을 두고 기다리는 행위 등과 결부됐다고 하겠다.

실용적인 측면에서 보면 이 연구를 통해 사회적 거부로 인한 고통을 처리하는 방법을 엿볼 수 있다. 일단 고통의 원인인 결별을 통보한 사람과 '맞서면' 안 될 것 같다. 적어도 고통이 줄어들기를 원한다면 말이다. 난로에 손을 댄 사람에게 난로와 '맞서라고' 하진 않는다. 손을 댄 사람에게 그 일을 '해석해보라고' 혹은 '말로 찬찬히 풀어보라고' 하진 않는다. 그냥 난로를 끄고 앞으로는 더 조심하라고 한다.

관계에 문제가 생기면 약물을 복용할 소지가 있는데 사람들이 그렇게 하는 이유는 관계에서 오는 고통을 줄이기 위해서인지도 모른다. 오늘 아침에 인터넷을 돌아다니다 어떤 웹사이트에 들어갔더니 결별 후에 '약발'이 잘 듣는 약물이 합법과 불법을 막론하고 망라되어 있었다! 추천하는 약물 중 대부분이 진통제 성분을 포함하고 있었다. 그럴 만도 하다. 하지만 약물 복용은 자칫하면 약물 남용으로 이어질 수 있고 그러면 단기적으로야 효과가 좋다고 해도 장기적으로는 거기서 헤어나지 못해서 위험하다. 아아, 슬프지만 이 경고는 알코올과 아편만 아니라 초콜릿 아이스크림에도 적용된다.

그러면 몸을 쓰는 운동은 어떨까? 격렬한 에어로빅으로 신체의 고통을 줄일 수 있다는 연구 결과가 분명히 나와 있다. 내 생각에는 틀림없이 사회적 거부의 고통도 줄어들 것 같지만 이에 대해서는 연구가 더 있어야 한다. 어쩌면 이미 그런 연구가 있었는데 내 탐지망에 걸리지 않았는지도 모르겠다. 좌우간에 우리에겐 분명한 가설이 있고 그로써 과학이 잘 사는 삶, 아니, 적어도 고통 없이 사는 삶에 보탬이 된다면 좋은 일이다.

소소한 대화와
진중한 대화

대인은 사상을 논하고 범인은 범사를 논하며 소인은 술을 논한다.

프란 레보위츠

우리는 모두 대화를 한다. 대화는 인간의 본성이다. 그런데 대화를 할 때 진중한 것을 이야기하는가, 소소한 것을 이야기하는가? 진중한 대화를 즐기는가, 소소한 대화를 즐기는가? 그리고 우리의 대화 습관을 보면 무엇을 알 수 있는가?

나는 소소한 대화에 도통한 사람이다. 아무하고나 수다를 떨 수 있고 그 주제도 날씨, 지역 스포츠팀, 간밤의 텔레비전 방송 등 뭐든 가리지 않는다. 특히 파티 대화에 능한데 지금까지는 그것이 무조건 장점이라고, 또 거기서 내 사교 능력이 다 드러나진 못해도 최소한 말주변이 있는 사람이라는 점 정도는 드러난다고 생각했다.

그러면 나는 분명히 행복한 사람이겠네?

머사이어스 멜Matthias Mehl과 동료 학자들의 연구 결과를 보면 꼭 그렇지만도 않다. 이들은 대학생 79명을 나흘 동안 녹음기를 차고 생활하게 했다. 그리고 그들이 깨어 있는 동안 무작위로 30초씩 말을 녹음해서 약 2만 4000편의 녹음본, 한 사람당 약 300개의 녹음본을 수집했다. 이후 이 녹음본들을 부호화해서 소소한 대화, 곧 대수롭잖은 정보를 가볍게 교환하는 평범한 대화(전체 녹음본의 약 18퍼센트)와 중요한 대화, 곧 의미 있는 정보를 진지하게 교환하는 대화(약 36퍼센트)로 분류했다. 나머지는 둘 중 하나로 확실히 분류할 수가 없었다.

참가자들의 행복도도 다양한 방법으로 측정했다.

결과는 명쾌했다. 첫째, 행복한 사람일수록 타인과 대화하는 시간이 많았는데 이는 행복의 사회적 토대를 생각하면 놀랄 일도 아니었다. 둘째, 소소한 대화의 분량은 행복과 '부정적으로' 연계되어 있었다. 셋째, 중요한 대화의 분량은 행복과 '긍정적으로' 연계되어 있었다. 요컨대 행복한 사람은 타인과 사회적인 교류를 하고 그런 교류에는 중요한 사안이 개입된다는 말이었다.

연구진은 이런 결과의 인과적 방향성이 불확실하다는 점을 인정했다. 진중한 대화가 행복의 원인일 수도 있고 거꾸로 행복이 진중한 대화의 원인일 수도 있다. 마찬가지로 소소한 대화가 불행의 원인일 수도 있고 거꾸로 불행이 소소한 대화의 원인일 수도 있다. 어느 쪽이든 간에 다른 사람은 몰라도 나로서는 전혀 뜻밖이라서 흥미로운 결과다. 나는 수다(소소한 대화)가 더 큰 행복을 나타내는 지표라고 생각했고 진중한 대화는 더 어두운 면, 혹은 그 정도는 아니어도 더 답답한 면과 관련이 있는 줄 알았다. 그런데 정반대라니, 그래서 연구가 중요하다고 하겠다.

참고로 이들 연구진의 관점에서 대화가 '중요성'을 띠려면 반드시 인생의 의미나 꼭꼭 숨겨놓았던 비밀을 화제로 할 필요는 없었다. 그보다는 대화가 진지하냐, 다시 말해 연구 참가자들과 대화하는 상대가 실제로 그 대화에 중요한 인물이냐가 중요했다.

만약 대화의 주제가 심리적 안녕의 원인이라고 인과관계를 가정한다면 이 연구의 '그래서 어쩌라고?'는 꽤 명료하다. 중요한 것에 대해 대화를 나누자. 특히 상대가 우리말에 관심이 있는 사람이라면 더욱 좋다.

친구가 있는 것과
친구가 되는 것

친구를 사귀려면 친구가 되는 수밖에 없다.

랠프 월도 에머슨

줄리앤 홀트-런스태드Julianne Holt-Lunstad, 티모시 스미스Timothy Smith, 브래들리 레이튼Bradley Layton은 문헌조사를 통해 총 30만 8849명의 연구 참가자가 개입된 148개의 전향적 연구(연구 시작 시점 이후 발생하는 데이터를 토대로 하는 연구-옮긴이) 결과를 요약했다. 이들은 대인관계와 수명에 주안점을 뒀고 그 결과는 명쾌하고 흥미로웠다. 대인관계가 더 강한 사람들은 생존율이 50퍼센트 높았다. 정량적 지표와 정성적 지표를 모두 이용해서 평가했다. 이는 나이, 성별, 초기 건강 상태, 사망 원인, 후속 조사 간격과 상관없이 동일했다.

그러면 다시 한 번 타인은 중요하다고 말할 수 있겠고 이 경우에는 그 중요성이 수명 연장의 형태로 나타난다고 하겠다.

자, 간단한 검사를 한번 해보자. 위에서 소개한, 신뢰도도 높고 견고성도 꽤 큰 연구 결과를 보고 여러분이 처음으로 보인 반응은 무엇이었는가?

> A. 내게 친구가 몇 명 있는지 생각해보고 그 정도면 내 수명을 의미 있는 수준으로 연장하기에 '충분한지' 따져봤다.
> B. 내가 몇 명에게 친구가 되어주고 있는지 생각해보고 그 정도면 내가 다른 사람들의 수명을 의미 있는 수준으로 연장해주기에 '충분한지' 따져봤다.

나로 말할 것 같으면 즉시 떠오른 답은 솔직히 A였으나 좀 더 생각해보니 B도 꽤 괜찮은 답일 뿐만 아니라 어쩌면 도덕적으로 더 나은 답일 수도 있겠구나 싶었다. 학생들에게 조언하자면 시험 문제에 첫 번째로 떠오른 답이 무조건 정답은 아니라는 점을 명심하기 바란다!

긍정심리학은 너무 개인에 초점을 맞춘다는 비판을 받을 소지가 있다. 긍정심리학의 연구 결과가 일반 대중에게 소개될 때를 보면 개인에게 어떤 유익이 있는지, 이를테면 '나'의 행복, 성공, 건강, 수명 증진에 방점이 찍힌 경우가 많다. 하지만 옳은 행동을 한다고 해서 무조건 나 개인에게 이득이 되진 않는다. 그래도 그 행동이 옳다는 사실은 변하지 않는다.

우정이란 내가 하나를 얻는다고 반드시 상대방이 하나를 잃어야 하는 관계가 아니다. 전부까진 아니어도 많은 우정관계가 대칭적이기 때문이다. 그러니 여기서 나는 우정의 가치를 어떻게 보느냐에 역점을 두고 싶다. 우정은 나를 위한 것일까, 친구를 위한 것일까? 위의 연구 결과를 보자면 답은 둘 다를 위한 것이다.

그래서 어쩌라고? 우리가 자신이 아니라 타인의 입장에서 우정의 유익을 생각해봐야 하지 않나 싶다. 우리 주변 사람들 중에서 친구가 생기면 가장 이득을 볼 이가 누구일까? 이미 인기가 있는 사람들은 아마 아닐 것이다. 나도 그렇고 여러분도 그렇고 가장 최근에 좀 소외되어 있거나 좀 어색하거나 좀 까다로운 사람에게 먼저 친구가 되어준 적이 언제인가? 여러분도 나와 같다면 그 답은 아마 '그런 적 거의 없다' 혹은 '전혀 없다'일 것이다.

이제 나는 그런 태도를 바꿔볼 작정이다.

그리고 나 역시 좀 소외되고 좀 어색하고 좀 까다로운 사람일 수 있다는 점(여러분도?)을 감안했을 때 다른 사람들도 데이터에 기초한 이 도덕적 조언을 받아들이고 옳은 행동을 했으면 좋겠다!

친애하는 독자 여러분, 우리는 모두 한배를 타고 있습니다.

아기는
착한 사람을 좋아한다

착한 놈들이 꼴찌다.

레오 듀로서

동료 학자 덕분에 예일대학교 영아인지연구소Infant Cognition Lab의 재미있는 연구를 알게 됐다. 그곳 연구진이 개발한 틀을 통해 아기가 '착한' 사람을 선호한다는 사실이 밝혀졌다. 그들은 실험이 진행되는 동안 부모가 무릎 위에 올려놓고 있어야 했을 만큼 어린 아이들에게 인형극을 보여줬는데 등장인물 중 하나는 다른 등장인물을 도와줬고(가파른 길을 올라가고 상자를 열고 통통 뛰는 공을 잡는 것 등을 도와줬다) 다른 등장인물은 그런 행동을 하지 못하도록 방해했다.

그 후 아기들이 등장인물(도움을 줬던 인물이나 방해했던 인물)을 선택할 수 있게 하자 착한 인물을 먼저 만지거나 붙잡는 등 그를 선호하는 경우가 약 80퍼센트였다.

이 연구를 소개하는 영상이 인터넷에 올라와 있는데 나는 아기들이 도움을 주는 인물을 만지거나 붙잡을 때 항상 미소 짓는 것처럼 보여서 인상적이었다.

이를 보면 아기가 착한 사람을 좋아하고 그런 선호 성향이 날 때부터 있거나 최소한 언어가 발달하기 전에 형성되는 것 같다. 아이들은 절대 백지 상태가 아니고 어쩌면 처음부터 알고 있는지도 모른다. 방해자보다 조력자를 좋아하는 편이 확실히 이득이다.

이 연구는 학술매체와 대중매체에 소개되면서 '아기의 도덕 생활'이라는 제목이 붙었으니 이는 그 연구 결과가 도덕적 선에 대한 아기의 선천적 선호 성향을 드러내는 것으로 해석되고 있다는 뜻인데 그에 대해 나는 '그렇기도 하고 아니기도 하다'라고 하겠다. 도덕적으로 옳은 것이 항상 우리에게 이익이 되진 않고 도움을 주는 착한 것과 도덕적 선을 절대 혼동해서도 안 된다. 모든 조건이 동일하다면 착하다는 것이 도덕적 행위의 특징이 되는 경우가 많긴 하겠지만 반드시 그렇다고 할 수는 없다.

내가 저지르는 죄악 중에는 순전히 착한 사람이 되려다 보니 저지르게 되는 것이 좀 있다. 이를테면 학생들의 평가 기준을 별로 높게 잡지 않는다든가, 어떤 사람에게 불편한 진실을 말하지 않는다든가, 다른 사람이 스스로 해야 할 일을 대신 해준다든가 하는 것이다.

그런데 이 연구 결과는 아무리 양보하더라도 놀랍다고 할 이유가 있다. 아기들이 방해하는 사람보다 도와주는 사람(내가 '착함'이라고 부르는 행동 양식)에게 더 끌린다는 사실을 보여주기 때문이다.

야구 감독 레오 듀로서는 "착한 사람이 꼴찌다"라는 말을 남겼다. 착한 사람을 패배자로 칭한 이 말은 인생의 많은 영역에서 활용되고 적용된다. 나도 몇 주 전에 그런 짓을 저질렀다. 아무나 연구실에 드나들게 하는 학자치고 미국 국립과학원에 들어간 사람이 없다는 식의 냉소적인 말을 어디서 듣고 그 진위 여부도 모르면서 그대로 갖다 쓴 것이다. 우리는 본인이든 타인이든 착함을 벗어나는 것이 경쟁 우위(생각해보면 참 졸렬한 말이다)를 확보하는 데 보탬이 되는 것처럼 보이면 그래도 된다는 식으로 합리화하고 용서한다. 그리고 많은 사람이 가슴앓이 하게 될 줄 뻔히 알면서도 나쁜 남자와 못된 여자에게 끌린다.

많은 사람이 타인의 사소한 친절 행위(착함)를 넙죽넙죽 받아들이면서도 자기가 당연히 받아야 할 것을 받는다고 생각하진 않나 싶다. 우리는 착한 사람들에게 감사 인사를 하는가? 그들의 행위에 정말로 기뻐하는가? 세상을 살면서 착한 사람들을 더 선호하는가? 아기들은 그렇게 잘한다. 우리는 어떤가?

현대의 인성교육을 보면 도덕에 대해서 혹은 착함에 대해서 아이들이 모르는 것을 가르치는 것이 큰 비중을 차지한다. 나는 그와 별개로 아이들이 이미 알고 있는 것을 고스란히 간직하게 하는 것 또한 인성교육의 목표가 되어야 한다고 주장하는 바다.

> 착한 놈들은 꼴찌가 아니다. 그들은 경기가 시작되기 전부터 이미 승자다.
> — 애디슨 워커

친구와 배우자의 행복은
전염된다

행복하다고 믿어야 한다.
그렇지 않으면 행복은 결코 오지 않는다.

하버드

행복과 생활 만족도를 결정하는 중대한 요인들 중 상당수가 사회적인 성격이 강하다는 것은 이미 긍정심리학계에서 확실히 자리 잡은 결론이다. 이런 견해는 제임스 파울러James Fowler와 니컬러스 크리스태키스Nicholas Christakis의 연구를 통해 행복이 사회적 관계망을 타고 확산된다는 사실이 밝혀지면서 더욱 공고해졌다. 일반적으로 볼 때 우리는 친구나 배우자가 행복한 만큼 행복하고 그들이 더 행복해지면 우리도 더 행복해진다.

이런 결과가 중요한 까닭은 긍정심리학의 시야를 넓혀주기 때문이다. 지금껏 긍정심리학은 주로 개인성에 초점을 맞췄다. 혹자는 이기주의라고도 한다. 다시 말해 우리가 행복하다고 평가될 때 그 기준은 좋은 기분, 성공, 건강 등 행복이 개인에게 끼치는 영향이다. 그런데 파울러와 크리스태키스의 연구를 통해 개인의 행복을 옹호하는 근거가 하나 더 생겼다. 말인즉, 개인의 행복이 다른 사람들의 행복으로 이어질 수 있고 더 나아가 다른 사람들에게 바람직한 결과를 부를 가능성이 농후하다는 것이다. 그렇다면 행복의 추구를 단순히 이기적인 노력이라고 치부할 수 없을 성싶다.

이 연구가 널리 보도되긴 했지만 세부적인 내용을 꼼꼼히 살펴봐야 할 까닭은 아무래도 일부 언론 보도에서 중요한 부분을 대충 얼버무린 것 같기 때문이다. 일례로 우리 학교의 학과장 한 분은 교수와 강사, 교직원에게 행복하게 살자는 메일을 보냈다. 그가 파울러와 크리스태키스의 연구를 거론하진 않았지만 시기와 내용으로 보건대 그 연구에 대한 언론 보도를 접하고 그런 선의의 권고를 한 것이지 싶다. 그는 직장에서도 행복이 확산될 수 있으니 동료를 위해서, 더 나아가 학교를 위해서 모두 '행복해져야' 한다고 했다. 하지만 그 연구에서 직장 동료 간의 행복 전염 현상은 나타나지 않았다. 어디까지나 친구와 배우자 사이에서만 행복이 전염됐을 뿐이다.

그 연구에서 분석한 데이터는 1983년부터 2003년까지 프래밍햄 심장 연구Framingham Heart Study의 일환으로 수천 명에게서 수집된 것이었다. 거기에는 연구 대상자만 아니라 그들의 가족, 가까운 친구, 이웃, 동료에 대한 정보도 수록되어 있었다. 연구 대상자들은 미국인 남녀였다. 그들은 대부분 중년이었고 평균 학력은 대졸이었다.

행복은 우울증 척도의 역점수 항목 네 가지로 측정했다. 쉽게 말해서 의도는 우울증 증상을 측정하는 것이었지만 각 항목은 다음과 같이 정반대되는 표현을 썼다는 뜻이다. "나는 미래에 대한 희망이 있었다.""나는 행복했다.""나는 즐겁게 살았다.""나도 남들만큼 괜찮은 사람이라고 생각했다." 이 항목들은 서로 깊은 연관성이 있고 행복을 측정하기에 좋은 척도다. 파울러와 크리스태키스가 보고한 연구에서는 모든 항목에 최고점("대체로 또는 항상")을 매긴 것을 행복으로 규정했다.

　연구자들의 첫 번째 관심사는 주위 사람들의 행복이 우리의 행복과 연계되어 있느냐였다. 답은 '그렇다'이다. 나와 사회적으로 연결된 사람 한 명이 행복하면 내가 행복할 가능성이 약 9퍼센트 증가하는 반면에 나와 사회적으로 연결된 사람 한 명이 불행하면 내가 행복할 가능성이 약 7퍼센트 감소한다. 그렇다면 행복이 불행보다 좀 더 강력한 셈이다. 그리고 내가 데이터를 제대로 이해했다면 주변에 있는 행복한 사람들의 수와 우리의 행복은 비례한다. 주변에 행복한 사람이 많을수록 좋다는 것이다. 하지만 주변에 있는 불행한 사람들의 수와 우리의 불행은 비례하지 않는다. 주변에 불행한 사람이 하나 있으면 우리도 타격을 입지만 그런 사람이 늘어난다고 해서 피해가 커지진 않는다.

　두 번째 관심사는 사회적 관계망에 있는 누군가의 행복이 변하면 우리의 행복도 변하느냐였다. 그러면 그 관계의 속성과 시간 경과에 따른 행복의 변화를 면밀히 살펴봐야 했다. 이번에도 답은 '그렇다'이지만 몇 가지 단서가 붙는다. 1.5킬로미터 이내 가까이 사는 친구가 행복해지면 연구 대상자 본인도 더 행복해졌다. 함께 사는 배우자의 경우도 마찬가지였다. 하지만 멀리 사는 친구가 더 행복해진다고 해서 대상자 본인이 더 행복해지진 않았고 직장 동료가 더 행복해지는 경우 역시 그러했다.

두 연구자도 인정한 대로 그 데이터만 봐서는 그런 결과가 나타나는 이유를 알 수 없지만 그래도 그들의 발견점은 신빙성 있고 견고하다. 심리학자들은 많은 정서 상태가 문자 그대로 전염성이 있다는 사실을 잘 안다. 이때 중요한 조건은 근접성이다. 위의 행복 연구를 보자면 물리적 근접성이 있는 경우 행복이 확산될 분위기가 조성되는 것 같긴 하지만 그 정도로 충분치는 않다. 그렇지 않다면 같이 일하는 사람의 행복이나 불행이 변할 때도 우리의 행복에 영향을 끼쳐야 한다. 혹시 우리가 그 사람을 좋아해야 한다는 조건이 있는 것은 아닐까 싶기도 하고 만약 이런 추측이 맞다면 안타깝게도 우리는 같이 일하는 사람들을 그다지 좋아하지 않는다는 해석이 나올 수 있다. 어쩌면 우리는 그들을 경쟁자로, 혹은 사무실 비품쯤으로 보고 있는지도 모른다. 만일 행복이 바이러스라면 그냥 가벼운 접촉만으로는 몇 번을 접촉하든 전염이 되지 않는 셈이다.

앞에서 나는 '행복의 유산'에 대해 이야기했다. 행복의 유산이란 심리학적으로 좋은 삶을 중요시하는 자세가 연결고리가 되어 뭉친 사람들의 무리를 뜻한다. 이런 유산을 찾기 위해 가장 먼저 살펴볼 곳은 직장이 아닌 것 같으니 어딘가 애석하면서도 흥미롭다.

책이 많은 환경에서
자란 아이들

책은 가구가 아니지만 그만큼 집을 아름답게 꾸미는 것도 없다.

헨리 워드 비처

내가 물질주의자인지 아닌지는 잘 모르겠다. 나는 물건을 사기도 많이 사지만 없애기도 많이 없앤다. 정기적으로 옷장을 뒤져서 안 입는 옷은 동네 헌 옷 수거함에 넣고 식료품 저장실에 쌓여 있는 통조림은 규칙적으로 지역 구호단체에 보낸다. 그릇과 찻잔은 구세군에 기부한다. 지금까지 텔레비전을 여러 대 버렸고 컴퓨터는 셀 수도 없이 버렸으며 자동차도 두 번 폐차시켰다. 먹다 남은 음식을 냉장고에 보관하지도 않고 다 쓴 종이를 서류함에 넣어 두지도 않는다. 액세서리를 사서는 금방 처분해버린다. 심지어는 돈도 처분한다. 그렇다고 투자 실패로 돈을 날려버린다는 말은 아니다. 내 친구, 가족, 각종 비영리단체 관계자들은 나를 두고 베풀기 좋아하는 사람이라고 할 테지만 진실을 말하자면 나는 돈을 벌기만 좋아하고 간직하는 데는 별로 관심이 없는 사람이다.

하지만 책은 절대로 버리는 법이 없고 이는 내가 싫어하는 책, 다신 안 읽을 책, 아예 읽을 마음이 없는 책이라고 해도 예외가 아니다. 다른 사람은 몰라도 내게 책은 다른 물건과 다르다. 책은 절대 안 버린다. 남한테 빌려줘도 반드시 받아낸다!

나는 책을 책장에 꽂아 둔다. 쌓아 두기도 한다. 상자에 넣어 두기도 한다. 침대 옆에도 침대 안에도 책이 있다. 자동차 뒷좌석에도 트렁크 안에도 책이 있다. 가끔은 냉장고에 보관해 두기도 한다(이유는 묻지 마시라). 아직 오븐에는 안 넣어 봤는데 지금 생각해보니 왠지 그럴 날도 올 것 같다. 혹시 〈죽어도 못 버리는 사람들〉 방송에서 특집으로 애서가를 다룬다면 주인공이 되는 것은 떼어 놓은 당상이다.

그러다 보니 책이 중요하다고, 엄청나게 중요하다고 거의 단정적으로 말하는 연구 논문 한 편을 열중해서 읽었다.

연구진은 27개국의 전국 단위 대표표본에서 설문조사 데이터를 취합해 장서가 '많은'(500권 이상) 가정과 거의 없는 가정에서 자란 아이들의 최종 학력을 살펴봤다. 연구 참가자 7만 명 중에서 책이 많은 집에서 자란 아이들이 책이 거의 없다시피 한 집에서 자란 아이들보다 학교를 3년 더 다녔다. 이런 결과는 부모의 학력, 직업, 사회적 지위와 무관했다. 그리고 부유한 나라와 가난한 나라에서 동일하게 나타났다. 공산주의 국가와 자본주의 국가에서도, 북아메리카, 유럽, 아프리카, 아시아 국가에서도 동일하게 나타났다.

군이 후속 연구를 하지 않아도 책의 존재와 아이의 학력 사이에 있는 실증적 연관성만큼은 충분히 알 수 있을 것 같다.

책은 연구진이 시사한 대로 가정의 학구적 분위기를 드러내는 지표인가, 학력의 직접적인 원인인가? 둘 다인 것 같다. 책은 환경을 조성한다. 원인이란 프랜시스 베이컨식으로 말하자면 개별적인 사건이지만 그와 달리 환경은 우리의 가치관과 행동에 꾸준히 영향을 끼치는 요인이다. 환경은 지속된다. 환경은 어떤 것을 발생시키는 원인일 뿐만 아니라 그것을 유지시키는 토대이기도 하다.

우리 집안 이야기를 하자면 어릴 적에 살림이 넉넉지 않아서 근사한 옷, 휴가, 세컨드카, 에어컨은 언감생심이었다는 말을 빼놓을 수 없다. 그래도 책 살 돈은 항상 있었다. 그리고 동부 연안, 서부 연안, 유럽은 가본 적 없어도 지역 도서관은 매주 빠짐없이 갔다.

나는 1950년대에 어린 시절을 보냈다. 나는 쌍둥이다. 일회용 기저귀도 어린이집도 없던 시절에 우리 어머니는 자녀 양육에 남들보다 갑절로 힘이 들어가니 고생이 이만저만이 아니었다. 그래서 찾아낸 해법이 우리 형제를 곁에 앉혀 놓고 몇 시간이고 책을 읽어주는 것이었다. 비록 소박한 세간이었지만 우리 집에 책만큼은 채우고 또 채워졌다.

고마워요, 엄마. 나 아직도 학교 다녀요!

맥도널드에서 하는 결혼식

입 을 맞 추 기 전 에 프 렌 치 프 라 이 한 입 ?

누군가를 사랑한다는 것은 자신을 그와 동일시하는 것이다.

아리스토텔레스

어느 날 아침 내 관심을 끈 기사가 아직도 머릿속에 맴돌고 있다. 이 제 홍콩 맥도널드에서 패스트푸드만 파는 것이 아니라 결혼식(이른 바 맥웨딩?)도 올린다고 한다.

들자 하니 홍콩에서는 음식점을 결혼식장으로 이용하는 일이 흔 하긴 한데 가격이 꽤 나간다고 한다. 그런데 맥도널드 결혼식은 청첩 장, 장식, 음식까지 합쳐서 총비용이 1282달러다. 추가금을 내면 웨 딩드레스도 제공된다. 다른 데와 비교해보면 가격 파괴라 할 만하다.

나는 그 소식을 접하자마자 눈살을 찌푸리고 고개를 절레절레 저 으며 그에 관해 써야겠다고 마음먹었다. 그런데 지금 여러분이 읽고 있는 이 부분은 처음 구상과 다르다. 원래대로라면 까불까불하고 비판적인 글이 나왔어야 한다. 인터넷에서 읽은 어떤 글에서도 똑같은 맥락에서 그런 결혼식에 대해 천박하고 구역질이 난다고 했다.

그런데 연인들이 맥도널드에서 결혼식을 올린다면 도대체 그 이유가 무엇일까를 생각해보니 뚜렷한 답이 나오지 않았다. 다만 몇 가지 그럴 법한 이유는 추측해볼 수 있었는데 그중 어느 것도 천박하다고는 할 수 없었다.

자, 보자. 맥도널드의 금색 아치 아래에서 백년가약을 맺는 연인들은 어쩌면 유머 감각이 있는 사람들일 수 있다. 그렇다면 그런 식으로 동반자의 삶을 시작하는 것도 좋다. 세월이 지난 후 결혼식 이야기를 하면 분명히 재미있을 것이다.

같은 맥락에서 그들은 풍자 정신이 강해서 결혼식의 엄숙한 분위기와 패스트푸드점의 가벼운 분위기를 일부러 대조시키는 것인지도 모른다. 이 역시 좋다. 아마도 그런 속뜻을 많은 사람에게 확실히 설명해줘야 할 테지만 말이다.

우리 집 근처에 지명이 문자 그대로 지옥이란 뜻의 헬이라는 동네가 있는데 그곳 예식장이 그렇게 잘된다고 한다. 내 동료 교수 한 명은 거기서 예식을 올렸다고 하는데 그 말이 진짜인지 아닌지는 모르겠지만 어쨌든 그녀가 잔뜩 찌푸린 얼굴로 "우리 결혼 생활은 헬에서 시작됐어요"라고 하면 얼마나 재미있는지 모른다.

혹은 정말로 맥도널드가 좋아서 그곳에서 결혼식을 올리는 사람들도 있지 않을까 싶다. 내가 읽은 기사에는 홍콩의 맥도널드 점장이 맥웨딩에 관심을 보이는 예비부부들에 대해 한 말이 실려 있었다.

"이곳에서 데이트를 하며 사랑을 키웠으니 그렇게 중요한 날에도 이곳으로 오고 싶은 게 당연하죠." 이 역시 좋다. 익숙하고 소중한 장소에서 결혼식을 올리는 것이 이를테면 평생 한 번이나 가봤을까 말까 한 예배당에서 올리는 것보다 더 진정성 있어 보인다.

아니면 예식에 많은 돈을 쓸 수 없는 형편이거나 굳이 많은 돈을 쓰고 싶지 않아서 맥도널드에서 결혼식을 올릴 수도 있다. 결혼 생활을 시작하면서 수만 달러의 빚을 떠안거나 가족에게 떠넘기고 싶지 않다는 사람을 누가 감히 천박하다고 할 수 있을까? 저렴한 결혼식은 재산이 많지 않은 사람은 물론이고 재력가에게도 합리적인 선택이니 이 역시 좋다.

그 후로
영원히 행복하게 잘 살았습니다

인생에서 유일한 행복은 사랑하고 사랑받는 것이다.

조지 샌드

브루스 헤디Bruce Headey, 뤼드 뮈펠스Ruud Muffels, 게르트 바그너Gert Wagner가 25년에 걸친 야심 찬 종단 연구의 결과를 설명하는 논문을 발표했다. 이들은 독일 사회경제패널SOEP, Sozio-oekonomisches Panel 조사에서 데이터를 확보했는데 이 조사는 16세 이상의 독일인으로 구성된 전국 단위 대규모 대표표본을 대상으로 실시되어 1984년부터 2008년까지 해마다 그들의 생활 만족도를 보고받았다.

흥미로운 결과가 많았지만 그중에서도 헤디와 동료 학자들이 특히 강조한 것은 그 데이터를 통해 행복기준점론set-point theory of happiness이 틀렸음이 판명됐다고 주장했다는 것이다. 행복기준점론대로라면 사람들은 유전적으로 행복 수준이 정해져 있기 때문에 어떤 사건을 통해 잠시 행복도가 증감한다고 해도 그 효과는 어디까지나 일시적일 뿐이다. 즉, 자신의 고유한 행복도로 돌아오게 되어 있다는 말이다. 그렇다면 행복은 증진해봤자 오래가지 않으니 긍정심리학자들이 사람들의 행복을 증진하기 위해 선의의 노력을 기울이는 것도 죄다 부질없는 짓이다.

하지만 기준점론의 문제는 행복도가 고정되어 있다는 전제가 SOEP 조사와 여타 종단 연구의 데이터를 통해 뒷받침되지 않는다는 점이다. 물론 사람들이 보고하는 행복도를 보면 그 추이가 어느 정도 안정성을 보이긴 하지만 그래도 많은 사람의 경우 행복은 변할 수 있고 실제로 변한다. 기준점론에서는 시간이 흐를수록 행복도의 안정성이 커지리라 본다. 하지만 연구 데이터에서는 정반대 양상이 나타난다.

헤디와 동료 학자들은 행복을 결정하는 데 심리사회적 요인이 생물학적 요인보다 큰 영향을 끼친다고 결론 내렸다.

출발점이 어디였든 간에 앞으로 쭉 행복하게 살려면 우리는 어떻게 해야 할까? SOEP 조사에서 드러나는 요소들을 보자면 다음과 같다.

- 정서적으로 안정적인(신경증이 없는) 반려자와 함께 산다.
- 이타적인 목표 혹은 가족을 위한 목표를 우선시한다.
- 교회에 출석한다.
- 일과 여가 사이에서 만족스러운 균형을 유지한다. 둘 다 중요하지만 반드시 균형이 잡혀 있어야 한다.

헤디와 동료 학자들의 논문에서는 이런 요소들을 '선택'이라고 했
는데 실제로 선택이냐 아니냐는 보는 사람의 결정론적 성향이 얼마
나 강하느냐에 따라 달라진다. 그러나 나는 대부분의 사람이 그런 문
제들을 유전자보다는 더 잘 다스린다고 말하겠다.

아버지가 있으면
좋은 점

아버지 한 명이 교사 100명보다 낫다.

조지 허버트

언젠가 아버지날을 앞두고 나는 심리학회 온라인 자료실에서 '어머니 OR 엄마 OR 모성'과 '아버지 OR 아빠 OR 부성'으로 각각 논문 검색을 해봤다. 결과는 예상대로였다.

어머니에 대한 논문은 9만 7957편, 아버지에 대한 논문은 3만 5236편으로 그 비율이 약 3대 1이었다. 이 같은 비율은 매년 어머니날에 배달되는 카드와 선물의 수와 아버지날에 배달되는 카드와 선물의 수를 비교해도 똑같이 나타난다.* 그리고 어머니날에 어머니에게 거는 전화 수와 아버지날에 아버지에게 거는 전화 수를 비교해도 비슷한 불균형이 드러난다.**

그래서 엄마가 아빠보다 더 중요한 존재일까? 물론 아니다. 카드,

선물, 전화 통화에 대해서는 인터넷 검색으로 입수한 자료를 빼면 지성적으로 뭐라고 말할 거리가 없지만 심리학 연구에 대해서라면 할 말이 있다. 예전부터 심리학자들도 아버지보다 어머니에게 더 관심이 많긴 했으나 최근 들어 그런 분위기가 변하면서 아버지에 대한 연구가 급격히 증가하는 추세다. 연구의 초점도 바뀌었다. 과거에는 주로 아버지의 부재를 다뤘다면 요즘은 아버지가 자녀에게 끼치는 유익에 대한 연구가 많아졌다. 이런 경향은 인생에서 좋은 것을 탐구한다는 긍정심리학의 전제와 맞아떨어진다. 인생에서 좋은 것에는 아버지가 자녀의 삶에 끼치는 유익도 포함된다. 그것은 찾으려고 하면 찾을 수 있다.

아버지가 자녀에게 끼치는 영향을 연구하려면 절차적인 측면에서 애로 사항이 좀 있다. 어머니의 영향과 아버지의 영향을 구별해야 하지만 알다시피 이 둘은 서로 밀접하게 관련되어 있다. 어떤 어머니는 아버지에게 이러저러하게 행동하기를 권유하는데 이때 겉보기에는 아버지 때문에 자녀에게 어떤 결과가 생긴 것 같아도 실제 영향을 끼친 것은 어머니의 행동일 수 있다. 같은 맥락에서 어머니의 영향을 알아볼 때 역시 아버지의 행동을 배제해서는 안 된다.

---

* 미국에서 어머니날은 상업적으로 굉장한 성공을 거둔 날이다. 듣자 하니 1년 중 외식을 가장 많이 하는 날이라고 한다. 매년 어머니날이 되면 미국인들은 꽃에 26억 달러, 선물에 15억 달러(이날 판매되는 액세서리는 연간 총 판매량의 8퍼센트에 이른다), 카드에 6800만 달러를 쓴다. 아버지날에 대한 자료는 내 논지를 뒷받침하기라도 하듯이 어머니날에 대한 자료보다 확보하기가 어려웠는데 아마 세 경우 모두 더 적은 금액일 것이다.
** 실제로 미국에서 1년 중 전화 통화량이 가장 많은 날이 바로 어머니날이다. 정말 재미있게도 미국에서 1년 중 '수신자 부담' 통화량이 가장 많은 날은 아버지날이다.

이와 마찬가지로 가정의 경제력도 고려해야 한다. 가난함 혹은 부유함이 부모의 양육 방식과 연구자가 관심을 기울이는 자녀의 결실 양쪽에 간접적인 영향을 끼칠 수 있기 때문이다.

연구 결과를 토대로 볼 때 아버지가 있으면 무엇이 좋은가? 면밀하게 진행된 연구들을 통해 드러나듯이 아버지는 자녀에게 평생에 걸쳐 긍정적인 영향을 끼친다. 단, 구체적으로 어떤 영향이냐는 자녀의 나이와 성별에 따라 달라진다. 그리고 긍정적인 영향의 수준도 아버지가 '좋은' 아버지냐 아니냐에 따라 달라지는데 이는 지극히 뻔하면서도 중요한 요인이다. 학대를 일삼는 아버지는 당연히 자녀에게 아무런 보탬이 되지 않고 오히려 없는 편이 더 낫다. 하지만 대부분의 아버지는 좋은 아버지이고 연구 결과를 보면 좋은 아버지는 자녀의 삶에 적극적으로 개입하는 아버지다. 좋은 아버지가 되는 방법은 다양하기 때문에 '적극적 개입'이라는 말은 어디까지나 포괄적인 의미로 쓰이는 용어다.

보통 적극적 개입은 관여(직접적인 교류), 접근성(함께함), 책임감(필요한 자원 제공)으로 구성된다고 본다. 적극적으로 개입하는 아버지는 자녀와 친밀하고 애정 어린 관계를 유지하고, 자녀와 함께 시간을 보내며, 삶에서 중요한 것들에 대해 자녀와 이야기를 나누고, 자녀가 본받고 싶어 하는 어른이다.

일반적으로 볼 때 적극적으로 개입하는 아버지들은 딸과 아들에게 좋은 남자, 좋은 남편, 좋은 부모, 좋은 사람에 대한 평생의 본보기가 되고 그런 아버지에게 배우며 자란 자녀는 더 현명한 선택을 하며 살아간다.

연구 결과들을 종합해보면 그 핵심은 적극적으로 개입하는 아버지 밑에서 자란 자녀가 신체적, 심리적, 사회적으로 더 좋은 모습을 보인다는 것이다.

여기서 좀 까다로운 문제가 하나 있다. '뜻깊은 시간quality time(주로 가족이나 가까운 친구와 의미 있게 보내는 시간을 뜻한다-옮긴이)'이라는 문구와 관련된 문제다. 뜻깊은 시간이란 곧 좋은 시간이어야 한다. 따라서 아무리 자녀와 오랜 시간을 함께 보낸다고 해도 그보다는 자녀와 무엇을 하느냐가 더 중요하다. 하지만 뜻깊은 시간에도 나름의 조건이 있을 테고 시간이란 본래 정성적이기도 하지만 정량적이기도 한 것이다. 일주일에 1분씩 자녀에게 적극적으로 개입해봤자 이로운 효과가 나타나진 않을 것이다. 하지만 뜻깊은 시간을 구성하는 구체적인 요소들이 무엇인지는 아직 정확히 밝혀져 있지 않다.

많은 아버지가 집안의 생계를 책임지는 사람으로서 자녀의 삶에 적극적으로 개입한다. 말인즉, 그들이 자녀와 직접 어울릴 수 있는 시간은 제한되어 있다. 1950~60년대에 우리 아버지는 이런 유형의 좋은 아버지였다. 우리 아버지는 기저귀를 갈아주거나 눈물을 닦아주거나 학부모회에 참석할 여유가 별로 없으셨다. 날마다 시카고 북부 교외의 집에서 남부의 직장까지 왕복 2시간이 넘는 거리를 오가며 10~12시간씩 일하셨다. 하지만 그렇게 해서 우리 가족을 먹여 살리고 우리 형제의 대학 등록금을 대주셨다.

그리고 우리와 함께 계실 때는 아직도 잊을 수 없는 유년의 아름다운 추억을 만들어주셨다. 부활절이 되면 우리는 아버지가 집안 곳곳에 숨겨 놓은 쪽지를 보고 달걀을 찾았고, 골목마다 반스 앤 노블 대형서점이 들어서기 전에 아버지 손을 잡고 자주 서점을 드나들었으며, 클래식 발레에서부터 시끌벅적한 로큰롤 콘서트까지 온갖 공연을 수도 없이 관람했다.

어렸을 때 우리 형제는 생계를 책임지는 아버지가 있다는 것이 얼마나 좋은 것인지 잘 몰랐던 것 같다. 하지만 이제는 잘 안다. 아버지 덕택에 우리는 교육을 잘 받아서 많은 유익을 누리고 있다. 아버지 덕택에 우리는 열심히 일하고 사람들을 친절히 대한다. 아버지 덕택에 우리는 훨씬 살맛 나는 삶을 살고 있다.

지난날을 되돌아보니 아버지는 비록 몸은 떨어져 있을지언정 마음만은 항상 우리와 함께 있었고 항상 우리 삶에 개입하셨다. 단 한 순간도 빠짐없이. 아버지, 감사합니다. 사랑합니다.

직원을
중요한 사람으로 여기는 리더

내 생각에 예전에는 '리더십'이 무력을 의미했지만
지금은 사람들과 잘 어울리는 것을 의미하는 것 같다.

간디

자아나 쿠오팔라Jaana Kuoppala, 앤 람민파아Anne Lamminpää, 주하 리이라Juha Liira, 하리 바이노Harri Vaino가 중요한 문헌조사 결과를 발표했다. 이들은 직장 내 리더십과 직원들의 안녕을 연관 지은 연구 논문들을 조사하고 요약했다. 이를 위해 관련성이 있어 보이는 논문 수백 편을 입수했는데 그중 27편에 그들의 메타 분석에 활용할 만한 상세 데이터가 수록되어 있었다.

참고로 메타 분석은 사회과학계에서 비교적 최근에 등장한 분석법으로, 이를 통해 동일한 주제를 다룬 다양한 연구 논문의 요지를 정량적으로 요약할 수 있다. 메타 분석은 연구 문헌을 조사하는 과정에서 흔히 발생하는 문제를 해결하기 위한 시도로 탄생했다. 그 문제란 일부 논문들에서는 이 결론을 지지하고 다른 논문들에서는 저 결론을 지지하며 또 나머지 논문들에서는 이렇다 할 결론이 나지 않는 경우를 맞닥뜨리는 것이다. 메타 분석에서는 각각의 연구 논문을 개별적인 데이터 관측점으로 보고 효과의 견고성이라는 측면에서 전체적인 요약치를 계산한다. 이때 표본의 규모와 설계의 치밀함 등이 큰 논문일수록 더 비중 있게 다룬다. 메타 분석에 요구되는 가정들은 보기에 따라 정말 대담하다고 할 정도인데 그중에서도 중요하다고 할 가정은 다양한 연구에서 사용된 측정법을 동등하게 취급할 것이냐, 만약 그렇다면 어떤 식으로 그렇게 할 것이냐 하는 것이다. 어쨌든 간에 메타 분석은 연구를 통해 실제로 드러나는 사실이 무엇인지 파악하기 위해 사용하는 중요한 분석법으로 자리 잡았다.

쿠오팔라와 동료 학자들은 문헌조사를 벌이며 그때껏 다양한 나라에서 남녀 양성을 대상으로 리더십 유형과 직원의 안녕을 측정한 연구 결과들을 분석했다. 리더십 유형에서 그들이 중점적으로 본 것은 배려와 후원이라는 요소였다. 배려하는 리더는 직원들을 친절하고 공정하게 대하는 리더다. 후원하는 리더는 직원들을 관심 있게 보고 격려하는 리더다. 직장의 리더들이 모두 배려하고 후원하진 않는다는 사실을 알면 의외라고 생각하거나 실망할지도 모른다. 그래도 조사 대상으로 삼은 연구들을 보면 배려와 후원이라는 요소에서 리더들의 편차가 제법 컸기 때문에 그 효과를 계산하는 것이 가능했다.

직원의 안녕을 측정하는 기준은 연구마다 달라서 직업 만족도, 직업 안녕도(업무와 관련된 쇠약, 탈진, 불안, 우울, 스트레스로 평가), 병가 횟

수, 장애로 인한 조기 은퇴 등이 있었다.

모든 경우에 양의 관계가 발견됐다. 메타 분석 용어를 사용하자면 효과의 견고성은 소小에서 중中까지였다. 하지만 작은 효과라고 할지라도 무수히 많은 근로자의 수를 곱하면 '좋은' 리더십이 직원의 안녕에 실로 어마어마한 영향을 끼칠 수 있다고 해도 과언이 아니다.

조사 대상 논문들에서는 리더십 유형과 업무 성과 사이의 연관성이 발견되지 않았다. 이렇게 보면 우후죽순으로 나오는 리더십 서적들이 천편일률적으로 성과 향상이라는 틀에 맞춰져 있는 현실에 고개를 갸우뚱하게 된다. 쿠오팔라와 동료 학자들의 문헌조사 결과를 보면 리더십 유형이 손익에 영향을 끼치긴 하지만 그것은 어디까지나 직원들의 안녕에 미치는 효과를 통해 나타나는 간접적인 영향일 뿐이다.

물론 이 메타 분석 결과도 꼬투리를 잡으려면 잡을 수 있다. 메타 분석은 딱 그 대상이 되는 문헌만큼만 유용한데 위의 분석에 사용된 논문 중 다수가 이상적인 수준이라고는 할 수가 없었다.

예를 들면 대부분의 논문이 일시에 데이터를 수집한 횡단 연구의 결과인 까닭에 닭이 먼저냐 달걀이 먼저냐 하는 문제가 해결되지 않았다. 하지만 그렇다고 해서 그 발견점과 시사점을 도외시할 수 있을까?

이 책에는 '타인은 중요하다'라는 일관된 주제가 흐른다. 그런 면에서 볼 때 위에서 소개한 문헌조사의 교훈은 리더가 직원들을 중요한 사람으로 대우하면 모두에게 이롭다는 것이다.

옳은 일을 하면
행복하다

옳은 일을 하라. 그러면 어떤 이들은 흐뭇해할 것이요,
나머지는 깜짝 놀랄 것이다.

마크 트웨인

긍정심리학자들은 옳은 일을 하는 것에 대해 연구해야 한다. 하지만
거기에 초점을 맞추는 연구는 매우 드물다. 대부분의 연구가 사람들
을 행복하게, 또는 건강하게, 혹은 부유하게 하는 것에 주목한다. 하
지만 옳은 일을 한다고 해서 무조건 그렇게 훌륭한 결과가 나온다는
법은 없다. 그래도 옳은 일은 옳은 일이다.

그런 맥락에서 나는 제니퍼 키쉬-게파트Jennifer Kish-Gephart와 동료
학자들이 직장에서 나쁜 짓(거짓말, 부정행위, 절도)을 결정하는 요인
에 초점을 맞춰 진행한 연구 결과를 흥미롭게 읽었다. 그들의 논문
에는 '나쁜 사과, 나쁜 증상, 나쁜 궤짝'이라는 끝내주는 제목이 붙어
있었다. 그리고 나는 멋진 제목이라면 사족을 못 쓰는 사람이다. 이

논문에는 직장 내의 비윤리적 결정에 대한 170개 연구를 메타 분석한 결과가 정리되어 있었고 그 구성은 제목처럼 나쁜 사과(개인의 특성), 나쁜 궤짝(직장의 특성), 나쁜 증상(사안의 특성)으로 되어 있었다.

그래서 결과는? 위의 세 가지가 모두 중요하고 그중 어느 한 가지만으로는 사람들이 직장에서 저지르는 나쁜 짓을 설명할 수 없다는 것이다. 다시 말해 나쁜 짓이란 복합적인 성격을 띤다는 뜻이다.

사과의 측면에서 보자면 교활한 사람, 자신의 행위와 결과의 연관성을 보지 못하는 사람, 상대적 도덕론을 믿는 사람일수록 원칙을 위반할 확률이 높다. 흥미롭다고 해야 할까, 인구통계학적 특성은 거짓말, 부정행위, 절도와 아무 상관이 없었다. 그러나 업무 만족도가 낮을수록 선을 넘을 확률이 높았다.

궤짝의 측면에서 보자면 조직의 몇 가지 특성으로 직원들의 비윤리적 선택이 예측됐다. 그런 특성이란 예를 들면 다양한 이해관계자(예: 다른 근로자, 고객, 지역 주민)의 안녕에 무관심한 것, 용인되는 행위와 용인되지 않는 행위가 불분명한 조직 문화였다. 그리고 명시적인 행동 규범이 존재하기만 해서는 안 되고 그런 행동 규범에 강제력이 있어야만 비윤리적 행동이 감소했다.

증상의 측면에서 밝혀진 사실이 아마도 이 메타 분석에서 가장 흥미로운 점이 아닐까 싶은데 직장 내의 몇 가지 사안으로 나쁜 짓이 예측됐다. 그 사안이란 분명한 결과가 잘 나타나지 않는 사안, 결과가 한참 후에야 나타나는 사안, 나쁜 짓의 부정적인 결과가 많은 사람에게 퍼져 있는 사안이었다.

옳은 일을 하면 뭐가 좋은가? 긍정심리학에서는 부정적인 것의 부재가 곧 긍정적인 것의 존재는 아니라고 보지만 이 경우에는 부정적인 것의 부재가 곧 긍정적인 것의 존재라고 가정할 수 있을 것 같다. 흑백논리 같은 주장을 펼쳐 미안하지만 지금 내가 말하는 것은 옳고 그름이니 그럴 수밖에 없다. 나쁜 짓을 하지 '않는' 것은 곧 옳은 일을 하는 것이라고 해도 괜찮을 듯싶다.

그런 관점에서 또 추정을 하자면 옳은 일을 하는 이들은 타인을 수단으로 보지 않는 사람들이고, 자기에게 일어나는 일은 자기에게 책임이 있다고 믿는 사람들이며, 행복한 사람들이다.

결론은 분명히 긍정심리학과 관련이 있다. 옳은 일을 하는 사람들은 모든 이의 복리를 위해 헌신하고자 하는 마음이 강하고, 무엇이 용인되는 행동인지 판단하는 분명하고 강제력 있는 지침이 있다.

끝으로, 옳은 일을 하는 사람들은 자신이 어떤 행동을 하면 그 결과로 주변에 직접적으로 끼치는 영향이 구체적으로 무엇인지 인지하며 살아간다.

이를 통해 고용주, 교사, 부모를 비롯해 모든 사람이 명확한 시사점을 얻을 수 있다. 만일 우리가 자신을 포함한 사람들이 옳은 일을 하기를 바란다면 그들에게 주체적으로 사는 '동시에' 교감하기를 권장해야 한다.

우리는 어떤 수를 써서든 사람들이 행복과 만족을 누리게 해야 한다. 우리의 행동에 영향을 받을 수 있는 '그' 사람들에게 인간의 얼굴을 씌워야 한다. 용인되는 행동에 대한 지침이 있어야 하고 그 지침에 강제력이 있어야 한다.

　옳은 일을 하기가 식은 죽 먹기라고 한 사람은 아무도 없다. 그래도 옳은 일은 옳은 일이다.

'또라이'를 안 쓰는 회사

친구를 고르는 데는 천천히, 친구를 바꾸는 데는 더 천천히.

벤저민 프랭클린

몇 년 전 나는 우리 학교에서 직장 내 긍정심리학에 대해 강연한 적
이 있다. 강연은 만족스럽게 진행됐지만 이후의 질문들이 좀 까다로
웠다. 나는 실용적인 것보다 개념적인 것에 강한 사람인데 그날 강연
을 들은 사람들(각종 교내 부서의 직원들) 중 일부는 주변에서 맨날 부
정적이고 비관적이고 심술궂은 모습을 보이는 인간들을 어떻게 처
리해야 하는지 알고 싶어 했다. 까다롭긴 해도 좋은 질문이었다. 하
지만 나는 기껏 대답한다는 것이 친절함으로 살살 녹여 죽여라 하는
취지의 말을 중얼댔을 뿐이었다.

그 후에 친구를 만나 그때 일을 이야기했다. 나는 그녀에게 그 강
연에서 상스러운 말을 안 쓰고 점잖게 처신하긴 했지만 부정적인 동

료에 대한 질문을 받았을 때 최근 동부 연안의 한 회사 지도부와 나눴던 대화를 화제로 삼았으면 좋았겠다는 아쉬움이 남는다고 털어놓았다. 그들은 자신들의 회사가 성공을 거두고 직원들의 사기가 높은 이유에 대해 입을 모아 말했다. "우리 회사는 또라이를 안 씁니다." 회사 내규집에 그런 식으로 기재되어 있진 않겠지만 그래도 참으로 명쾌한 방침이 아닌가 싶다. 나는 그들에게 그 말을 회사의 공식 표어로 삼고 모든 문서의 꼭대기에 확실하게 새겨 넣으라고 농을 던졌다. 하지만 교내 강연에서는 긍정심리학자를 자처하는 사람이 공적인 자리에서 '또라이'라는 말을 쓰는 것이 부적절하다고 생각해서 일부러 말을 가려 했다. 친구는 놀리는 투로 말했다. "저런…. 그 말을 썼으면 지금쯤 베스트셀러 작가가 됐을지도 모르는데!" 그러고서 로버트 서튼Robert Sutton의 『또라이 제로 조직 The No Asshole Rule』이라는 책에 대해 말해줬다. 솔직히 처음 들어보는 책이었는데 당장 주문해서 주말 동안 아주 흥미진진하게 읽었다.

그 인기를 생각해보면 왠지 독자 여러분 중에서도 그 책을 아는 사람이 많을 것 같다. 모르는 사람들을 위해 책의 골자를 간단히 설명하자면 이렇다. 요즘 직장은 '깡패, 능구렁이, 꼴통, 독재자, 폭군, 깍쟁이', 한마디로 또라이 천지다. 이런 인간들은 자기보다 약한 사람을 자꾸 못살게 군다. 그로 인해 피해자와 회사는 물론이고 또라이 본인이 입는 손해가 이만저만이 아니다. 서튼은 어느 회사에서 한 직원이 몹쓸 짓을 하는 바람에 사측이 금전적으로 손실을 보게 되자 그만큼 그 직원의 급여를 삭감한 이야기를 들려준다. 그 손실이란 예를 들면 그에게 분노 조절 수업을 받게 하느라 들어간 비용, 불만 조정을 위해 쓴 변호사 수임료, 고위 간부와 인사 전문가들이 그의 비행에 대해 고민하느라 허비한 시간, 그 직원 밑에서 일할 사람을 계속 충원하고 훈련하느라 들인 비용이었다. 그래서 한 해 동안 총 얼마나 나갔을까? 무려 16만 달러였다! 차라리 그 인간을 자르는 편이 더 싸게 먹혔을 것 같다. 어쨌든 이로써 책의 요지는 잘 정리됐다.

아주 재미있는 책이다. 제목에 쓰인 표현에 꼭 들어맞는 인물들의 실화가 아직도 기억에 생생하다. 일례로 할리우드의 한 제작자는 5년 동안 어시스턴트가 250번이나 바뀌었다고 한다(공정성을 기하기 위해 그의 입장을 전하자면 본인은 그 수가 겨우 119번인 줄 알았단다). 하지만 이 책이 그냥 재미있기만 한 것은 아니다. 서튼은 이른바 직장 내 괴롭힘과 무례함(그의 관심사를 완곡하게 표현한 용어들)에 대한 연구 문헌을 잘 안다. 그는 심리학도 잘 아는 사람이고 그가 하는 수많은 조언은 연구를 통해 직간접적으로 드러난 사실을 토대로 하고 있다.

효과가 있을 법한 해법들도 존재한다. 하나, 이력서가 아무리 화려하다고 해도 그런 사람들은 채용하지 않는다. 둘, 객관적인 성과 지표가 아무리 화려하다고 해도 그런 사람들은 데리고 있지 않는다. 셋, 꼭 데리고 있어야 한다면 보상을 주지 않는다. 서튼은 꼴통들을 무능한 직원으로 취급하고 그에 합당한 대우를 해주라고 한다. 넷, 모든 직원의 지위, 권한, 급여 차이를 최소화한다. 차이가 크면 거기에 집착하는 사람들이 못된 짓을 할 확률이 더 높기 때문이다.

무조건이라고까진 못해도 경우에 따라서는 골치 아픈 사람에게 그냥 대놓고 말하는 편이 좋을 수도 있다. 정작 본인은 자신의 나쁜 버릇에 대해 전혀 모를 수도 있기 때문이다. 그 외의 경우에는 그 사람을 고립시키고 문책하는 등 좀 더 과감한 조처가 필요하다. 그리고 어떤 경우에든 서튼이 말한 '또라이 중독'이 일어나지 않게 해야 한다. 나쁜 행실은 전염성이 있어서 계속 퍼지다 보면 결국에는 조직 문화로 완전히 똬리를 틀어버린다.

서튼은 직장에 '또라이 금지 규칙'을 도입한다면 거기에 강제력을 부여해 강단 있게 집행하라고 권한다. 그의 책에서 내가 가장 마음에 들었던 구절을 옮긴다. "그 규칙을 지킬 수 없거나 지키지 않을 작정이라면 차라리 애초에 입 다물고 있는 편이 낫다. 말과 행동이 다른 사람으로, 또 또라이가 득실대는 조직의 수장으로 알려지고 싶지 않다면 말이다."

이 책의 어디에서도 긍정심리학이 언급되지 않는데 왜 내가 그에 대해 쓰고 있나 의아하게 여길 독자도 있을 듯하다. 더군다나 긍정심리학계에서 말하는 뻔한 진리 중 하나는 잘 사는 삶이 무엇인지 알고 싶으면 좋은 삶의 본을 보여주는 사람들을 연구해야 한다는 것이다. 그래서 내가 하고 싶은 말은?

뻔한 진리에는 예외가 있게 마련이고 나는 정말로 고약한 인간(또라이)들에게 관심을 기울이는 것도 유익하다고 본다. 다른 이유를 떠나서 그들로 인해 우리까지 그만큼 불행해질 수 있기 때문이다. 설사 그런 사람들이 없다고 해서 우리가 행복해지진 않는다고 해도 우리의 불행은 분명히 줄어들 것이고 그렇다면 보람 있는 삶을 추구하는 출발점으로 손색이 없다.

하지만 서튼의 책에는 긍정심리학과 관련된 좀 더 구체적인 논점 역시 수록되어 있다.

첫 번째는 순진하게 굴지 말라는 경고인데 긍정심리학자들이 이따금 듣는 비판도 순진하다는 것이다.

> 열정은 조직 생활에서 과대평가된 덕목이고 무심은 과소평가된
> 덕목이다. 이런 결론은 깊고 진실한 열정에서 마법 같은 힘이
> 우러난다며 호들갑을 떠는 대부분의 경영서적과 상충한다. 열
> 정, 헌신, 회사와 자신을 동일시하는 자세에 대한 말은 좋은 직
> 업을 갖고 인간답게 존중받는 사람에게는 지당한 말씀이다. 하
> 지만 밥벌이 때문에 억압과 굴욕의 도가니 같은 직장에 매여 있
> 는 수많은 사람에게는 위선적인 헛소리일 뿐이다.

그런 사람들에게 서튼은 열정을 줄이고 회사와 더 거리를 두라고 조언한다.

두 번째는 까다로운 사람들에게 치일 때 긍정적인 마음가짐이 중요하다는 말이다. 구체적으로 말하자면 억압받는 노동자는 직장에서 작은 승리를 찾아서 누려야 한다. 이런 전략을 쓰면 자신이 상황을 다스리고 있다고 느끼면서 언젠가 탈출이 가능해질 날까지 버틸수 있다.

세 번째는 서튼이 넣을까 말까 망설였다고 하는데, 재미있게도 또

라이들의 미덕에 관한 논의다. 아무리 몹쓸 인간이라고 하더라도 강점이 있게 마련이다. 이 역시 긍정심리학에서 말하는 뻔한 진리 중 하나로, 지금 우리가 하고 있는 구체적인 논의에 대입하면 꽤 설득력을 발휘한다. 그들의 강점이라면 권력과 위상을 확보하는 것, 경쟁자를 격파하는 것, 다른 사람을 정신 차리게 하는 것, 남의 간섭을 안 받는 것 등이다. 그러나 서튼은 만약 또라이가 성공한다면 그들의 행동 방식 덕분이 아니라 행동 방식에도 불구하고 성공하는 경우가 대부분이라고 본다. 그는 농담조로 '또라이 금지 규칙' 대신 '또라이 1인 규칙'을 도입하라는 말까지 하는데 이는 회사에 명목상의 또라이를 하나쯤 둬서 다른 사람들이 반면교사로 삼을 수 있게 하는 방안을 생각해봐야 한다는 뜻이다.

네 번째는 또라이에게 대처하는 방법 중 하나가 항상 침착함, 존중심, 심지어는 친절함을 보이는 것이라는 주장이다. 이 대목에서 영화 〈로드 하우스Road House〉에서 패트릭 스웨이지가 연기한 달튼이라는 인물이 생각난다. 술집에서 경비원으로 일하며 허구한 날 또라이들을 상대하는 달튼은 다른 경비원들에게 "친절하게 굴어… 친절하게… 친절하게…"라고 조언한다. 그러니까 우리가 꼴통의 행실에 물들지 않기로 하면 꼴통을 개과천선시킬 수도 있다. 그러고 보면 친절함으로 살살 녹여 죽여야 한다는 내 견해도 괜찮은 조언이 될 것 같다. 단, 서튼은 사망 선고가 아주 천천히 떨어질 수 있다고 경고한다.

서튼은 책을 끝맺으며 독자들에게 "또라이는 바로 우리 자신"이라며 우리 모두가 문제의 원인이자 해결의 실마리이기도 하다는 뜻을 내비친다. 그의 표현을 빌리자면 일시적인 또라이가 어느새 공인 또라이가 되고, 공인 또라이가 어느새 남다른 꼴통이 된다. 우리가 그 길 위에서 어디에 서 있든 간에 남들에게 원하는 변화를 자기 안에 일으킴으로써 더 좋은 직장을 만들어나갈 수 있다. 그리고 타인의 못된 행실을 모른 척하지 않는 것도 도움이 된다. 절대 모른 척하지 말자. 규칙이란 지키라고 있는 것이다.

일이 없는 사람과
직업이 없는 사람

내가 할 수 있는 일은 제한되어 있을지 모르나
그것이 일이라는 사실 자체가 중요하다.

헬렌 켈러

최근 몇 년 동안 미국 사회에 불경기가 이어지고 있다 보니 나는 대중매체 기자들에게서 직장을 잃은 사람들에게 긍정심리학계에서 해줄 수 있는 말이 무엇이냐는 질문을 받곤 한다. 그럴 때마다 웬만해서는 답변을 거부했으니, 기껏해야 낙관적으로 살라는 격언을 입에 올리며 '바보야, 문제는 경제야!'(1992년 미국 대선에서 빌 클린턴 측이 사용한 슬로건-옮긴이)라고 결론 내리는 것 외에는 딱히 할 말이 없을 것 같았기 때문이었다. 그런 말은 별로 긍정적이지도 않고 별로 도움이 되지도 않을 성싶었다.

그러다 이제는 유럽 사회심리학자 마리 야호다Marie Jahoda의 책을 읽은 후 생각이 좀 바뀌었다.

212

나는 긍정심리학자이다 보니 1958년에 출간된 『긍정적 정신 건강의 최신 개념들 Current Concepts of Positive Mental Health』이라는 책을 통해 야호다란 학자에 대해 잘 알고 있었다. 이 책에서 그녀는 심리적 안녕을 단순히 장애나 고통이 없는 상태가 아니라 그 자체로 실체가 있는 상태로 이해해야만 하는 이유를 밝혔다. 그녀의 주장은 당연히 현대 긍정심리학의 토대가 됐고 혹자는 왜 그녀의 이의 제기에 다른 심리학자들이 응답하기까지 무려 40년이란 세월이 걸렸는지 의아할 수도 있을 것이다.

1958년 책에서 야호다는 이전의 사상가들(주로 임상의학자)들이 정신 건강에 대해 한 말을 살펴보고, 그들의 견해를 통합하기 위해 심리적 건강을 자아내거나 반영한다고 추정되는 기초 과정 6개를 제시했다. 그 6개 과정은 자기 수용, 지속적인 성장 및 발달, 성격 통합, 자율성, 정확한 현실 인식, 환경 지배다.

긍정적 정신 건강에 대한 그녀의 분석은 설득력이 있긴 하지만 처음 읽었을 때 나는 거기에 좋은 대인관계가, 혹은 좋은 대인관계를 가능하게 하는 강점들이 포함되어 있지 않아 어리둥절했다. 그래서 야호다가 쓴 책을 좀 더 읽어보기로 하고 1982년에 출간된 『고용과 실업 Employment and Unemployment』이라는 책을 알게 됐다. 여기서 그녀는 사회적 교류와 목적 공유를 안녕의 필수 요건으로 강조했다. 따라서 야호다의 견해는 훗날 내가 긍정심리학의 골자를 '타인은 중요하다'라고 정리하는 데 전조가 된 셈이다.

하지만 그래서 이 글을 쓰고 있는 것은 아니다. 야호다의 책에는 심리학자의 관점에서 본 고용과 실업에 대한 탁견이 실려 있는데 그녀의 생각은 책이 출간된 지 30년쯤 된 지금도 여전히 유효한 듯하다.

책의 논지는 간단하고 더욱이 누구나 다 알 만한 것이지만 그래도 한번 짚어볼 필요가 있긴 하다. 바로 고용과 일은 다르다는 것이다. 고용은 돈을 벌기 위한 것이다. 반면에 일은 보람 있는 삶을 위한 것이다. 보수를 주는 직업이 없는 사람도 일이 있다면 보람 있는 삶을 살 수 있다. 반대로 보수가 두둑한 직업이 있어도 일이 없으면 비참해질 수 있다.

현대 경제의 문제는 많은 사람이 오로지 고용에서만 일을 찾을 수 있다는 점에 있다. 그래서 실업하게 되면 소득만 아니라 일과 일을 통해 누리는 보람 있는 삶도 사라져버린다.

일을 통해 심리학적으로 좋은 삶을 살게 되는 '원리'는 도대체 무엇일까? 이 물음에 답하기 위해 야호다는 1930년대와 1970년대의 유럽과 미국에서 심리학적 시각으로 실업과 고용의 결과를 대조한 논문들을 조사했다. 그래서 아래에서 보듯이 고용된 삶의 중대한 특징 다섯 가지를 밝혀냈는데 이는 곧 일의 특징이기도 하다.

- 하루의 시간표가 정해지고 따라서 경험의 시간표가 정해진다. 우리가 아무리 여가를 좋아한다고 해도 여가는 어디까지나 희소할 때만, 일의 대체재가 아니라 보완재일 때만 가치를 인정받는다.
- 인간관계의 범위가 직계 가족이나 이웃 너머로 확대된다.

- 사회 집단과 목적 및 활동을 공유하게 되어 인생에 의미가 생긴다.
- 사회적 지위가 생기고 개인의 정체성이 분명해진다. 이런 필요는 꼭 일 또는 고용이 '높은 지위'가 아니어도 충족된다.
- 거기에는 규칙적인 활동이 필요하다.

어디에도 봉급은 언급되어 있지 않다는 점을 눈여겨보기 바란다.

여기서 얻을 수 있는 시사점 중 하나는 긍정심리학자들이 직장을 잃은 사람들에게 도움을 줄 수도 있다는 것이다. 비록 우리가 그들에게 직장을 마련해주지는 못할지라도(이를 위한 노력도 분명히 가치가 있다) 그들에게 일을 함으로써 자칫하면 실직 후 결핍됐을지도 모를 기초적인 심리적 필요를 충족할 방법을 제시해줄 수는 있다.

내가 더 자세히 설명하지 않아도 독자 여러분 정도면 어떤 상황에서 어떤 사람들에게 구체적으로 어떤 방법을 제시해줄 수 있는지 충분히 유추할 수 있으리라 본다.

야호다는 순진하지 않았다. 1930년대에 파시스트 정권 하에서 옥살이를 하고 이후 나치 치하에서 죽음의 수용소로 잡혀가지 않기 위해 조국 오스트리아를 떠나야만 했던 사람이 어떻게 순진할 수 있으랴? 그녀는 이렇게 책을 끝맺는다. "일부 사람들의 경우, 만약 그들이 공적 기금에서 경제적 지원을 받아 생계를 유지할 수 있다면, 혹은 불로소득이 있는 소수의 행운아에 속한다면 급여가 없는 일을 하는 것이 한동안은 고용의 적절한 대안이 될 수 있다."

웬만한 사람은 장기적으로 직업이 필요하다. 하지만 단기적으로는 긍정심리학이 실업 상태에 있는 사람들에게 도움이 될 말을 해줄 수 있을 것 같다.

인형을 가져온 학생은
성적이 좋다

테디베어에는 도저히 설명 불가능한 구석이 있다.
두 팔로 껴안으면 사랑과 위안이 느껴지며 마음이 놓인다.

제임스 온비

어느 학기엔가 긍정심리학 강의에서 재미있는 사실을 알게 됐다. 그
때 나는 옥시토신(일명 포옹 호르몬)이 무엇이고 사회적으로 어떤 유
익이 있는지 설명하고 있었다. 옥시토신은 신체 접촉 시 분비되는 호
르몬인데 나는 반려동물과 몸이 닿을 때도 비슷한 효과가 있다는 것
이 연구를 통해서 드러났다고 생각한다. 반려동물pet이라고 하는 이
유가 어루만질pet 수 있기 때문이 아닌가 싶다. 나는 강의 중에 샛길
로 빠져서 거북이와 금붕어는 어루만질 수 없기 때문에 엄밀히 말하
면 반려동물이 아니라고 했다. 학생들은 그냥 피식 웃었다. 그리고
한 명이 훌륭한 질문을 했다. "그러면 테디베어는요?"

　나는 잘 모르겠지만 연구를 통해 알아보면 재미있겠다고 대답했다.

그러고서 학교에 봉제 인형을 가져온 사람이 몇 명이나 되는지 물어봤다. 250명 중 제법 많은 수가 손을 들었다. 어떤 규칙성이 보이는 것 같아서 이번에는 남녀가 따로 손을 들게 해봤다. 그랬더니 뚜렷한 규칙성이 보였다. 여학생은 약 80퍼센트가 학교에 봉제 인형을 가져온 반면에 남학생은 그런 학생이, 아니, 결국 그렇다고 인정해버린 학생이 10퍼센트도 채 안 됐다. 그러나 손을 든 소수의 남학생들은 여학생들에게서 박수를 받았다. 포옹까지 받았어도 좋았을 테지만 애석하게도 우리 학교에서는 강의 시간에 그런 짓 못한다.

내가 남자여서 그런지 몰라도 정말 깜짝 놀랐다. 1968년에 나는 계산자와 농구공을 들고 대학교에 다녔는데 둘 다 생전 한 번도 껴안아본 적 없다. (수십 년이 지난 지금 내가 공학자나 프로 농구 선수가 되어 있는 것도 아니다. 거참!)

어떻게 받아들여야 할까? 어쩌면 봉제 인형을 갖고 다니는 것이 미성숙의 상징이 아니라 만족, 위안과 관련이 있을 수도 있겠다 싶다. 대학에서 여자들이 남자들보다 성적이 우수한 이유가 봉제 인형을 더 많이 갖고 다니기 때문은 아닐까 하는 웃지 못할 생각도 든다. 남자 대학생들에게 테디베어 개입을 실험해보게 연구 지원금을 100만 달러쯤 달라고 해볼까.

성적 좋은 학생에게
용돈 주기

친구 덕분에 〈타임〉 웹사이트에 실린 기사를 하나 알게 됐다. 미국 전역의 학교에서 학생들이 좋은 성적 받기, 시험에서 높은 점수 받기, 수업 출석하기, 싸우지 않기 등 소기의 행동을 하면 용돈을 주는 야심 찬 프로그램에 대한 기사였다.

이 프로그램은 의도한 대로 효력을 발휘할 때도 있고 그렇지 않을 때도 있다. 그 결과는 이런저런 요인에 따라 미묘하게 달라진다. 그 요인이란 이를테면 도시, 학생의 성별, 보상 체계, 그리고 내게는 가장 흥미로운 대목인 용돈이 지급되는 활동이다. 하긴, 일단 학생들이 그 활동을 할 줄 알아야 프로그램이 영향을 끼치겠지. 에이, 하나 마나 한 소리를!

좋은 성적을 받았을 때 용돈을 준다고 해도 학생이 좋은 성적을 받는 방법을 모르면 아무 소용이 없다. 출석을 하거나 책을 읽을 때(대부분의 학생이 할 줄 아는 행동) 용돈을 주는 경우에는 긍정적인 효과가 생길 확률이 더 높게 나타났다.

짐작하다시피 이 프로그램은 현재 논란의 한복판에 있다. 사실 기사 제목도 '모범생이 되라고 뇌물을 먹인다?'로, 이 프로그램을 보는 한쪽의 시각이 잘 드러나 있었다. 솔직히 나도 처음에는 부정적으로 생각했다. 왠지 '옳은' 일이 아닌 것 같았다.

그런데 내가 그 기사를 읽은 때는 마침 연례행사인 종합소득세 신고를 준비하다가 잠깐 쉬던 차였다. 종합소득세 신고를 준비하노라면 내가 교육자, 연구자, 저술가, 강연자로서 하는 일에 대해 돈(뇌물?)을 받는다는 사실만큼은 확실하게 인지하게 된다. 내가 하는 활동에 대해 돈을 받는 것은 지극히 '옳은' 일인데 왜 학생들은 그러지 말아야 하나?

물론 정말로 몰라서 묻는 말은 아니고, 학생과 성인 근로자 사이에는 명백한 차이가 있다.

기사를 읽은 후 지금까지 생각이 끊이지 않는 까닭은 그 프로그램을 있는 그대로 받아들인다면 뭐랄까, 긍정심리학의 이단아 같은 면모가 드러나는 것 같아서다. 이제는 하나의 계열로 확립된 연구들을 보면 외적 보상 때문에 내적 동기가 훼손될 수 있다고 나타난다. 그런 계열의 대표적인 연구에서는 아이들이 자발적으로 하는 활동에 보상을 주다가 일정 기간이 지나면 보상을 주지 않는다. 그러면 아이들은 원래 아무 보상 없이 하던 활동을 안 하게 된다!

그래서 '성적 우수자 용돈 지급' 프로그램 때문에 학생들이 학교생활을 잘하려는 내적 동기가 훼손될까? 그럴 수도 있고 아닐 수도 있다. 그런 프로그램에 참여하는 학생들은 원래부터 내적 동기가 있을 수도 있고 없을 수도 있다. 사실 우리는 그들에게 내적 동기가 없는 경우가 많을 것이라고(이유야 어쨌든 간에), 그들이 다니는 학교들이 대부분 전반적인 학업 성취도가 떨어질 것이라고 짐작해볼 수 있다. 그렇다면 용돈을 준다고 해서 있지도 않은 동기가 훼손될 리 없다.

그래서 그런 프로그램이 이따금 효력을 발휘하는 것일 수도 있다. 내적 동기가 바람직하긴 하지만 만약 내적 동기가 존재하지 않는다면 외적 보상이 계기가 되어 학생들 사이에서 '좋은' 학업 성취도가 나타날 수도 있다. 내가 볼 때 문제는 보상이 무엇이냐가 아니라 보상이 계속 유지되느냐다.

그런 프로그램에는 학생들에게 소기의 활동을 장려하면 이후 보상이 없어도 그 활동이 지속되리란 희망이 담겨 있다. 아직 그에 대한 답을 제시하는 연구는 없다.

물론 진짜 중요한 문제는 그런 프로그램이 통하느냐 안 통하느냐를 떠나서 어떻게 하면 굳이 그런 프로그램이 필요하지 않도록 아이들을 양육할 수 있느냐다.

다음 세대를
사랑하다

젊은이들에게 관대하라.

유베날리스

2010년에 나는 미시간대학교에서 열린 학술대회에 참석했다. 2010년 겨울 학기에 '사회적 기업 창조'라는 강의를 들은 학생들이 학기 말 프로젝트를 발표하는 자리였다. 모지즈 리Moses Lee와 닉 토비어Nick Tobier가 담당한 그 강의는 철저히 실습 위주였다. 수강생들(주로 경영학도와 공학도)은 서로 팀을 꾸려 시장 원리를 토대로 세상을 더 살기 좋은 곳으로 만들 구체적인 프로젝트를 설계했다.

그날 발표를 보면서 나는 그 프로젝트들이 이상적이면서도 현실적이라는 게 인상적이었다. 한 학기 동안 경영의 현실을 배운 학생들은 하나같이 창업비용, 경쟁, 위험성, 지속 가능성을 따졌다.

그 자리에 앉아 발표를 듣고 있었던 나는 학계에 몸담은 심리학자로서 강단에서 학생들에게 강의 시간에 다룬 내용을 '적용해서' 보고서를 쓰라고 할 때가 많다. 그런 보고서들을 읽어 보면 전부 발상은 괜찮지만 또 한편으로는 다수의 선량한 심리학자들이 그렇듯이 'OO가 하게 한다'(혹은 최소한 'OO가 돈을 내게 한다') 하는 식으로 뜬구름 잡는 소리를 하는 경향이 강하다. 현실에서는 어떤 프로젝트든 사업 계획이 있어야 하는 법인데 그 학술대회에서 내가 들은 것은 다 좋은 사업 계획들이었다.

그날 발표된 프로젝트는 총 네 개였다. 그 자리에 모인 심사위원들은 모두 창업과 경영에 일가견이 있는 사람들이었다. 그들은 각 팀의 발표를 듣고 까다로운 질문을 던지고 최우수 프로젝트에 1000달러를 시상했다.

첫 번째 프로젝트의 목표는 앤아버에서 자가용 공유를 장려하는 것이었다. 대부분의 자가용은 주차장에 서 있는 시간이 대부분이니 만약 차주들이 몇 시간쯤 볼일을 보기 위해 차가 필요한 사람들에게 자가용을 빌려주기로 한다면 모든 사람이 유익을 누릴 수 있을 것이다. 단, 디트로이트의 자동차업계는 예외일지 모르는데 발표자들은 그런 위험성도 짚고 넘어갔다.

두 번째 프로젝트는 전 세계의 의료계 종사자에게 적절한 데이터베이스가 탑재된 노트북 컴퓨터를 보급해 의료 정보를 전파한다는 목표를 이야기했다. 이 프로젝트의 활동 사항 중 하나는 의료계 종사자들이 의사에게 특정 환자에 대해 질문할 수 있는 여건을 마련하는 것이었다.

세 번째 프로젝트는 케냐의 교사들이 인터넷의 정보와 학습지도 안을 통해 자기 과목의 최신 지식과 기법을 습득하게 하는 방법에 초점이 맞춰져 있었다. 케냐에는 대부분 학급에 교과서가 단 한 권뿐이고 그나마도 시대에 뒤떨어진 경우가 보통이다. 이 프로젝트는 케냐의 인터넷 보급 문제를 해결해야만 했다. 우리같이 선진국에 사는 사람들은 인터넷을 당연시하지만 다른 지역에서는 먼저 하드웨어(위성이나 휴대폰)가 마련돼야만 한다. 이 팀의 사업 계획에서도 그런 문제들이 거론됐다.

네 번째는 나도 심사위원들도 최우수로 꼽은 프로젝트로, 디트로이트에 신선한 농산물을 조달하는 것이 골자였다. 자동차 왕국 디트로이트에 거주하지 않는 독자 여러분이라면 깜짝 놀랄 만한 소식이 있다. 80만 명 이상이 사는 디트로이트에 고기, 생선, 과일, 채소를 모두 취급하는 완전한 식료품점은 고작 10개밖에 안 된다고 한다. 디트로이트에서 겨우 70킬로미터 떨어진 부유한 도시 앤아버는 거주자가 11만 5000명밖에 안 되는데도 완전한 식료품점이 수십 개, 거기에 더해 온갖 종류의 '전문' 식료품점(라틴아메리카 식품, 한국 식품, 중동 식품, 인도 식품 등을 파는 곳)까지 갖춰져 있다. 우리가 먹는 음식은 건강과 직결되는데도 디트로이트 시민들에게는 인스턴트식품과 사탕류만 파는 동네 편의점이 전부다.

이 네 번째 프로젝트에는 기존의 동네 상점들에 신선한 채소를 공급할 방법이 상세하게 마련되어 있었다. 이 학생들은 실제로 프로젝트를 실행할 생각이고 오는 5월에 지도부가 디트로이트로 가서 현지의 상점은 물론이고 교회 같은 지역 단체들과 협력을 도모할 예정이다. 와!

내가 이 프로젝트들에 감명을 받은 까닭은 흔히 양립할 수 없다고 생각하는 것들이 잘 어우러져 있었기 때문이다. 모든 프로젝트에 우리가 좋은 일을 하면서도 돈을 벌 수 있다는, 하다못해 본전치기는 할 수 있다는 전제가 깔려 있었다. 고결한 목표와 냉철한 실용주의가 잘 버무려져 있었다. 그리고 젊은 친구들의 발표가 놀라울 만큼 세련돼서 내가 이때껏 이곳저곳에서 접한 모든 발표를 통틀어 가히 최고라고 할 만했다. '세련됐다'는 말이 겉만 번드르르하다는 뜻은 아니다. 근거가 탄탄하고 내용이 명쾌하며 무엇보다 열정이 넘친다는 뜻이다.

나는 다음 세대를 사랑한다. 아마 앞으로 좀 더 살면서 그들이 무엇을 하는지 이 두 눈으로 보게 될 것이다. 우리 부모님은 가장 위대한 세대의 일원이었다. 우리 세대(베이비붐 세대)는 기껏해야 중간 수준밖에 안 되지 싶다. 하지만 우리 학생들은 또다시 위대한 세대가 되리라.

오바마 대통령과 함께한
토요일 오전

리더는 희망을 전달하는 전령사다.

나폴레옹

나는 지난 토요일 오전을 버락 오바마와 함께 보냈다. 어때, 귀가 솔 깃한가? 그러면 이제 솔직히 말해야겠다. 그 자리에는 나 말고도 몇 사람이 더 있었다. 한 8만 5000명쯤. 왜냐하면 오바마 대통령이 미 시간대학교 2010년 봄 졸업식에 연사로 나섰기 때문이었다. 현직 대통령으로서는 세 번째였다.

그날 미시간대학교 미식축구장, 일명 '빅 하우스'에서 열린 졸업식 에는 예년의 2배 정도 되는 인원이 참석했다. 비가 오고 여기저기서 금속탐지기가 작동하고 바깥에는 시위대가 모여 있는데도 그랬다. 사실 입장권을 구하기가 쉽지 않았고 풍문에는 사업가 기질이 있는 졸업생들이 여분의 입장권을 이베이에서 팔았다는 말까지 돌았다.

맙소사.

아무튼 그날 참석한 사람들은 한결같이 오바마 대통령의 방문에 흥분한 빛이 역력했다. 나도 오전 11시에 시작하는 졸업식에 가려고 5시 30분에 일어났다. 그렇게 긴 줄에 서서 기다리기는 1970년대 초 무디 블루스Moody Blues의 콘서트 입장권을 사러 갔을 때 이후 처음이었다.

우리는 어느 대통령이 왔어도 흥분하고 감격했겠지만 이번 대통령은 더더욱 그랬다. 그럴 만도 한 것이 미시간은 민주당 지지 주이며, 앤아버는 민주당 지지 도시이고, 미시간에는 민주당 지지 대학이 아니던가.

오바마 대통령은 명예 학위를 받고 30분 동안 연설했다. 그의 입에서 획기적인 정책이 나오진 않았으나 그래도 그의 말은 흥미로웠다. 그는 우리가 상대를 비방하면서 협력할 수는 없으니 정치적인 대화를 할 때 좀 더 예의를 차리자고 했다. 그리고 정부라는 것에 대한 비판을 그치자고 했다. '정부'를 경멸하는 사람들은 공립학교, 국립공원, 주간州間 고속도로를 포기할 준비가 되어 있는가? 그는 청중에게 보수 성향의 라디오 방송 진행자이자 시사평론가인 러시 림보Rush Limbaugh의 말에서든 〈뉴욕 타임스〉의 글에서든 자신과 다른 견해에 대해 배우자고 했다.

오바마 대통령은 타고난 달변가다. 그의 취임 연설과 그가 선거운동 중에 한 인종에 대한 연설은 지금껏 내가 들어본 연설 중 가히 최고라 할 만했다. 미시간대학교에서 한 졸업식 기념사에서도 지성적이고 유창한 언변을 자랑하며 가끔 농담까지 던졌지만 그 두 연설에 비할 바는 아니었다.

그날 졸업식에는 우리 학교 총장, 교무처장, 우리 학과장도 각각 연사로 나섰다. 나는 그들의 연설을 여러 차례 들어봤고 하나같이 좋은 연설자라는 데는 이견이 없다. 하지만 세 사람 다 예외 없이 내가 그때껏 들어본 그들의 연설 중에서 최고는 그날 2010년 졸업식에서 한 짧은 기념사였다. 그들은 활기차고 열정적이었다. 그들의 기념사는 머리와 가슴에서 동시에 나왔다.

왜? 내가 볼 때 답은 명확하다. 미국 대통령과 한 무대에 섰기 때문이었다. 나 역시 그런 기회가 생긴다면 생애 최고의 연설을 할 수 있을 것이다. 장담한다.

여기서 우리는 리더십의 특성을 엿볼 수 있을 것 같다. 리더십은 타인을 감화시켜 최선을 다하게 하는 것이다. 지난 토요일 오전 미시간대학교 졸업식에 연사로 나선 이들은 다들 그렇게 감화됐다.

오바마 대통령이 졸업식 기념사에서 넌지시 말했듯이 우리는 지도자들의 말에 귀를 기울여 그들에게 감화돼야 한다. 요즘은 지도자가 지도를 받는 사람들의 말에 귀를 기울여야 한다는 이야기를 여기저기서 쉽게 들을 수 있다. 나는 지도를 받는 우리 역시 지도자의 말에 귀를 기울여야 한다고 주장하는 바다.

기분이 좋아지는
팀 스포츠

나는 팀의 일원으로서 팀을 의지한다.
나는 팀을 따르며 팀을 위해 희생한다.
왜냐하면 최후의 승자는 개인이 아닌 팀이기 때문이다.

미아 햄

키스 줄릭 Keith Zullig과 레베카 화이트 Rebecca White 의 연구를 통해 미국 청소년(7~8학년) 중 팀 스포츠에 참가하는 아이들이 그렇지 않은 아이들보다 생활 만족도와 신체 건강도를 더 높게 평가하는 것으로 드러났다. 유감스럽게도 이 연구는 자기 보고에만 의존했고 모든 정보를 일시에 얻었다는 점에서 다소 부족한 면이 있다. 이를 두고 팀 스포츠를 통해 행복해지고 건강해진다고 결론 내리고 싶은 마음이 당연히 들겠지만 오히려 거꾸로일 수도 있다. 아니면 조직 생활이나 자원 활용 등 측정되지 않은 제3의 변수가 그런 표면적인 연관관계의 원인일 수도 있다.

그렇다고는 해도 어쨌든 그런 양상이 남성과 여성에게 다 나타나는 것은 사실이고 이에 덧붙여 격렬한 신체 활동(반드시 팀 스포츠일 필요는 없다)이 여성의 경우에는 행복 및 건강과 연관이 있지만 남성의 경우에는 그렇지 않다는 사실도 밝혀졌다. 따라서 어쩌면 팀 활동에 이로운 면이 있을 수도 있다고 하겠다.

가장 확실한 이점은 스포츠에 동반되는 신체 활동이지만 그 밖에도 팀원들 사이에서 공동의 정체성이 형성되는 것, 협동에 대한 귀한 교훈을 얻는 것, 그리고 좀 더 넓게 보자면 팀 스포츠를 통해 사회적 교감을 하는 것 역시 이점이 될지도 모른다.

내가 공식적으로 팀 스포츠에 참여했던 적이 언제였던가 하고 기억을 더듬어보면 수십 년 전 버지니아공대에 교수로 있을 때가 마지막이었다. 심리학부 사람들끼리 농구팀을 결성해 지역 리그에 나갔다. 우리는 고약한 땀내를 풀풀 풍기면서도 학술지에 많은 논문을 발표했다. 마치 그게 농구 실력에 큰 영향을 끼치기라도 하는 것처럼. 우리 팀 감독은 왕년에 대학 농구에서 날리던 사람이었다. 그런 사람이 우리 팀의 감독을 맡다니 정말 자기를 낮추는 행위였지만 그는 단 한 번도 그런 내색을 하지 않았다.

우리는 전패 행진을 하며 시즌 마지막 경기를 맞았다. 그런데 어쩌다 보니 우리가 압도적인 점수 차로 이기고 있었고 이제 경기 종료까지 얼마 안 남은 시점이었다. 감독이 타임아웃을 불렀다. "여러분, 경기가 끝나면 예전에도 이겨본 적 있는 사람처럼 행동하세요." 선수 한 명이 대꾸했다. "근데 우린 한 번도 이긴 적 없잖아요." 그러자 감독은 잠깐 생각하더니 빙긋 웃으며 말했다. "그렇네요. 알았어요. 한

번 미쳐봅시다."

우리는 정말 미쳐 날뛰었다.

그 팀의 일원으로 뛴 시절이 내게 참으로 소중한 추억으로 남아 있는 까닭은 마지막 경기에서 이겨서가 아니다. 그때의 승리로 좋은 이야깃거리가 생기긴 했어도 우리가 행복했던 이유는 오히려 그 외의 것들 때문이었다. 그렇다면 건강은? 글쎄, 다른 것은 몰라도 우리는 30년쯤 지난 지금까지 살아남아서 "그때 그 골을 넣었어야 했는데!" 하며 아쉬움 어린 발길질을 하고 있다.

나는 지금도 그때 그 경기를 생각하면 기분이 좋다. 나는 모든 경기가 다 좋다. 다른 사람들과 함께 뛰기만 한다면.

서로 격려하면
성과가 커진다

우리는 사랑하는 친구들에 의해서만 알려진다.

월리엄 셰익스피어

나는 살면서 어려운 선택에 직면할 때가 많다. 가령, 연구 프로젝트를 계속할까, 잠깐 농구 중계방송을 볼까 하는 선택이다. 웬만하면 교수라는 직업은 나 몰라라 하고 농구 중계의 손을 들어준다. 그런데 방금 버클리대학교 연구진의 흥미진진한 논문을 읽으면서 그런 딜레마를 해결할 방법을 깨달았다. 두 가지를 동시에 하는 것이다. 즉, 연구를 위해서 경기를 보면 된다!

심리학자 마이클 크라우스Michael Kraus, 캐시 황Cassy Huang, 대커 켈트너는 집단을 구성하는 사람들 사이의 신뢰와 협력이 집단의 성과에 끼치는 영향에 관심이 있었다. 모든 조건이 동일하다고 했을 때 신뢰도와 협력도가 높은 집단이 그렇지 않은 집단(예: 국회)보다 성과가 좋은 것이야 당연하다 싶지만 이 연구가 의미 있는 이유는 크라우스와 동료 학자들이 동물 행동학을 근거로 삼아 신뢰와 협력을 결정할 만한 요인을 탐구했기 때문이다. 그 요인이란 집단의 구성원들이 서로 의도적으로 신체를 접촉하는 수준이다. 인간 외 영장류는 서로 털을 다듬어 주는 시간이 깨어 있는 시간 중 최대 20퍼센트에 이르는데 털 다듬기는 신뢰와 협력 증진을 포함해 집단에 여러모로 이점이 있다. 사람과 사람 사이에도 그와 비슷한 것이 있을까?

우리는 대부분 직장에서 동료의 털을 다듬어 주기는커녕 신체 접촉조차 삼간다. 적어도 직장에서 잘리기 싫으면 그렇다. 하지만 스포츠만큼은 예외다. 농구 경기 같은 것을 보면 선수들이 축하의 뜻으로 이래저래 신체 접촉을 많이 한다. 예를 들면 주먹 치기, 하이파이브, 가슴 부딪히기, 뛰어서 어깨 부딪히기, 가슴 치기, 머리 때리기, 머리 움켜잡기, 허리께서 손바닥 치기, 양손 하이파이브, 허리 끌어안기, 전원 어깨동무하고 모이기 등이다.

선수마다, 또 팀마다 그런 식으로 신체 접촉을 하는 정도가 다르다. 버클리대학교 연구진은 NBA 2008~2009시즌 초반의 경기들을 보고 팀원들 간의 신체 접촉 정도를 파악해 부호화했다.* 그리고 그 결과를 같은 시즌의 이후 경기들에서 선수들이 보여준 협력도와 연

---

* 신체 접촉도가 특히 높은 선수들 중에는 다음과 같이 NBA에서 극찬을 받는 이들도 있었다. 케빈 가넷(Kevin Garnett), 크리스 보쉬(Chris Bosh), 코비 브라이언트(Kobe Bryant), 파우 가솔(Pau Gasol), 셰인 베티에(Shane Battier), 더크 노비츠키(Dirk Nowitzki), 폴 피어스(Paul Pierce). (자료를 제공해준 마이클 크라우스에게 감사한다.)

관 지었다. 협력도는 팀원 간의 대화, 손짓이나 몸짓, 패스, 수비 공조, 스크린(공격 팀에서 공을 갖지 않은 선수가 상대 팀 선수의 몸을 건드리지 않고 수비를 방해하는 것-옮긴이) 같은 협력 지표를 부호화해 측정했다. 그리고 협력도를 다시 선수 및 팀의 성과와 연관 지었다. 이때 성과는 점수와 승수를 기준으로 하여 객관적으로 측정했다.

연구진은 꼼꼼하게도 신체 접촉과 협력을 측정해서 부호화하는 사람들을 각각 따로 뒀다. 그 사람들이 연구 중에 느낀 즐거움이 행간에서 느껴지는 듯했다. 나라도 그랬을 것 같다.

결과는 그야말로 명쾌했다. 선수의 지위(즉, 연봉), 팀에 대한 시즌 전의 기대, 팀의 시즌 초반 성적 등 교란 변인이 될 만한 요인들을 감안해도 시즌 초반의 신체 접촉으로 이후 기간의 협력도가 견고하게 예측됐고 그로써 이후 기간의 성과도 견고하게 예측됐다.

연구진이 결론 내린 대로 아주 사소한 축하의 행동이라고 해도 그것들이 쌓이고 쌓이면 팀의 성과에 크나큰 영향을 끼칠 수 있다. 여기서 얻을 수 있는 교훈은 간단하다. 가정, 학급, 동네, 직장에서 어떤 식으로든(단, 집단 내에서 허용되는 한에서) 사람들을 축하해주자. 그러면 아마 좋은 일이 생길 것이다.

손바닥도 마주쳐야 소리가 나는 법이다.

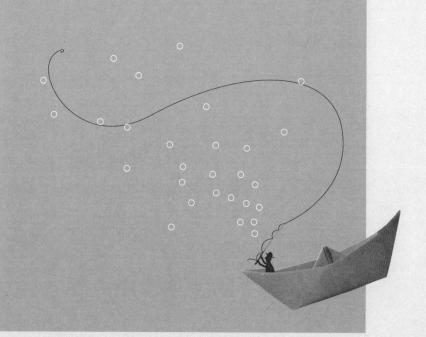

5부
—

행복이 머무는 장소는 따로 있다

동네 단골집부터 도시와 국가까지 행복한 곳 찾기

좋은 삶을 일구는 것이 각자의 몫이긴 하지만 그래도 어디에 사느냐에
따라 긍정적 경험, 긍정적 특질과 재능, 긍정적 관계를 누리기가 더 쉬
워지기도 하고 더 어려워지기도 한다. 그래서 좋은 삶에 가장 유리한
환경을 밝히는 것이 긍정심리학자들의 큰 관심사이기도 하다.

보통 이런 관심의 초점은 지리적 환경, 그중에서도 주 州, 그리고 특히
국가에 맞춰져 있다. 5부에서는 동네 단골집에서부터 도시, 주, 국가에
이르기까지 행복한 장소에 대해 논한다.

세상에서 가장 행복한 공간

나 와 너 사 이

사랑하고 사랑 받는 것은 양 쪽에서 태양을 느끼는 것이다.

데이비드 비스콧

"코뼈가 두 곳 나갔대."

"그래? 그럼 다시 들어오라고 해."

이런 유의 긍정심리학 농담이 틀림없이 있을 텐데 아무리 생각해
도 떠오르지가 않아서 인터넷에서 '행복한 곳'과 관련된 농담을 검
색했더니 음담패설만 잔뜩 나왔다. '행복한 곳'에 야릇한 의미가 그
렇게 많이 담겨 있을 줄은 꿈에도 몰랐으니 내가 생각보다 순진했나
보다.

그렇지만 성적인 면을 쏙 빼고 보면 '행복한 곳'이란 우리 내면에
서 행복, 고요, 평화를 누릴 수 있는 자리를 뜻하는 것 같다. 행복은

분명히 우리 안에서 찾을 수 있는 것이지만 그래도 사람들은 문자 그대로 행복한 곳, 말하자면 모두가 행복을 누리는 환경을 계속해서 찾으려 하고 그럴 때 초점이 맞춰지는 곳은 동네나 도시일 때도 있지만 주로 국가다.

요즘 보면 대중매체와 많은 사회학자가 전반적인 행복 수준을 기준으로 국가들을 줄 세우기 좋아한다. 정확한 순위야 조사 기관과 시기에 따라 달라지긴 해도 북유럽 국가 사람들이 동유럽과 아프리카 국가 사람들보다 행복하다는 데는 별로 이견이 없어 보인다. 남아메리카 국가 사람들은 그 지역의 상대적 빈곤을 생각하면 예상보다 행복도가 높은 반면에 동아시아 국가 사람들은 상대적 부유함을 생각하면 예상보다 행복도가 낮다.

국가와 국민의 행복도를 알고 싶다면 좀 더 분석적으로 접근해야 한다. 일반적으로 행복을 연구한다고 하면 주관적 안녕감에 초점을 맞추는데 주관적 안녕감이란 긍정적 정서, 부정적 정서, 생활 만족도를 아우르는 것으로 말하자면 한 사람이 인생을 얼마나 잘 살고 있는지 나타내는 평가치다. 이렇게 행복을 구성하는 개별적인 요소들에 관심을 기울이면 국가 순위가 다양한 양상으로 나타난다. 예를 들어 어떤 연구에서는 멕시코 사람들이 긍정적인 정서를 가장 크게 보고하고 캐나다 사람들이 부정적인 정서를 가장 작게 보고했다. 스위스 성인의 경우, 생활 만족도는 극도로 높게 보고했으나 긍정적 정서를 특별히 강하게 보고하지도, 부정적 정서를 특별히 약하게 보고하지도 않았다.

국가별 행복의 차이가 어디에서 비롯되는지 살펴보는 또 다른 방법은 여러 나라 국민의 평균적인 안녕도를 국가적 차원의 특징, 이를테면 교육, 부와 기회, 정부 형태, 인권 의식, 종교성과 연관 지어 보는 것이다.

그리고 세상에 문자 그대로 행복한 곳이 존재하는지, 만약 존재한다면 어떤 곳인지 알아보는 또 다른 방법은 에릭 와이너 Eric Weiner의 『행복의 지도 The Geography of Bliss』라는 책에서 찾아볼 수 있다. 와이너는 사회과학자도 아니고 설문지와 연필로 무장하고 조사를 수행하지도 않았다. 미국공영방송 National Public Radio 특파원 출신인 와이너는 1년 동안 세계를 일주하며 부탄, 아이슬란드, 덴마크, 카타르 등 행복하다고 알려진 지역과 불행하다고 알려진 몰도바를 찾아가 주민들과 대화를 나누고 그들을 관찰했다. 이 여행기는 베스트셀러가 됐다.

이 책은 한 장에 한 국가씩 할애하는 지리적 구성을 따르지만 사실 이야기의 초점은 와이너가 찾은 10개국이 아니라 그가 각국에서 만난 사람들이다. 이처럼 어떤 한 사람에 초점을 맞춰 이야기를 전달하는 것은 이미 검증된 보도 기법이고 와이너는 그 기법을 굉장히 효과적으로 사용한다. 그가 만난 사람들 중에는 현지인도 있고 외국에 살면서 특별한 관점을 보유한 미국인 친구나 지인도 있다. 와이너는 그들이 어떻게 어울리며 무슨 대화를 나누었는지 이야기해주는데 분명 그 구심점은 행복이지만 그 외에도 다양한 소재를 많이 다룬다. 그는 나름의 반응을 보이고 기억을 더듬으며 이야기 속에서 어우러진다.

여러분에게 꼭 읽어보기를 권하는 책이다. 와이너는 훌륭한 관찰자이고 글솜씨도 수준급이다. 어지간해서는 책을 읽으면서 크게 웃는 법이 없는 나도 "네덜란드어를 들어보면 꼭 영어를 거꾸로 말하는 것 같다", "영국인들이 어색함을 발산하는 꼴을 보고 있으면 무슨 코끼리가 짝짓기하는 광경을 보고 있는 것만 같다. 물론 그런 것이 자연스럽고 당연한 행위이긴 하지만 … 내가 군이 봐야만 하는 것일까?" 같은 문장에서는 하마터면 박장대소를 터뜨릴 뻔했다.

긍정심리학적 관점에서는 이 책을 어떻게 봐야 할까? 와이너는 심리학을 잘 안다. 그의 여정은 네덜란드에서 세계 행복 데이터베이스의 관리자인 루트 벤호벤 Ruut Veenhoven 을 인터뷰하는 것으로 시작한다. 와이너는 긍정심리학자를 대할 때 책 속의 다른 인물들을 대할 때와 마찬가지로 회의적이면서도 존중하는 자세, 익살스러우면서도 애정 어린 자세를 취한다. 그는 과학의 가치를 알지만(세계 행복 데이터베이스의 정보가 여행 일정을 짜는 데 도움이 됐다) 완전히 확신하지는 않는 태도를 보인다. 그런 태도는 우리 심리학자들에게 꽤 유익할 것 같은데 특히 우리가 긍정심리학 개입을 전 세계 사람들에게 종용하고 싶은 욕심이 생길 때 큰 도움이 될 것 같다.

와이너는 영국 슬라우 주민 50명을 행복하게 만들겠다는 목표로 출범한 TV 방송 프로젝트를 소개한다. 이 프로젝트의 참가자들은 12주 동안 온갖 긍정심리학 기법의 폭격을 받았다. 그래서 효과가 있었던 것 같긴 하지만 와이너는 작별을 고하며 이렇게 논평했다. "TV와 현실이 겹치는 것은 모두 어디까지나 우연의 일치일 뿐이다.

이 행복 전문가들이 정말로 슬라우의 심리적 기후를 바꾼 것일까, 아니면 그냥 주민 50명의 마음을 잠깐 간질인 것에 불과할까?"

이 책이 마음에 든 이유가 몇 가지 더 있다. 하나, 이 책에서는 매번 새로운 인터뷰를 통해 행복의 의미가 지역마다 아주 다르고 다채롭다는 점이 거듭 드러났다. 전 세계 사람들을 대상으로 해서 생활 만족도에 대한 일률적인 설문에 답을 받는 것도 유익하지만 특정 문화권의 사람들이 그들의 세상에서 그들의 언어로 표현하는 행복에 대해 알아보는 것 역시 유익하다.

둘, 와이너는 술집, 식당, 호텔, 가정, 거리에서 사람들과 대화를 나눴다. 만일 우리가 긍정심리학의 '연구' 결과를 통해서만 인간 삶의 조건을 알 수 있다면 세상에 술집, 식당, 호텔은 물론이고 가정과 거리가 있다는 사실은 아마 알 수 없을 것이다. 심리학자들이 논문 초록에서 흔히 하듯이 행동을 탐구하려면 반드시 그 배경이 되는 상황을 짚어봐야 한다고 말하는 것도 중요하다. 하지만 그것이 말로만 그치지 않고 와이너의 여행기에서처럼 실제로 그런 상황을 두 눈으로 생생하게 보는 것은 또 별개의 문제다.

셋, 와이너는 자신을 불평꾼이라고 하지만 내가 볼 때는 엄살에 불과하다. 와이너 스스로도 영국에서는 자신이 기껏해야 아마추어 불평꾼에 지나지 않는다고 인정한다. 책을 읽으면서 내가 알게 된 그는 사려 깊고 재미있는 사람이었지 저만 잘난 줄 아는 사람과는 거리가 멀었다. 그는 자기 체면을 깎을 수 있는 이야기도 할 줄 아는 사람이다. 나는 그가 마음에 들었고 그의 책이 마음에 들었다.

이 세상에서 가장 행복한 곳은 마음속 어딘가가 아니다. 지도 위의 어딘가도 아니다. 그곳은 나와 너 사이의 공간이고 우리가 그 공간에 더 가까이 다가가고 그 공간을 더 편히 여길수록 행복도 더욱 커진다. 와이너의 생각도 그런 것 같다. 그는 이런 말로 책을 끝맺는다. "우리의 행복은 전적으로 타인과 얽혀 있다. 다시 말해 가족, 친구, 이웃, 또 우리 눈에 잘 띄진 않지만 우리 사무실을 청소해주는 아주머니 같은 사람들과 얽혀 있다. 행복은 명사나 동사가 아니다. 행복은 접속사다."

삶의 만족도가
가장 낮은 주는 뉴욕

웃음이 적은 곳에는 매우 적은 성공밖에는 있을 수가 없다.

앤드루 카네기

〈사이언스〉지에 발표된 앤드루 오즈월드Andrew Oswald와 스티븐 우Stephen Wu의 논문은 대중매체로부터 마땅히 받아야 할 관심을 받았다. 두 연구자는 미국 성인으로 구성된 엄청난 규모의 대표표본, 130만 명을 대상으로 한 설문조사 결과를 토대로 하여 일반적으로 볼 때 미국의 주마다 주민들이 행복한('생활에 만족하는') 정도가 다르다는 사실을 밝혀냈다. 이 데이터에 주목해야 하는 까닭은 이전에도 '주'가 행복의 중요한 예측 변수라는 사실을 밝히려는 시도가 몇 차례 있었으나 대부분 실패에 그쳤기 때문이다. 앞서 몇 편의 블로그 글에서 나는 현재 '행복한 곳'을 찾기 위해 어떤 활동이 벌어지고 있는지 이야기했는데 어쩌면 이제 미국의 일부 주가 행복한 곳의 반열에 올랐다고 할 수 있을지도 모르겠다.

이 연구 논문이 대중적 관심을 끈 이유 중 하나는 50개 주의 순위를 매겼기 때문이었다. 연구 결과, 만족도가 가장 낮은 주는 뉴욕이었고 가장 높은 주는 하와이와 루이지애나였다(참고로 이 데이터는 카트리나 사태 이전에 수집됐다). 우리는 이런 순위표를 좋아한다. 상위권에 들었을 때야 당연히 자부심을 느끼고 어찌 보면 하위권에 들었을 때도 일종의 조소 섞인 쾌감을 느끼는 것 같다. 좌우간에 논문의 나머지 부분에서는 좋은 기후, 대기의 질, 통근 시간, 물가, 낮은 세금, 낮은 범죄율 등 주 차원의 특징, 그것도 주민들을 '마땅히' 행복하게 해야 하는 특징들을 논하면서 그런 특징들이 주민들이 자기 보고 하는 생활 만족도의 평균과 확실히 연관되어 있음을 보여준다.

연구자들은 "주관적인 안녕감 데이터에 삶의 질에 대한 참된 정보가 포함되어 있다"고 결론 내린다.

나는 그 말에 동의할 뿐만 아니라 이들의 연구가 흥미롭다고 생각한다. 하지만 몇 가지 비판할 점도 있다.

첫 번째는 좋은 증거를 보는 학문적 관점의 차이에 대한 비판이다. 이 연구자들은 경제학자들이다. 경제학자들은 사람들의 말을 불신하는 경향이 있다. 실제로 오즈월드와 우도 논문 도입부에서 지난 수십 년 동안 심리학자들이 사람들의 응답을 토대로 행복(생활 만족도)을 측정하여 그것이 학업 성적, 소득, 결혼 안정성은 물론이고 건강과 장수 등 온갖 중요한 결과와 연관되어 있다고 밝힌 연구 결과들을 무시해버린다. 그러면서 "그런 데이터[자기 보고를 통해 취득한

데이터]에 의미가 있다고 볼 과학적 증거는 거의 없다"고 말한다.

그들에게 '의미 있는' 데이터란 자기 보고에 의존하지 않는 객관적인 데이터, 예를 들면 그들이 자기 보고된 생활 만족도와 연관 지은 주 차원의 특징들이다.[*] 이른바 객관적인 평가 방법이 방법론으로서 가치가 있다는 데는 대부분의 심리학자가 동의할 테지만 그렇다고 해서 우리가 그런 평가 방법을 특별히 우대하진 않고 이는 연구 주제가 행복일 때라면 더더욱 그렇다.

둘째로 모든 연구가 그렇듯이 이 연구에도 명시되진 않았으나 그 기저에 깔린 이론적 가정이 존재한다. 오즈월드와 우는 은연중에 '객관적 목록 이론'이라고 하는 행복 이론을 지지하는 태도를 보인다. 이 이론에 따르면 세상에는 참으로 가치 있는 것들이 존재하고 행복하려면 그중 일부, 예를 들면 무병無病, 물질적 안락, 직업, 우정, 자녀, 교육 등이 확보돼야 한다.

객관적 목록 이론에 내재된 방법론은 행복을 측정하려면 그런 가치 있는 것들이 갖춰졌는지 확인해야 한다는 것이다. 오즈월드와 우의 '객관적인' 행복 평가도 본질적으로 그와 같다.

여기서 문제는 당연히 그 가치 있는 것들이 무엇이냐 하는 것이다. 물론 철저한 상대론자가 주장할 것보다는 합의점이 많긴 하겠지만 그래도 객관적으로 좋은 것의 목록에는 모호한 부분, 쉽게 저울질할

---

[*] 주 전체를 대상으로 범죄율과 통근 시간 같은 특징을 측정할 때 사람들이 범죄와 시간에 대해 보고하는 내용을 배제한 '객관적인' 평가가 어떻게 가능한가 하는 의문이 생긴다.

수 없는 항목들이 있다. 많은 사람이 통근에 오랜 시간이 걸리는 것을 싫어하지만 또 어떤 사람들은 차를 끌고 집과 회사를 오가는 시간이 길면 조용히 긴장을 풀 수 있다고, 또는 다들 어쩌다 한 번씩 보고 경악한 적 있다시피 책을 읽거나 십자말풀이를 하거나 전화 통화를 하거나 화장을 하거나 식사를 할 수 있다고 좋아한다. 아마 그들은 언젠가 남의 차를 들이받으면 모를까, 그전까지는 통근하는 동안 큰 만족감을 느낄 것이다.

셋째, 사회과학에는 '생태학적 오류'라고 하는 유서 깊은 문제가 있다. 이는 집단 차원의 데이터를 토대로 하여 개인 차원의 결론을 그럴듯하게 내리는 오류를 뜻한다. 오즈월드와 우는 이런 문제의 가능성을 염두에 두지 않고 결과를 해석하는 듯하다. 생태학적 오류의 한 예는 집단적 특성이 각 구성원에게서도 드러난다고 결론 내리는 것인데 이는 명백한 착오다. 예컨대 특정 지역에서 가정의 평균 자녀 수가 2.3명이라는 연구 결과가 나왔다고 치자. 그렇다고 정말 자녀가 2.3명인 가정을 찾겠다고 하면 고생깨나 해야 할 것이다.

우리의 논점에 맞춰서 이야기해보자면 나는 롱아일랜드(뉴욕주)에서 아주 행복하게 사는 사람들과 빅아일랜드(하와이주)에서 아주 비참하게 사는 사람들을 알고 있다. 오즈월드와 우가 제시하는 주 차원의 데이터가 인상적이긴 하지만 거기서는 어디까지나 집단에 관한 결론만 도출할 수 있을 뿐이지 특정한 개인들에 관해 설득력 있는 결론을 도출할 수는 없다.

그보다 좀 더 포착하기 어려운 생태학적 오류는 표면적인 연관관계의 원인을 잘못 판단하는 것이다. 주 차원에서는 좋은 날씨 같은 특징으로 주민들이 자기 보고 하는 행복도의 평균이 실제로 예측된다. 그러나 대부분의 주는 거대한 공간이다 보니 그 안에서도 지역마다 이런저런 차이가 있다. 예컨대 샌프란시스코와 로스앤젤레스(캘리포니아주), 버펄로와 뉴욕(뉴욕주), 시카고와 카번데일(일리노이주), 그리고 내가 가장 좋아하는 예인 헤븐과 헬(마이애미주)이 그렇다. 어쩌면 행복하다고 자기 보고 한 사람들은 대부분 A도시에 살고 있는 반면에 그 주의 '객관적인' 특징들은 주로 B도시의 현황을 토대로 결정된 것일 수도 있다. 상관관계는 인과관계가 아닐뿐더러 겉으로 보이는 상관관계가 실제로는 상관관계가 아닌 경우도 있다.

같은 맥락에서 내가 어디까지나 비공식적인 차원에서 눈을 부라리며 순위표를 들여다보자면 가장 행복하지 않은 주들이 대체로 민주당 지지 지역이라는 점이 못내 마음에 걸린다. 아무래도 자기 보고 행복도를 확보한 시기가 조지 W. 부시 정권 시절이어서 그렇지 않나 싶다.

혹시 오즈월드와 우가 동일 주 내의 이질성을 통제했을지도 모르겠다. 그들의 통계 분석은 심리학계의 일반적인 통계 분석과 달라서 내가 다 따라갈 수가 없었다. 이 또한 학문적 차이라고 하겠다. 만약 그들이 이질성을 통제했다면 내가 그렇지 않았으리라고 생각했던 것에 대해 사과하는 바다.

끝으로, 앞으로는 자기 보고의 중요성을 보여주는 연구 논문이 그간 자기 보고를 무시해 왔던 학술 분야에서 진지하게 다뤄질 것이다.

하지만 대부분의 심리학자는 예나 지금이나 자기 보고를 진지하게 다루고 있다. 내가 볼 때 위의 연구는 경제학을 다른 사회과학, 그중에서도 특히 심리학과 동일 선상에 뒀다는 점에서 주목할 만하다.

한배에 탄 것을 환영한다. 우리는 좋은 삶을 이해하고 일구기 위해 막중한 임무를 수행 중이고 백지장도 맞들면 나은 법이다.

행복이 있는 곳에 죽음도 있다?

미 국 각 주 와 도 시 의 자 살 률

세상에서 가장 큰 고통은 분리심에서 나오고
세상에서 가장 진실한 힘은 동정심에서 나온다.

부처

가장 행복한 나라들(국민의 자기 보고 평균으로 판단)에서 대체로 자살률이 가장 높게 나타나는 경향을 좀 더 심도 있게 탐구하기 위해[*] 메리 데일리Mary Daly, 앤드루 오즈월드, 대니얼 윌슨Daniel Wilson, 스티븐 우는 미국 50개 주의 자기 보고 행복도 평균과 자살률의 관계를 살펴봤다. 이 연구가 다국적 연구보다 설득력 있는 이유는 동일 국가 내에서 비교하면 명백한 교란 변인이 감소하기 때문이다.

---

[*] 이런 경향이 그렇게 단순하게 나타난다고는 생각하지 않는다. 이 글을 작성하기 위해 자료를 조사하면서 카자흐스탄, 벨라루스, 러시아, 우크라이나 등 구소련 국가에서 자살률이 굉장히 높다는 보고서를 봤는데 이들 국가는 국민의 생활 만족도가 저조한 것으로도 유명하다. 일단 여기서는 개인적 차원에서든 사회적 차원에서든 자살의 예측 변수가 다양하고 복잡하다고만 해두겠다.

그럼에도 똑같은 경향이 드러났다. 미국에서도 가장 행복한 주들 (예: 유타)에서 자살률이 가장 높게 나타났고 가장 행복하지 않은 주들(예: 뉴욕)에서 자살률이 가장 낮게 나타났다.

연구진이 각 주에서 응답자들의 인종 구성, 학력, 고용 상태는 통제한 것 같다. 그러나 나이, 종교성, 알코올 중독, 총기 소지권과 총기에 대한 친숙도 등 자살 위험과 관련된 요인들도 통제했는지는 분명하지 않다.

이 연구에 대해 보도한 기사에서는 행복과 자살을 언제 측정했는지도 언급되지 않았다. 다시 말해 순서가 명확하지 않았다. 기사는 일부 주민들의 행복이 다른 주민들의 자살 원인으로 취급된 것처럼 쓰여 있지만 이는 중대한 사안인 만큼 실제 논문이 발표될 때까지 기다려봐야 할 것 같다.

긍정심리학자로서 나는 행복이 좋은 것이라는 견해를 믿는다. 연구 결과들도 대체로 이런 견해를 뒷받침하지만 혹여 집단의 행복 때문에 부수적인 피해가 발생하는지도 모르겠다.

보도된 결과를 액면 그대로 받아들인다면 행복한 곳에 죽음도 있다는 뜻이 된다. 이는 중요한 사실이다. 만약 주위에 행복한 사람들이 잔뜩 있는데 정작 나 자신은 행복하지 않다면 암묵적인 비교로 인해 불행이 우울증으로, 이어서 자살로 이어진다는 말인가? 참고로 그렇지 않은 예외 상황도 많을 테고 여전히 자살은 비교적 드문 일이다. 그러나 또 한편으로 사람들은 겉으로 드러나는 행복 같은 것을 타인과 비교해서 자신이 얼마나 잘 사는지 판단하고 만약 주변 사람들보다 못 사는 것처럼 보이면 괴로움에 시달린다는, 그럴듯한 논거 역시 제시될 수 있다.

그렇긴 해도 이 데이터는, 내가 그 가치를 인정하는 것과는 별개로, 우리가 직관적으로 생각하는 것과 너무 동떨어진 것 같다. 긍정심리학계는 내가 '어이쿠 연구'라고 부르는 것에서 나오는, 직관에 반대되는 결과에 집착할 때가 많다. 물론 기발한 발상을 토대로 한 연구도 가치가 있을 수 있고 의외의 연구에서 나온 결과가 일반 대중 혹은 강의 시간에 꾸벅꾸벅 졸거나 문자메시지나 보내는 학부생들의 관심을 끌 수는 있다. 그러나 과학은 어떤 분야든 간에 사람들의 이목을 끄는 매력을 학문의 근간으로 삼아서는 안 되는 법이고 긍정심리학은 대중매체가 요긴하게 활용할 경구나 제공하는 학문으로 전락하면 안 된다.

행복한 곳에 죽음도 있다는 주장에 더 큰 설득력을 더하려면 실제로 자살하는 사람들 곁에 행복한 사람들이 포진해 있는지 확인해야 한다. 같은 '주'에 사는 사람들이 대표적인 비교집단이 되는지는 확실치 않다. 사실 대부분의 사람이 자신과 비교하는 대상은 가까운 가족, 친구, 동료, 이웃이다.

그래서 최근에 박난숙과 나는 분석 단위를 도시로 좁힐 때도 똑같은 결과가 나타나는지 알아보기 위해 후속 연구를 실시했다. 사실 도시에서는 대다수의 행복과 일부의 자살 사이의 연관성이 주에서보다 더 강하게 나타날 수 있다. 도시에 사는 사람들이 더 직접적인 비교 집단이 되기 때문이다. 우리는 미국 대도시 44개의 자살률과 주민들이 보고하는 행복도의 평균을 살펴봤다. 그 결과, 더 행복한 도시에서 자살률이 더 '낮은' 것으로 드러났으니 이를 보면 심리학 연구에서는 주보다 도시가 더 의미 있는 분석 단위일지도 모른다고 할 수 있다. 앞서 연구한 학자들이 왜 그런 결과를 얻었는지는 모르겠으나 우리의 연구(결과가 전혀 놀랍지 않으니까 〈뉴욕타임스〉에서 특집으로 다루진 않을 것이다)를 통해 다른 것은 몰라도 오해가 바로잡히는 성과는 있었다.

도덕과 관련된 말로 이 부분을 마무리 짓고 싶다. 만일 내가 행복하다면 내가 누리는 심리적 선물은 나만의 것이 아니다. 우리는 행복을 동정심으로 바꿔 우리보다 덜 행복한 이들에게 손을 내밀어야 할 의무도 있는 게 아닌가 싶다. 어떤 도시나 주에서든 사회적 고립은 틀림없이 소외, 우울증, 자살로 가는 지름길이다. 그렇다면 우리 행복한 사람들은 타인의 불행을 줄이기 위해 무엇을 하고 있는가?

국가 행복도 측정

행복한 사람은 자기가 행복한지 굳이 따져보지 않는다.

파머 손드리얼

몇 년 전부터 국가의 안녕을 말할 때 전통적으로 사용된 경제 지표 외에 심리사회적 지표도 함께 거론하자는 움직임이 일기 시작했다. 예컨대 부탄은 '국민총행복'을 공공연히 말하고 있으며 갤럽은 수십 개 국가의 심리적 안녕도를 조사하는 야심 찬 프로젝트를 진행하고 있다. 아무래도 얼마 안 있으면 모든 나라의 행복도가 정기적으로 평가되고 추적될 테고 잘하면 정책 결정에도 영향을 미칠 것 같다. 실제로 영국과 유럽연합에서는 이미 그렇게 하기 위한 준비 작업이 차근차근 진행 중이고 미국도 그 뒤를 따르고 있다.

여기서 우리는 두 가지 문제를 따져봐야 한다. 하나, 심리사회적 안녕(즉, '행복')이란 무엇인가? 그것은 긍정적 감정의 존재인가, 아니면 부정적 감정의 부재인가? 그것은 국민이 자기 삶을 만족스럽다고 간단히 평가하는 것인가? 가까운 사람들과의 관계, 일에 대한 몰입, 공동체 의식, 인생의 의미와 목적 등은 또 어떻게 되는가?

이 모든 요소가 행복의 정의에 포함된다. 좋은 소식이라면 일반적으로 이런 것들이 동시에 발생한다는 것이다. 물론 어떻게 어우러지느냐는 시대와 장소에 따라 달라지겠지만 말이다.

둘, 이와 같은 행복의 구성 요소들을 평가하려면 어떻게 해야 하는가? 나는 조사 연구자이다 보니 퍼뜩 드는 생각이 우리의 검증된 7점 척도를 이용해 사람들에게 이 요소들에 대해 물어보는 것이다. 국가적 차원의 설문조사라니 만만치 않겠다 싶지만 실은 계획과 실행의 규모만 다를 뿐 나머지는 예전부터 사회과학 연구자들이 더 작은 규모의 응답자 표본을 대상으로 벌여 온 조사와 다르지 않다.

그러나 또 생각해보니 설문조사만으로 국가의 행복도를 측정하면 문제의 소지가 있을 것 같다. 자기 보고형 설문조사의 약점은 잘 알려져 있고 지금 이 경우에는 '행복'의 평가 척도들에서 대체로 그 의도가 지극히 투명하게 드러난다는 점이 문제다. 만약 일부 혹은 다수의 응답자가 자신의 대답에 따라 정책이 결정된다고(예: 불행한 지역에 더 많은 기금 투입) 믿는다면 그들의 응답을 정말로 믿을 수 있을까? 그럴 수도 있고 아닐 수도 있지만 그것을 확실히 알 방법이 있나?

안녕을 측정하는 경제 지표들은 불완전할지언정 입증 가능하다는 장점이 있다.

그렇다고 국가의 행복을 측정하는 데 설문조사가 아무 쓸모도 없다는 말은 아니다. 설문조사는 출발점으로 유용하다. 다만, 행복을 측정할 때는 설문조사 외에 사람들의 이목을 잘 끌지 않는 방법들도 함께 사용해야 한다고 말하고 싶다.

나는 페이스북을 사용하지 않지만 앞으로 나 같은 사람은 거의 찾아보기가 어려워지지 않을까 싶다. 아무튼 페이스북 글의 새로운 사용법에 대한 기사가 내 눈길을 끌었다. 여러분에게는 익숙할지 모르나 내게는 새로웠다.

보아하니 페이스북에 올라오는 글들에서 '행복한' 표현과 '불행한' 표현의 개수를 세서 어떤 대규모 집단의 기분이 시간의 흐름에 따라, 또 이런저런 사건에 따라 어떻게 변하는지 측정하는 것이 가능한가 보다. 당연한 말이지만 사람들은 명절이 되면 더 행복해진다. 반면에 유명인(예: 마이클 잭슨)이 갑작스레 세상을 떠나면 불행한 나날을 보낸다.

이런 결과가 별로 놀랍진 않은데 바로 그 점이 중요하다. 그 속에서 일말의 타당성을 엿볼 수 있기 때문이다.

국가의 행복을 측정할 때 페이스북을 이용해야 할까? 사생활 보호와 관련된 문제, 또 한 국가 내에서든 전 세계적으로든 페이스북 이용자 집단이 반드시 무작위 집단은 아니라는 점을 생각하면 아마도 이용할 수는 없을 것 같다.

그래도 이 사례를 통해 생각할 수 있는 보편적인 방법인 신문, 책, 가요 등 자연 발생적인 문화상품을 이용하는 방법은 꽤 흥미롭다. 행복을 측정하는 데 사용되는 상품이 많을수록 결과도 좋아질 것이다.

프랑스인이
행복한지 아는 방법

젊은이는 소망으로 살고 노인은 추억으로 산다.

프랑스 격언

이렇게 말하면 왠지 농담을 위한 포석을 까는 것처럼 들려서 뭔가 우스운 이야기를 기대하게 된다. 하지만 미안하다. 이번에는 프랑스 대통령 니콜라 사르코지 Nicolas Sarkozy 가 다양한 '행복' 지표를 통해 주기적으로 프랑스의 경제 발전 양상을 관찰하자고 제안한 것에 대한 이야기다. 사르코지는 자신이 혁명적인 아이디어를 내놓았다고 자화자찬했지만 앞서 '국가 행복도 측정'에서 언급했다시피 이미 여러 사람이 그와 비슷한 주장을 펼친 바 있다.

그래도 사르코지의 아이디어에는 남다른 면이 있어서 주목할 만하고 어쩌면 본받을 필요까지 있다고 하겠다. 그도 그럴 것이 그의 주장에는 프랑스인들의 행복을 측정하는 '방법'에 대한 제안이 담겨 있기 때문이다. 그가 사용해볼 법하다고 제시한 지표에는 좋은 와인, 푸아그라, 프렌치프라이의 1인당 소비량이나 아주 끝내주는 배우자와 함께 사는 것이 포함되지 않았으니 나로서는 무척 실망스러울 따름이다(아무래도 난 아직 농담에 대한 미련을 못 버린 것 같다). 어쨌든 그가 제안한 행복의 지표는 다음과 같다.

- 일과 생활의 균형 : 일하는 시간과 여가 시간의 비율이 어떻게 되는가?
- 교통 체증 감소 : 혼잡한 도로에서 보내는 시간이 얼마나 되는가?
- 기분 : 행복하거나 슬픈 기분으로 보내는 시간이 얼마나 되는가?
- 잔일 : 사람들이 자녀를 돌보고 청소하고 DIY를 할 시간이 충분한가? (확실하진 않지만 아마 DIY는 손수 하는 do-it-yourself 활동의 약자인 것 같다.)
- 재활용 : 사람들이 재활용을 하는가?
- 만족 : 삶이 단기적인 즐거움과 장기적인 성취감으로 보람찬가?
- 불안 : 가정에서 경제적인 안정감과 안전감을 느끼는가?
- 성 : 직장과 가정에서 남성과 여성이 평등한 대우를 받는가?
- 세금 : 사람들이 정부에 낸 돈만큼 혜택을 받는가?
- 관계 : 사람들이 친구와 친척을 자주 만날 수 있을 만큼 시간적 여유가 있는가?

나쁘지 않은 목록이다. 그리고 나는 여기 포함된 항목 중에 주관적인 보고로만 평가할 수 있는 지표가 일부 있긴 하지만(예: 기분) 반대로 좀 더 객관적인 평가가 가능한 지표가 많다는 점을 부각하고 싶다.

이로써 사르코지는 '객관적 목록 이론'이라는 철학적 행복론과 손을 잡았다고 할 수 있다. 이 이론에 의하면 세상에는 참으로 가치 있는 것들이 존재하고 행복하려면 그중 일부, 예를 들면 무병, 물질적 안락, 직업, 우정, 자녀, 교육, 지식 등이 확보돼야 한다. 객관적 목록 이론에 내재된 방법론은 개인에게 그런 가치 있는 것들이 갖춰졌는지 확인해야 한다는 것이다. 이때 당사자에게 말을 걸어서는 안 된다. 여기서 문제는 당연히 그 가치 있는 것들이 무엇이냐 하는 것이다. 물론 철저한 상대론자가 주장할 것보다는 합의점이 많긴 하겠지만 그래도 객관적으로 좋은 것, 대다수가 동의할 만한 행복의 표지를 목록으로 만들자면 모호한 부분, 쉽게 저울질할 수 없는 항목들이 있다.

그렇다고 해도 사르코지의 목록은 대담한 시작이라고 볼 수 있다.

여러분은 넓게 봐서 자신이 살고 있는 나라와 관련해, 혹은 좁게 봐서 자신이 살고 있는 삶과 관련해 객관적인 행복의 기준 목록에 무엇을 넣겠는가? 아마 미국인의 목록에는 선택과 자유가 들어갈 테고 어쩌면 종교와 관련된 항목도 들어갈 수 있을 텐데 세 가지 모두 프랑스인의 목록에는 포함되지 않았다. 나만의 별난 목록을 만든다면 그날 어떤 일(예를 들면 빨래나 학생 추천서 작성)을 마쳤는지, 밥을 잘 먹었는지, 강의를 잘했는지, 본방을 놓친 〈NCIS〉 재방송을 봤는지, 그리고 당연한 말이지만 친구와 즐거운 대화를 나눴는지가 들어갈 것이다. 행복은 그리 복잡한 것이 아닐 수도 있다.

국민총행복과
국민총분노

국가의 정신은 다우존스 평균으로 평가할 수 없으며
국내총생산으로 대변되는 국가의 성취도로도 평가할 수 없다.

로버트 케네디

영국의 데이비드 캐머런David Cameron 총리도 다른 세계 지도자들, 그
중에서도 특히 니콜라 사르코지 프랑스 대통령과 행보를 같이해, 국
민의 행복을 중시하는 국가 정책을 수립하겠다는 의지를 천명했다.
GDP(gross domestic product, 국내총생산) 같은 익숙한 지표로 확인
되는 국가의 부도 중요하지만 GNH(gross national happiness, 국민총
행복)나 GWB(general well-being, 종합안녕도)로 나타나는 국가의 안
녕 역시 중요하다. 그간 긍정심리학을 비롯한 학계의 연구 결과를 보
면 돈과 안녕은 분명 서로 연관되어 있고 개인적 차원에서나 국가적
차원에서나 절대로 불필요해졌다고 할 수 없는 요소들이다.

 언제나 중요한 것은 세부 사항이고 지금 이 경우에 세부 사항이라

고 하면 안녕에 관한 정보를 어떻게 국가 정책에 반영할 것인가는 물론이고 애초에 안녕에 대한 정보를 어떻게 확보할 것인가 하는 물음이 포함된다. 설문조사를 통해서? 페이스북 페이지의 내용 분석? 교통 체증으로 허비하는 시간 같은 객관적 지표? 내가 볼 때 안녕을 평가하는 데 최고라고 할 수 있는 방법은 없고 많은 방법이 각각 장단점이 있다. 다양한 방법을 동원해 평가하는 것은 먹물들의 연구 프로젝트를 진행할 때만이 아니라 국가의 안녕을 추적할 때도 똑같이 유익하다.

미국 정부가 뒤에서 무엇을 하고 있는지 나로서는 알 길이 없지만 아무튼 세계적 흐름이 이러한데 아직도 미국 지도자들은 국민의 안녕, 곧 행복을 중대하게 여기겠다는 발언이 일절 없다. 이는 좌우의 문제가 아니다. 사실 행복이 중요하다는 것은 양 진영 모두 동의할 수 있는 명제다. 하지만 현재로서 그들의 합의를 기대하기란 무리일 것 같다.

어쩌면 미국의 지도자들이 국가의 행복을 평가하자는 말을 선뜻 꺼내지 못하는 이유는 사회주의자라거나 반동분자라는 비난을 받을까 두려워서, 또는 오늘날 미국인들이 직면한 현실적인 문제들을 등한시한다는 비난을 받을까 두려워서인지도 모르겠다. 하지만 사르코지와 캐머런이 그런 제안을 한 까닭은 다름이 아니라 기존에 자국에서 사용하던 접근법에 뭔가 본질적인 것이 빠져 있었기 때문이었다.

행복에서 비롯된다고 여겨지는 온갖 바람직한 결실들, 예컨대 건강, 장수, 성취, 좋은 인간관계, 업무 성과를 생각해보면 이제 미국도 그 대열에 합류할 때가 되지 않았나 싶다.

　미국의 국민총행복에 대한 정보가 쓸모없는 것으로 판명 날 수도 있고 그런 정보를 수집하는 것 자체로 의도치 않은 결과가 초래될 수도 있다('낙오학생방지법 No Child Left Behind(시험으로 각 주의 학업 성취도를 평가하는 것을 골자로 하는 교육 개혁 법안으로, 시험 위주의 편협한 교육을 불러왔다는 비판을 받고 있다-옮긴이)'을 생각해보자). 그렇더라도 나는 그 가능성이 논의되는 모습을 보고 싶다. 지금 미국은 GNA, 곧 국민총분노 gross national anger에 큰 관심이 쏠려 있는 것 같다. 하지만 어디 그것만으로 좋은 삶을 논할 수 있겠는가.

중국인의
열린 자세

중국은 중국인이 많이 사는 거대한 국가다.

샤를 드골

나는 2010년 8월 2주 동안 중국 베이징에 머물면서 칭화대학淸華大學
과 베이징사범대학北京師範大學이 차례로 개최한 학술대회에 참가해 동
료 학자 박난숙과 함께 기조연설을 했다. 중국에서 긍정심리학을 주
제로 학술대회가 열리기는 그때가 처음이었다.

　지금까지 내가 중국에서 있었던 일을 소재로 글을 쓰지 않은 까닭
은 그때의 경험이 아주 개인적인 차원에서 의의가 있었기 때문인 것
같다. 예전부터 나는 인생에서 중요한 경험에는 두 가지가 있다고 했
다. 하나는 그 순간에 즐거운 경험이고 다른 하나는 훗날 되돌아보며
이야기할 때 즐거운 경험이다. 나의 중국 여행은 첫 번째 유형에 가
까웠기 때문에 지금까지 두 번째 유형에 넣기를 거부했다. 미국의 중

262

서부에서 자라던 어린 시절부터 평생의 꿈이었던 중국 여행이 마침내 실현된 것이었다. 첫 번째 학술대회가 끝나고 두 번째 학술대회가 시작되기 전에 우리는 자금성, 천안문 광장, 만리장성, 병마용이 있는 시안 등 최대한 많은 곳을 돌아다녔다. 음식도 기가 막혔는데 특히 시안에서 먹은 만두가 일품이었다.

관광도 식도락도 무척 즐거웠지만 여행의 백미는 사람들과 함께한 시간이었다. 내가 만난 중국인들은 다 좋은 사람들이었다. 우리는 초대자와 손님인 만큼 서로 정치 이야기를 일절 삼갔고 분명히 서로 의견을 달리하는 부분도 많았을 것이다. 그러나 우리를 초대한 사람들은 예절 바르고 부지런하고 기품 있고 재미있었다. 국가의 정책을 떠나서 그런 점이야말로 정말 중요한 부분이다.

우리가 만난 사람 중에는 특히 심리학을 전공하는 대학생과 대학원생이 많았는데 미국처럼 대부분 여성이었다. 다들 굉장히 영리할 뿐만 아니라 친절하고 다정하고 싹싹했다. 그들은 손님들, 그러니까 우리가 마음 편히 즐겁게 지낼 수 있도록 최선을 다했다. 그들은 진심으로 우리를 환대했고 그렇게 후한 대접은 내 생전 처음이었다. 여기서 내가 하고 싶은 말은 긍정심리학이 단순히 미국에서 수출되는 학문에 그치면 안 된다는 것이다. 긍정심리학은 외국에서 수입되는 학문이기도 해야 한다. 서양 사람들은 다른 지역에서 배울 점이 많은데 특히 중국에서, 또 중국인들이 손님을 대접하는 태도에서 배워야 할 점이 많다고 하겠다.

중국 여행이 더 흥겨웠던 까닭은 내가 키다리(190센티미터)에 덩치 큰(즉, 뚱뚱한) 미국인이어서 현지인들이 시도 때도 없이 사진을 찍어 댔기 때문이었다. 내가 겪어보니 중국인들은 사진 찍기를 정말 좋아하는 것 같았는데 나는 학술대회에서는 물론이고 거리에서도 지나가던 사람들에게 몇 번이나 사진이 찍혔는지 일일이 세다가 결국엔 포기해버렸다. 평범한 중국인들에게는 내가 색다르게(이국적으로?) 보였나 보다. 끝내줬다. 내 평생 이국적인 사람이었던 적이 언제였던가.

만리장성을 구경하다가 일행을 먼저 보내고 잠깐 숨 좀 돌리려고 할 때였다. 그때도 가만히 있지 못했다. 수많은 중국인 관광객이 다가와서 어김없이 아이(아마도 자녀일 것이다)와 함께 사진 좀 찍고 싶다고 했기 때문이었다. 나야 늘 '나 정도면 괜찮지'라고 생각하는 사람이긴 하지만 그렇다고 해서 설마 내가 세계 7대 불가사의 중 하나일 줄은 꿈에도 몰랐다. 그래도 흔쾌히 응했다.

중국에서는 나를 따라오는 아이들이 많았다. 우리는 딱히 말이 통하진 않았지만 서로를 보고 웃었다. 세상에 귀엽지 않은 아이가 어디 있으랴. 나를 따라다니던 중국 아이들도 내 마음을 살살 녹였다.

가장 기억에 남는 아이는 시안에서 내게 성큼성큼 걸어와서 목을 쭉 빼고 쳐다보던 여덟 살쯤 된 남자아이였다. 아이는 마치 중국어로 '니하오(안녕하세요)'를 말하는 듯한 성조로 '헬로'라고 인사했다. 나도 '헬로'라고 받아줬다.

그랬더니 아이가 주최 측 인사에게 뭐라고 말을 했는데 그녀가 통역을 해주려 하지 않는 것을 내가 기어이 들어야겠다고 고집을 부렸다. 들어보니 아이는 "내가 미국인이 아니어서 다행이에요"라고 말했단다.

내가 왜냐고 묻자 주최 측 인사는 마음이 불편해도 어쩔 수 없이 통역을 해줬다.

아이는 "내가 미국인이었으면 영어를 써야 할 텐데 난 영어를 잘 못하거든요"라고 대답했다.

스위스의 심리학자로 아동심리학에 크게 공헌한 피아제_{Jean Piaget}가 반겼을 만한 아주 귀중한 순간이었다. 주최 측 인사는 아이에게 만약 미국인으로 태어났으면 영어로 말했으리란 점을 이해시키려 했다. 나는 그 말을 막으며 아이가 아직 현실과 다른 상황을 추론할 수 있는 나이가 아니라고 그녀에게 말해줬다. 그러고는 그냥 그 꼬마와 주먹을 맞추고 함께 웃었다. 그렇게 평생의 친구가 생겼다.

아무튼 이제 나는 긍정심리학과 관련해 중국에서 받은 인상을 좀 나누면 재미있을 것이라고 판단했다.

하나, 중국인들은 긍정심리학에 대한 관심이 대단했다. 그들은 나라가 점점 부유해지면서 물질주의와 전통적인 가치관의 충돌로 사람들의 정신 건강과 안녕에 악영향이 끼치진 않을까 우려하고 있다. 특히 젊은 세대에 대한 걱정이 크다. 그들은 세계 문화의 일원이고 성공해야 한다는 압박감에 엄청나게 시달리고 있기 때문이다. 이런 압박감은 '1가구 1자녀' 정책 때문에 온 가족의 기대가 바로 그 한 아이에게 쏠리면서 더욱 심해진다. 우리는 많은 젊은이에게서 어릴 적에 외톨이로 스트레스를 받으며 자랐다는 말을 들었다.

원래 우리는 자칫하면 얄팍한 쾌락주의자로 비칠지 모르니 우리를 초청한 사람들에게 행복에 대해 이야기할 때는 말을 좀 둘러서 해야겠다고 생각했다. 하지만 괜한 걱정이었다. 중국인들은 사람들이, 특히 아이들이 행복하게 살기를 바란다. 그러면 그들의 문제가 최소화되리라고 생각한다. 나도 그런 생각에 동의하지만 그럼에도 행복 이론과 연구를 대하는 중국인들의 열린 자세는 놀라울 정도였다. 물론 행복의 구성 요소에 대한 견해에서는 문화적 차이가 드러나지만 그렇다고 해도 행복이 보편적인 갈망의 대상인 것만큼은 분명하다.

둘, 중국은 땅덩어리와 인구가 그야말로 어마어마한 규모이면서도 굉장히 집중화된 나라다. 나로서는 처음 들었을 때도 그렇고 지금도 고개를 갸웃거리게 되는 것이 다른 나라 같으면 시간대가 다섯 개는 돼야 할 텐데 중국은 1949년부터 시간대가 단 하나뿐이라는 사실이다. 따라서 언젠가 중국이 긍정심리학의 발상과 개입을 실행에 옮기기로 하면 그 규모가 상상을 초월할 것이다. 베이징사범대학에서 긍정심리학 및 교육을 주제로 개최된 학술대회에 참석한 교육자들이 책임지고 있는 초등학교와 중등학교 학생 수를 모두 합하면 3억 명에 육박했다.

셋, 중국은 중요하게 여기는 문화적 가치가 서양 국가, 특히 미국과 달라서 긍정심리학의 수용 양상도 다르다. 중국 문화는 집단주의적 경향이 강할 뿐만 아니라 세상사에 대해 굉장히 장기적인 관점을 강조한다. 우리는 '일곱 세대' 관점에 대한 말을 많이 들었다. 말인즉, 중국인들은 어떤 정책을 세울 때 최소한 일곱 세대 후의 결과까지 따져본다는 것이다. 미국의 긍정심리학자들은 행복과 안녕에 대한 관심이 어떤 점에서 이로운지 생각할 때 주로 개인적이고 단기적인 유익을 따져본다. 이런 관점에서 형성된 원리는 중국에서 통하지 않을 것 같다. 반대로 긍정심리학이 집단과 미래 세대에 끼치는 유익이 강조돼야 한다.

자고로 사람과 사람 사이에는 차이점이 거의 없다고 했다. 그런데 그 얼마 없는 차이점이 대단히 중요하다고도 했다. 나는 중국을 다녀오면서 이 두 가지 뻔한 진리를 피부로 느꼈다.

백문이 불여일견. 여러분도 가능하면 다른 나라를 찾아가 그 나라를 직접 겪어보기를, 특히 그곳에 사는 사람들을 직접 겪어보기를 바란다. 그들이 여러분을 변화시키고 여러분도 그들을 변화시킬 것이다.

우리는 두 경우 모두 더 나은 쪽으로 변화가 일어나길 바랄 뿐이다.

북한 연구자가 만든
행복 지표

사과가 되지 말고 토마토가 되어라,

북한 속담

앞서 나는 최근 프랑스와 영국 등지에서 나온 국가행복도를 측정하자는 제안에 대해 이야기했다. 그래서 중국 웹사이트에 올라온 한 편의 보고서를 소개하는 기사가 내 눈길을 사로잡았다. 그 기사에서는 북한의 연구자들이 나름의 행복 지표를 만들었고 그에 의하면 203개국 중에서 중국이 1위, 북한이 2위, 쿠바가 3위라고 전했다. 4위는 이란, 5위는 베네수엘라였다. 남한은 한참 떨어진 152위였고 미국(보고서에는 '미제국'으로 표기)은 203위로 꼴찌였다.

그 기사를 좀 더 넓은 시각에서 보면 행복이 보편적인 관심사가 틀림없다고 말할 수 있을 것이다. 초기 긍정심리학계에는 긍정심리학이 서양의 편협한 학문으로 취급될지 모른다는 우려의 목소리가 있었다. 그러나 북한에서도 행복을 중요시할 정도라면 행복이 가히 모든 사람에게 중요하다고 할 수 있으리라.

그렇다고 해도 예의 보고서와 관련해 몇 가지 의문이 들긴 한다. 연구진이 어떤 기준으로 국가행복도를 측정했는지, 또 응답자의 자기 보고를 이용했는지, '객관적인' 지표를 이용했는지, 혹은 둘 다 이용했는지가 언급되어 있지 않다. 어쨌건 지금껏 나온 연구 보고서 중에서 중국, 북한, 쿠바, 이란이 세상에서 가장 행복한 나라라는 것이 입증되기는 고사하고 암시된 경우는 단 한 번도 없었다. 미국을 꼴찌로 놓은 보고서도 전혀 없었다.

솔직히 말해서 나는 그 보고서가 존재하는지조차 의심스럽고* 설사 존재한다고 해도 그 근간이 되는 데이터가 최소한의 과학적 검증 과정을 통과할 수나 있을까 싶다. 하지만 어쩌면 내가 미제국 백성이어서 편견에 휩싸여 있는지도 모른다.

국가의 안녕에 대한 지표는 철저한 검토와 논의의 대상인데 북한의 지표를 보면 그 진위를 떠나서 그런 지표에 은밀히 깃든 정치적 의도에 대해, 또 그런 지표가 정권의 현상 유지에 기여하는 바에 대해서까지 논의의 범위가 확장된다. 국가의 심리적 안녕(즉, 행복)을 평가하는 척도는 반드시 투명하고 타당해야 한다.

미국인들이 볼 때 북한의 지표는 노골적으로 편향되어 있다. 그러

---

* 이 기사를 접하고 몇몇 사람은 북한이 남한을 적법한 국가로 인정하지 않는다는 점을 지적했는데 그렇다면 북한이 만든 국가별 행복 순위표에 어떻게 남한이 들어갈 수 있는지도 의문이다.

5부 행복이 모르는 정수는 따로 없다

나 '편향성'은 정치적 동맹국이나 자국을 목록의 최상위에 올리는 식으로 뻔뻔스럽게 나타나기도 하지만 그보다 은밀하게 숨어들기도 한다. 무엇을 평가하든 간에 편향성은 평가자가 사용하고 강조하는 기준을 통해 침투할 수 있다.

몇 년 전 우연히 미국에서 삶의 질이 가장 높은 도시 순위를 보게 됐다. 목록은 꽤 길었는데 앤아버(미시간주)와 매디슨(위스콘신주)이 최상위에 올라 있는 것이 나(중서부 대학 교수)의 선입견과 딱 맞아떨어졌다(순위를 매길 때 기후는 별로 중요하게 치지 않은 것 같다).

반전은 그 목록을 만든 '연구자' 두 명이 각각 미시간대학교와 위스콘신대학교 졸업자라는 사실이었다. 두 사람도 그 점을 분명히 밝히며 아이러니를 인정했다.

국가행복도를 측정한다는 발상을 처음 접했을 때 나는 큰 호기심이 일었고 사실 지금도 그렇다. GNP도 중요하긴 하지만 국가의 안녕을 파악하는 데 그것만 중요하다고 할 수는 없다. 하지만 나는 국가행복도를 평가할 때 응답자의 자기 보고에 지나치게 의존하면 일부 지역에서 불만이 강하게 표출되는 경향이 나타날 수 있다고 우려했다. "우리는 불행하니까 자원을 더 투입해주시오"라는 신호로 말이다. 그런데 그와 같은 평가가 반대로 모든 것이 괜찮다는 주장의 근거로 사용될 수 있다는 점은 미처 생각하지 못했다. 그래서 이번에 또 하나 배웠다.

행복은 중요하고 행복의 평가는 어느 지역에서든 진지하고 중대하게 취급돼야 한다.

스타벅스는
중립적인 제3의 장소가 아니다

나의 집이란 장소가 아니라, 사람들이다.

로이스 맥마스터 부욜

오래전부터 사람들은 행복한 곳, 말하자면 모든 사람이 만족과 보람을 느끼는 장소를 찾으려 했다. 대체로 그런 곳을 물색하는 사람들은 행복한 곳이 어떤 물리적인 공간이 아니라 사회적인 공간이라고 믿는다.

행복한 곳의 후보군에는 국가와 공동체, 직장과 가정이 포함된다. 레이 올든버그Ray Oldenburg의 저서 『정말 좋은 곳 The Great Good Place』에는 또 다른 후보, 어쩌면 가장 가망성 있다고 할 후보가 제시되어 있다. 이 책은 카페, 찻집, 술집 등 만남의 장소를 인류학적으로 또 사회학적으로 분석한 결과를 담고 있는데 학술적이긴 해도 일반 대중이 읽기에 무리가 없다. 이 책에서 나는 '제3의 장소'라는 새로운 용어를 처음 접하고 그 뜻이 단박에 이해가 갔다.

제3의 장소는 직장과 가정을 제외하고 사람들이 모이는 곳이다. 영국에는 펍이 있고 프랑스에는 카페가 있으며 오스트리아에는 커피하우스가 있다. 예전에 미국에서 사람들이 많이 모이던 제3의 장소는 시골 잡화점, 우체국, 이발소, 미용실, 음료수 가게, 술집이었다.

올든버그의 말을 빌리자면 제3의 장소에는 몇 가지 공통점이 있다. 하나, 제3의 장소는 중립적이다. 다시 말해 누구나 불이익을 받지 않고 들락거릴 수 있다. 제3의 장소는 며칠 혹은 몇 주 동안 발길을 끊었다 다시 가면 열렬한 환영과 관심을 받게 된다. 그와 달리 직장이나 가정은 며칠 동안 자리를 비웠다 돌아가면 해고 통지서나 이혼 서류가 기다리고 있을 것이다.

둘, 제3의 장소는 수평적이다. 다시 말해 다른 데서는 아주 중요하게 여겨지는 신분의 차이가 제3의 장소에서는 아무 의미가 없다. 그리고 아무도 내가 주인이네, 주최자이네 하지 않는다.

셋, 제3의 장소에서는 대화가 주된 활동이고 함께 있는 사람을 괴롭히는 몇 안 되는 방법 중 하나는 따분하게 구는 것이다.

넷, 제3의 장소는 문이 활짝 열려 있다. 다시 말해 오랫동안 영업을 하고 누구나 쉽게 들어갈 수 있다. 예약도 필요 없다!

다섯, 제3의 장소에는 단골이 있다. 사실상 제3의 장소에서는 단골이 주역이라고 할 수 있다. 하지만 새로운 사람도 무조건이라고는 못해도 대체로 쉽게 받아들여진다.

여섯, 제3의 장소는 물리적으로 보자면 수수하고 소박하다.

일곱, 가장 결정적인 특징이라고 할 수 있을 텐데 제3의 장소는 명랑한 분위기가 지배적이다. 여기저기서 웃음꽃이 핀다.

제3의 장소는 인생을 살맛 나게 하는 요소다. 그곳에서 우리는 활기를 찾고 정체성을 형성하고 원기를 회복하고 격려를 받는다. 요컨대 그곳에서 우리는 우리가 된다. 그리고 모든 사람이 우리 이름을 안다.

스타벅스 같은 곳은 제3의 장소가 아니다. 적어도 모든 사람이 휴대폰과 노트북을 소지하고 있는 경우, 그곳에 누가 있느냐보다 전기 콘센트를 이용할 수 있느냐가 더 중요한 경우에는 그렇다.

헬스장도 제3의 장소가 아니다. 적어도 운동 기구들이 옆으로 나란히 배열되어 있는 경우, 아무도 대화하지 않는 경우에는 그렇다.

아, 슬프지만 바 역시 제3의 장소가 아니다. 적어도 출입구 밖에서 담배를 피우는 것과 가게 안에서 알코올을 마시는 것을 삼가야 하는 무알코올 음료 위주의 바들은 그렇다.

파릇파릇한 젊은이였을 때는 내게도 제3의 장소가 있었다. 주로 바였다. 나는 아직도 내게 제3의 장소가 되어준 그 바들의 이름을 기억한다(그 이름들을 지금도 줄줄 읊을 수 있다니 내가 생각해도 놀라운데 사실 바로 그게 중요한 점이 아닌가 싶다).

하지만 술을 줄인 후로 나는 바에 발길을 끊었다.

그러다 올든버그의 책을 읽고서야 내가 그리워하는 것이 무엇인지 깨달았으니 그것은 술이 아니었다.

내가 그리워하는 것은 엎어지면 코 닿을 곳에 있는, 행복한 곳이었다.

　나는 가정을 사랑하고 직장을 사랑하지만 그래도 새로운 제3의 장
소를 찾아야 할 것 같다.

6부

___

모든 것이
아름답지 않아도 괜찮다

쓴소리: 짜증나고 도움이 안 되는 일은 하지 마라

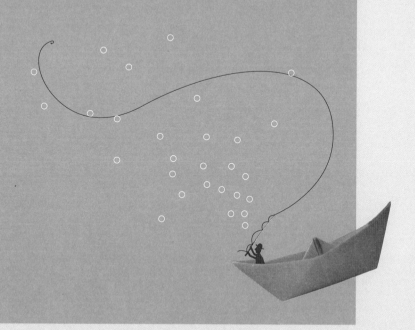

긍정심리학에서는 우리 삶에 정말로 좋은 것들이 있어서 과학적으로 연구해볼 만하다고 여긴다. 그렇다고 해서 긍정심리학자가 극단적인 낙관주의자가 되어 세상 모든 것이 아름답다고 선언할 필요는 없다. 6부에 실린 내용은 쓰는 동안 마음이 편치 않았으니 모두 나를 짜증 나게 하는 것들에 대한 이야기다. 그런 것들을 짜증 나는 것, 인생을 살맛 나게 하는 데 전혀 도움이 안 되는 것이라고 보는 사람이 아마 나 혼자만은 아닐 것이다.

끈질긴 쾌활함은
억지스럽다

사람은 함께 웃을 때 서로 가까워지는 것을 느낀다.

레오 버스카글리아

며칠 전 퇴근길에 미국공영라디오에서 과시적 환경 보호conspicuous conservation에 대한 재미있는 보도를 들었다. 과시적 환경 보호란 소스타인 베블런Thorstein Veblen이 제시한 '과시적 소비conspicuous consumption'라는 개념을 장난스럽게 차용한 말이다. 혹시 퍼뜩 생각이 안 나는 독자 여러분을 위해 설명을 보태자면 과시적 소비란 남들에게 자기가 얼마나 잘사는지 보여주기 위해(실제로는 그렇지 않더라도) 지나치리만큼 노골적으로 물질적인 면을 드러내는 행태를 뜻하는 말이다. 같은 맥락에서 과시적 환경 보호는 남들에게 자기가 얼마나 환경을 생각하는지 보여주기 위해(실제로는 그렇지 않더라도) 지나치리만큼 환경 친화적인 모습을 보이는 행태를 가리킨다. 과시적 환경 보호에 대한 정의 중에서 내가 좋아하는 것은 '최신의 값비싼 유행을 따르면서 검소한 척하는 꼴'이다.

라디오 보도에서 기억에 남는 사례는 태양전지판을 지붕에 설치하면 햇빛을 바로 받아서 훨씬 효율적인데도 그러면 이웃 사람들이 못 본다고 굳이 집 앞에 설치하는 사람들 이야기였다.

그 보도를 접하고 나는 긍정심리학에서 과시적 소비와 과시적 환경 보호에 상응하는 행태에 대해 생각해보게 됐다. 그리고 거기에 과시적 쾌활함, 눈꼴신 만족, 영원한 용솟음, 발광하는 기쁨 같은 명칭을 붙여봤다. 이쯤 되면 그 행태가 무엇인지 감이 잡힐 것이다. 바로 남들에게 자기가 얼마나 긍정적인 사람인지 보여주기 위해서 속마음과 달리 끈질기게 긍정적인 태도를 보이는 행태다. 어쩌면 내가 좀 음울한 인간, 의심 많은 인간, 냉소적인 인간이라 그렇게 보는지도 모르겠지만 어쨌든 나는 끈질긴 쾌활함이 좀 억지스럽다고 생각한다. 적어도 내가 그것을 받아들이는 입장일 때는 그렇다.

과시적으로 쾌활한 사람은 "요즘 어떻게 지내요?"라는 인사를 받을 때마다 "좋아요! 끝내줘요! 하늘을 나는 기분이에요!"라고 대답한다.

그런 대답을 들으면, 적어도 거기서 진심이 느껴지지 않으면 나는 진저리가 난다.

어쩌면 이런 불평을 삼가야 하는지도 모르겠다. 긍정심리학이 인기를 끌면서 사람들은 행복과 만족이 그냥 매력적인 요소만이 아니라 인생을 잘 살고 있다는 지표이기도 하다는 사실을 알게 됐다. 이는 얼마 전까지만 해도 쾌활함이 어리석음이나 현실 부정의 징후로 여겨졌다는 점을 생각하면 발전이라 할 수 있다.

하지만 내가 생각하기에 우리의 목표는 '적절한' 쾌활함이어야 하고 그러자면 우리가 입으로 표현하는 감정의 진실성은 물론이고 그런 표현을 받아들이는 사람의 처지도 고려해야만 한다. 그리고 표리부동한 사람이 되지 않기 위해 쾌활함에 조금 변형을 주는 것도 좋지 싶다. 우리는 좋은 것에 대해서는 쾌활함을 보여야 하지만 나쁜 것에 대해서는 그러지 말아야 한다. 끈질기게 쾌활함을 유지하는 사람들에게 이런 말을 하고 싶진 않지만 살다 보면 여러분에게나 다른 사람들에게나 좋은 일만 아니라 나쁜 일도 일어나게 되어 있다. 사실 지금껏 세상의 발전은 대부분 현재 상태에 대한 적절한 불만에서 비롯됐다고 해도 과언이 아니다.

긍정심리학계가 과시적 쾌활함을 비난할 수 있을까? 글쎄, 그럴 수도 있고 아닐 수도 있다. 하지만 내가 분명히 아는데 긍정심리학자들이 모이면 시도 때도 없이 껴안고 시종일관 만족과 성공을 이야기하는 탓에 난리도 그런 난리가 없다. 우웩.

진정성이 만족을 이기는 법이고 내가 아는 긍정심리학은 우리에게 거짓되게 굴라고도, 무조건 긍정적으로 굴라고도 하지 않는다. 우리가 정말로 좋은 것과 정말로 나쁜 것을 분간할 수 있을 때, 또 우리가 나쁜 것보다 좋은 것이 더 많이 생기도록 노력할 때 세상은 한결 살기 좋은 곳이 될 것이다. 과시적이고 끊임없는 쾌활함은 그런 행동강령에 위배된다.

솔직한 마음을 담은
정성스러운 편지

이제 우리가 편지를 쓰지 않기 때문에 잃어버린 것이 얼마나 많은지 모른다.
전화 통화를 다시 읽을 수는 없는 노릇 아닌가.

리즈 카펜터

긍정심리학에서 중요시하는 것 중 하나가 '감사 편지'다. 부모님, 형제자매, 친척, 친구, 선생님, 감독님, 팀원, 사장님 등 우리를 각별히 대해줬거나 우리에게 소중한 사람, 하지만 지금껏 우리에게 감사하다는 말을 들어본 적 없는 사람에게 구체적인 감사의 표현을 손으로 쓴 글 말이다. 예전부터 나는 내 긍정심리학 강의를 듣는 학생들에게 그런 편지를 써보라고 했다. 학생들은 그것을 직접 전달할 수 없으면 우편으로라도 보내야 한다. 긍정심리학 개입으로서 감사 편지는 99퍼센트 이상 '효력'을 발휘한다. 그러니까 받는 쪽은 감동을, 그것도 보통은 아주 큰 감동을 받고, 쓰는 쪽 역시 처음에는 너무 진부하다고 생각할지 몰라도 일단 하고 나면 가슴이 뭉클해진다.

그런데 몇 년 전부터는 이 과제를 내주면 충격적인 질문이 돌아온다. "우표가 얼마예요? 어디서 살 수 있나요?"

우표 가격이 계속 오르고 있고 동네 우체국들이 문을 닫고 있다는 것은 나도 잘 안다. 요즘은 많은 사람이 온라인이나 자동이체로 요금을 낸다는 것 역시 잘 안다. 지금은 편지 말고도 사람들과 교류할 방법이 많다는 것도 물론 잘 안다. 그래도 그런 질문을 받으면 내 반응은 늘 똑같다. '맙소사!'

나는 지금 우표가 아니라 편지에 관해 이야기 하고 있다. 요즘도 편지를 쓰는 사람이 있을까? 틀림없이 그 수가 점점 줄어들고 있을 것이다. 명절이 다가오면 여기저기서 우정사업이 쇠퇴하고 있다는 보도가 적잖이 나오는데 줄어드는 것은 한때 우편함을 꽉꽉 채우던 광고물들만이 아니라 정겨운 명절 분위기를 조성하던 엽서와 편지들도 마찬가지다.

정말 부끄러운 일이라 생각하고 나 역시 책임을 통감한다. 마지막으로 편지를 써본 적이 언제였는지 도무지 기억이 나지 않는다. 하지만 가장 최근에 받았던 편지들은 생생하고 흐뭇하게 기억한다. 두 통은 얼마 전 내가 어떤 일을 겪었을 때 미시간대학교의 동료 학자들에게서 받은 편지고 한 통은 추천장을 써준 학생에게서 받은 편지다. 참고로 그 밖에도 많은 사람이 전화나 메일로 나와 교류하지만 내가 기억하는 것은 이 세 통의 편지다. 몇 번씩 읽고 음미했는지 모른다. 나는 그 편지들을 USB 드라이브와 클립이 널브러진 책상 위에 고이 모셔뒀다. 앞으로 닳고 닳아서 읽을 수 없게 되면 모를까, 그전까지

6부 모든 것이 아름답지 않아도 괜찮다

281

는 기분을 좀 풀어야겠다 싶을 때마다 읽고 또 읽을 것이다.

좋은 편지란 무엇일까? 나는 한 사람에게 솔직한 마음으로 쓴 편지가 좋은 편지라고 생각한다. 좋은 편지를 쓰려면 시간이 걸린다. 편지를 쓸 때는 이메일을 쓰거나 전화 통화를 할 때와 달리 딴짓을 못한다. 편지는 오롯이 정성을 들여 쓰는 것이고 그래서 소중하다. 아, 물론 좋은 편지는 컴퓨터로 똑같은 내용을 잘라 붙이거나 이름만 쏙 바꿔서 친밀감을 꾸민 것이 아니라 직접 손으로 쓴 것이어야 한다. 그렇다고 꼭 화려한 편지지나 값비싼 엽서에 쓸 필요는 없다. 내가 고이 간직하고 있는 세 통의 편지는 그냥 평범한 공책 종이에 쓰였다! 그리고 좋은 편지는 쓰는 사람이 우표와 봉투와 우체통을 찾는 수고를 마다하지 않은 편지다!

지난주에 어느 언론사와 인터뷰를 하면서 명절을 앞두고 주머니 사정이 좋지 않을 때는 어떻게 해야 좋겠냐는 질문을 받았다. 내 대답은 간단했다. 편지를 쓰세요.

참고로 2012년 현재 우표 가격은 45센트다.

즐겁게
함께 먹자

자기가 먹는 음식의 참맛을 아는 사람은 절대 식탐꾼이라고 할 수 없고
그 맛을 모르는 사람은 절대 식탐꾼을 벗어날 수 없다.

헨리 데이비드 소로

마이클 폴란Michael Pollan의 『음식에 대한 변호In Defense of Food(국내 번역
서 제목은 마이클 폴란의 행복한 밥상)』은 기가 막힌 책이다. 대충 읽은
것도 아닌데 앉은 자리에서 다 읽어버렸다. 이 책은 말하자면 '미안
하지만 할 말은 해야지' 하는 유의 책이다. 제목에서 보듯이 음식을
변호하는 책인데 음식을 변호한다니 말이 좀 이상하다. 하지만 사실
음식은, 다른 나라는 몰라도 최소한 미국에서만큼은, 많은 사람에게
눈엣가시 취급을 받고 있다.

　이 책은 여러 가지 목적으로 쓰였고 그 목적을 거의 다 달성했다.
하나, 이 책은 과학계, 대기업, 정부가 대중의 생각과 소비에서 중심
을 차지하던 음식을 내몰고 그 자리에 돌연 영양소(음식 안에서 중요

하다고 여겨지는 요소들)를 앉힌 과정을 흥미진진하게 들려준다. 둘, 이 책은 그런 변화를 비판하면서 그것이 정당화되려면 '반드시' 그로써 사람들의 건강과 행복이 증진돼야만 한다고 주장한다. 그런데 실제 증거는 그 반대 방향을 가리키는 것처럼 보인다. 셋, 이 책은 무엇을 어떻게 먹을 것인가에 대해 합리적인 조언을 한다. 영양소 위주의 식단을 비판한다고 해서 폴란이 무엇을 먹든 상관없다는 태도를 옹호하는 것은 아니다. 오히려 그 반대다. 그는 신중한 태도를 당부한다.

  내용도 내용이지만 저자의 글솜씨도 수준급이어서 정말 재미있게 읽었다. 감탄하며 밑줄을 쳐 놓은 문장이 잔뜩 있는데 그중 일부만 옮겨본다.

- 문화란 … 적어도 음식이란 문제만 두고 보자면 … 우리 어머니들에게 너무 거창한 말이다.
- 일반적으로 감자나 당근보다는 설탕 친 시리얼 상자에 건강식이라는 문구를 갖다 붙이기가 훨씬 수월하다 보니 슈퍼마켓에 가면 몸에 가장 좋은 음식들은 농산물 코너에 조용히, 마치 뇌졸중 환자처럼 말없이 앉아 있는 말도 안 되는 현상이 벌어진다.
- 질보다 양을 따지는 식습관 덕분에 세상에 새로운 생명체가 등장했다. 바로 엄청나게 먹어대면서도 영양실조에 걸리는 인간이다.
- 증조할머니가 음식으로 취급하지 않았을 것은 절대 먹지 말자.

- 현재 18~50세 미국인은 끼니 중 약 5분의 1을 차 안에서 해결한다.

영양소에 초점을 맞추면 여러 가지 문제가 발생한다. 좋은 영양소와 나쁜 영양소를 나누게 되고 좋은 영양소만 중요하다고 생각하게 된다. 무엇을 먹느냐만 신경 쓰고 어떻게 먹느냐에는 무관심해진다. 더 넓게 보면 영양소에 초점을 맞출 경우, 부적절한 단순화를 자행하게 된다. '영양주의'(폴란은 이것이 하나의 이념임을 강조하기 위해 이렇게 부른다)는 사람들이 영양소만 따지고 음식은 생각하지 않도록, 음식만 따지고 식사는 생각하지 않도록, 식사만 따지고 생활은 생각하지 않도록 하는 쾌거를 달성했다.

책을 읽으면서 나는 혹시 우리 긍정심리학자들도 행복을 증진하는 단순한 성분들을 찾는다면서 그처럼 부적절한 단순화를 일삼고 있진 않나 하는 걱정이 들었다. 연구 결과를 인용하며 만족스러운 인간관계에서는 긍정적인 교류가 부정적인 교류보다 훨씬 많이 일어난다고 말하는 것은 괜찮다. 하지만 그 관계의 성격이 무엇이고 상대가 누구냐와 상관없이 오로지 긍정적인 교류와 부정적인 교류의 비율만 중요하다고 결론지어서는 곤란하다. 그러면 우리는 긍정심리학 영양소를 파는 장사치나 다름없어진다.

나는 다른 책에서 몇 년 전에 진행된 연구에 관한 글을 읽었다. 교육에 관심이 있는 연구자 두 명이 UCLA의 전설 존 우든 감독이 이끄는 농구 훈련을 방청했다. 그들은 눈에 보이는 '교육 행위'를 모조리 기록했다. 그들이 정리한 수천 개의 항목 중에서 칭찬, 곧 긍정적인 요소는 6.9퍼센트에 지나지 않았다. 6.6퍼센트는 불만의 표시, 곧 부정적인 요소였다. 긍정과 부정의 비율이 거의 같으므로 현재의 긍정심리학에 따르자면 건전하다고 하기가 어려웠다. 그러나 존 우든은 누가 뭐래도 세계 최고의 교육자이자 누구보다 큰 사랑을 받은 감독이다. 우리는 숲은 못 보고 나무만 봐서는 안 되고, 음식은 못 보고 영양소만 봐서도 안 되며, 사랑받는 사람은 못 보고 그가 하는 말의 긍정과 부정의 비율만 봐서도 안 된다.

폴란의 조언은 책을 펼치면 처음으로 나오는 세 문장에 고스란히 담겨 있다. "음식을 먹자. 과식하지 말자. 되도록 채식을 하자."

여기에 나는 이렇게 덧붙이고 싶다. "즐겁게 먹자. 사람들과 함께 먹자."

본 아페티!(맛있게 드세요.)

받기 싫어할 이메일은
보내지 말자

나는 이메일을 혐오한다. 그리고 이제 여러분의 관심을 끌었으니 좀
더 정확하게 말하자면 나는 이메일을 대하는 내 태도를 혐오한다. 지
금 내 몸에 밴 답장 습관은 하루에 이메일을 고작 몇 통만 받던 시절
엔 합리적이었으나 하루에 수백 통을 받는 지금은 어마어마한 고통
의 원인이 되고 말았다. 나는 공적으로나 사적으로나 이메일에 쓰는
시간이 잠자는 시간을 빼면 다른 어떤 활동에 들어가는 시간보다 많
다. 그나마 잠자리에 들어서도 메일함에 답장 안 한 메일이 수백 통
있다는 생각 때문에 날로 뒤척임이 늘어날 지경이다.

　처음 이메일을 사용했을 때만 해도 나는 정말 대단한 기술이 나왔
다고 생각했다. 이메일 덕분에 수많은 사람에게 일제히 모임 시간과

장소를 통보할 수 있었다. 시차 때문에 전화를 걸기가 곤란할 때도 사랑하는 사람들의 안부를 물을 수 있었다. 친구와 동료에게 편지를 쓰지 않고도 간단한 질문이나 부탁을 할 수 있었다.

하지만 이제 세상이 달라졌다. 나는 이메일 덕분에 '내'가 이런저런 일을 할 수 있게 돼서 대단하다고 생각했다. 그런데 이메일 덕분에 다른 사람들 역시 이런저런 일을 할 수 있게 됐고 나는 대체로 그들의 행위를 받아들이는 쪽이 되고 말았다. 아무래도 정말 중요한 사람들은 이메일을 대신 관리해주는 사람이 따로 있는 것 같다. 하지만 나는 그런 사람이 아니다. 나는 사람들이 이것저것 해달라고 부탁할 정도로 중요한 사람이긴 하지만 날마다 들어오는 수백 건의 요청을 다른 사람에게 위임하거나 떠맡길 수 있을 만큼 중요한 사람은 아니다. 이것 좀 보내주시겠습니까? 첨부한 논문(또는 책!)을 읽고 논평 좀 해주시겠습니까? 이러저러한 것에 대해 조언 좀 해주실래요?

"여러 번 보내는 것 양해해주시기 바랍니다." 잠깐, 난 양해 못 해! 나는 사형제에 반대하는 사람이지만 이 경우만큼은 예외로 해도 좋지 싶다. 답장을 할 필요가 없는 이메일도 일단 읽어봐야 그런지 알 수 있다. 인생은 짧은데 나중에 묘비에 이렇게 적히는 것은 원치 않는다. '이메일을 모조리 읽은 사나이'.

내가 받는 이메일은 거의 다 모르는 사람들이 보내는 것이고 그들은 내 공적인 지위를 보고 연락을 해온다. 물론 그냥 무시해버릴 수도 있다. 그러나 난 여전히 구식이라서 그런지 아무리 모르는 사람이 아무리 특이한 것을 요청한다고 해도 그냥 무시하는 것은 예의에 어굿난다고 생각한다.

사회 초년생 때 나는 모든 요청에 신속하게 응답하는 것이 이롭다는 사실을 깨달았다. 우디 앨런Woody Allen은 얼굴도장을 찍는 것이 성공의 8할이라고 했는데 내 경우에는 요청에 응답하는 것이 곧 얼굴도장을 찍는 것이다. 문제는 이메일 때문에 내가 다 예의를 지킬 수 없을 만큼 요청이 많이 들어온다는 점이다. 그래서 이제 이메일 때문에 죽을 맛이다.

내가 처음부터 끝까지 정독한 몇 안 되는 자기계발서 중 한 권은 저자가 이메일을 잘 '관리'하는 법에 대해 조언을 해주겠다고 약속했다. 얼핏 보기에는 유용한 것 같은 조언에 '3분 법칙'이라는 이름이 붙어 있었다. 3분 안에 답장할 수 있으면 처음 읽었을 때 바로 답장하라는 것이었다. 나중으로 미루면 그 3분에 이메일을 다시 읽고 필요 사항을 다시 이해하는 시간까지 더해지기 때문이었다.

3분 법칙을 따를 때 문제는 오히려 발신자가 신이 나서 또 한 통을, 그것도 보통은 즉시 보내게 된다는 점이다. 이메일 청탁이라는 신발 속의 조약돌을 얼른 없애려고 하면 도리어 조약돌만 더 늘어나는 셈이다.

동료 학자 마틴 셀리그만은 장미를 키우려면 잡초를 뽑아야 한다고 했다. 하지만 메일함의 잡초는 뽑으면 뽑을수록 더 많아진다. 그래서 장미를 키우는 것은 영영 보류된다.

좋은 삶에 대한 글들을 수록했다는 책에서 왜 나는 이메일이 싫다고 우는소리를 하는 것일까? 간단히 말해서 이메일 때문에 좋은 삶을 추구하는 데 지장을 받을 수 있기 때문이다. 이메일은 골칫거리가 될 수 있고 내 경우에는 아주 큰 골칫거리가 됐다.

이메일 때문에 불편을 겪는 사람이 어디 나 혼자일까 싶다. 그렇다면 해법은 없나?

21세기판 황금률이 유익할 것 같다. '무엇이든 남에게 받기 싫은 이메일은 보내지도 말라.'

새로운 시각에서
사물 보기

먼저 경기의 규칙을 익혀야 한다.
그러고 나서 남보다 더 잘 뛰어야 한다.

알베르트 아인슈타인

나도 남들만큼 관용구를 많이 쓰지만 너무 싫어서 아예 입에 담지 않는 표현도 몇 개 있다. 그중 하나가 '상자 밖에서 생각하라think outside the box(고정관념을 깨라는 뜻-옮긴이)'다.* 사실 이 말은 이미 상자 안에 갇혀 있다! 방금 구글에서 그 말로 검색해보니 결과가 무려 120만 개나 나왔다.

이 표현에 담긴 뜻, 그러니까 새로운 시각에서 사물을 보라는 것

---

* 이 표현이 어디에서 시작됐는지는 확실치 않으나 유명해진 계기는 언제부터인가 경영 컨설턴트들이 자주 사용하는 9점 퍼즐 때문이었다. '연필을 떼지 않고 4개의 직선으로 9개의 점을 이으려면 어떻게 해야 할까?' 처음 문제를 보면 상자를 그리고 싶은 마음이 들지만 그래서는 해법이 나오지 않는다. 문제를 풀려면 9개 점의 배열을 볼 때 떠오르는 상자 모양의 틀에서 벗어나야만 한다.

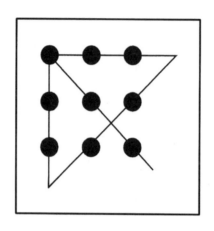

점 퍼즐

에는 이의가 없다. 사실 그 점은 창의적 활동, 창의적 인간의 주된 특징이다. 그런데 마치 그것만이 창의성의 특징인 양 이 표현을 사용하는 경우가 날로 늘어나고 있다. 당연히 창의성의 특징은 그것만이 아니다.

창의성에 대해 진지하게 고민하는 사람들이 대체로 동의하듯이 창의성에는 참신성(즉, 상자를 벗어난 것)만 아니라 유용성도 필요하고 어떤 것이 유용성을 띠려면 이미 알려진 것(즉, 상자 안에 있는 것)을 뛰어넘어야만 한다.

사람들이 자기는 '상자 밖에서 생각한다'고 말할 때마다 나는 낯이 뜨거워진다. 정말로 창의적인 사람이 본인을 그렇게 표현하는 것은 좀처럼 들어보지 못했기 때문이다. 내가 그런 말을 잘 믿지 않는 이유가 하나 더 있으니 다름이 아니라 그런 말을 하는 사람들은 또 기존에 잘 받아들여지던 것들에 대해서는 굳이 알 필요가 없다는 식으로 말하기 때문이다(물론 경우에 따라서는 이런 나의 비판이 불공평한 것일 수도 있겠다).

나는 교육자로서 내 학생들이 상자 안에 있는 것을 알았으면 좋겠다. 내가 학계나 지성계의 현 상태를 옹호하려는 사람이라서가 아니다. 그것은 일단 상자 안에 있는 것을 알아야만 기초를 습득한 후 상자 밖으로 나가서 유용한 것을 내놓을 수 있기 때문이다.

과학계, 음악계, 미술계의 경이로운 성취를 연구하는 심리학자들은 어떤 분야에서 주목할 만한 업적을 남기려면 그 분야에 통달하기 위해 1만 시간 이상을 쏟아부어야 한다는 1만 시간의 법칙을 이야기한다. 훈련하고 훈련하고 또 훈련하되 그 훈련 중 많은 분량을 상자 안에서 수행해야만 한다는 사실을 알아두자.

용감하게 상자 밖으로 나오지 않으면 아마도 창의적인 사람이 될 수 없을 것이다. 하지만 상자 안으로 들어가지 않으면 틀림없이 얼간이가 되고 만다.

있는 그대로
좋게 평가하기

인간은 칭찬을 갈망하면서 사는 동물이다.

윌리엄 제임스

앞서 나는 내가 좋아하지 않는 관용구에 관한 글을 썼다. 그래서 치우침 없이 공정성을 기하고자(폭스 뉴스에는 미안하지만 이 역시 관용구다) 내가 좋아하는 관용구를 언급하고 싶다. '현실이 그러니 별수 없다it is what it is.'

이는 주로 스포츠에서 많이 쓰이는 표현이지만 그 밖에도 훨씬 폭넓게 사용될 수 있다. 나도 최근에 교수와 강사의 종신직 및 승진 심사위원으로 활동하면서 그 표현을 썼다. 우리 심사위원들은 누군가가 대학의 관심 분야, 곧 교육, 연구, 봉사에서 일군 업적을 면밀히 검토하며 늘 성실히 일한다. 그러나 때로는 그 밖의 분야로 눈을 돌려서 당사자들이 하지 않은 것을 비판하기도 한다. 그런 것도 어느 정도 필요하다고는 하겠으나(왜냐하면 대학의 교수와 강사는 학생들을 가르치는 사람이므로) 만약 어떤 사람의 입장에서 도저히 할 수 없는 일을 놓고 비판하는 지경이 된다면 누가 나서서 저지해야만 한다. 그럴 때 '현실이 그러니 별수 없다'라고 하면 나와 남의 입에서 쏟아져 나오는, 현실과 반대되는 조건을 가정하는 질문들을 막을 수 있다.

만약에 깐깐하고 신중한 사람을 영입했다면 이후에 그 사람이 융통성 없고 대범하지 못하다고 비난해서는 안 된다. 현실이 그러니 별수 없고 우리는 그 사람을 영입할 때부터 그런 성향을 잘 알았다. 만약에 학생 개개인과 교류하거나 소규모 강의를 할 때 능력이 가장 잘 발휘되는 사람을 영입했다면 그 사람이 대규모 강의에서 호평을 받지 못한다고 해서 책망해서는 안 된다. 반대로 대규모 강의를 할 때는 펄펄 날아다니지만 소규모 토론을 이끌 때는 맥을 못 추는 교수와 강사 역시 문책하면 안 된다. 현실이 그러니 별수 없고 우리는 그렇게 서로 다른 유형의 교수와 강사들이 보유한 강점을 인정해야 한다. 만일 야근을 밥 먹듯이 하지 않고(관용구) 균형 잡힌 삶을 사는(관용구) 사람을 영입했다면 그 사람이 가족과 시간을 보내는 것을 흠잡아서는 안 된다. 현실이 그러니 별수 없고 더군다나 이 경우에는 아마 그렇게 하는 것이 좋은 것일 듯싶다.

수십 년 전에 처음으로 학술지에서 서평 청탁을 받았을 때 나는 담당 편집자에게서 훌륭한 조언을 들었다. 그는 저자가 쓰려고 하지 않았던 것을 비평하지 말고 실제로 저자가 쓴 것을 비평하라고 했다. 현실이 그러니 별수 없다고 말이다.

요는, 어떤 사람이 무엇을 잘하는지 알아보고 현재 그 사람이 그렇게 본인이 잘하는 것을 하고 있다고 생각하라는 것, 그래서 그 사람을 있는 그대로 좋게 평가하라는 것이다. 현실이 그러니 별수 없다.

물론 변화가 불가능하진 않고 우리는 직장에서나 일상에서나 나만 아니라 남들도 일취월장하기를(관용구) 바란다. 하지만 당장의 현실은 어쩔 수 없다.

나는 내가 쓰는 글들의 요지가 독자에게 분명하게 드러나야 한다는 점을 깨달았다. 아주 노골적으로 드러나야 한다. 자, 이 글의 초점은 대학의 교수와 강사 평가가 아니다. 이 글의 초점은 모든 일을 하는 모든 사람에 대한 평가다. 거기에는 우리가 사는 나라의 지도자, 우리의 친구, 우리의 배우자, 우리의 자녀만 아니라 우리 자신도 포함된다. 각 사람이 무엇을 잘하고 있는가? 어쨌든 그것이 현실이니 인정하자. 그리도 그것이 좋은 것이라면 그것으로 좋지 않은가?

남의 불행은
나의 기쁨?

타인의 고통에서 오는 위안은 보잘것없다.

키케로

독일어의 '샤덴프로이데Schadenfreude'는 남의 불행을 기뻐한다는 뜻이다. 웬만한 사람은 어쩌다 한 번씩 그런 즐거움을 경험하고 어쩌다 한 명씩은 웬만하면 그런 즐거움을 경험한다. 샤덴프로이데는 긍정심리학계에서 주로 연구하는 주제들의 심술궂은 친척이다. 얼마나 가깝거나 먼 친척인지는 모르겠지만 어쨌든 그것에 대해 여러분과 한번 이야기해보고 싶다.

내가 지난 한 주 동안 샤덴프로이데를 생각하게 된 것은 오하이오 주립대학교 미식축구팀의 짐 트레슬Jim Tressel 감독이 선수들의 일탈 행위에 대해 거세지는 비난 여론을 이기지 못하고 사임하기로 했다는 소식을 접하면서였다. 나는 선수들이 무슨 짓을 저질렀고 감독이 무엇을 언제 알았는가 하는 자초지종은 모르지만 한 사람의 스포츠 애호가로서, 미시간대학교 미식축구팀의 팬이라는 사실을 떠나서, 이번 사건으로 이제 내가 좋아하는 경기를 볼 수 없게 되어 안타까웠다.

그렇다고 규정을 위반한 선수들을 처벌하지 말라는 말은 아니다. 다만, 아무리 정당한 처벌이라고 할지라도 그것 때문에 기뻐하면 안 된다는 말을 하고 싶을 뿐이다. 그런데 이런 생각을 하는 사람이 이 곳 앤아버에 나 혼자만은 아닌가 하는 기분이 든다. 평소 집과 직장(미시간대학교)을 오가는 길에 나는 지역 AM 스포츠 방송국에서 하는 토크쇼를 듣는다. 방송에 전화를 거는 사람들은 주로 미시간대 팬들로, 지난 한 주 동안 그들은 오하이오주립대 미식축구팀과 그 감독의 불행에 아주 신이 나 있었다. 만약 그들이 기뻐하는 이유가 오하이오주립대 미식축구팀에서 명감독이 오명을 쓰고 물러나는 것은 물론이고 선수들의 장학금이 취소되고 팀의 출전이 정지될 수도 있다고 하니 그 반대급부로 미시간대가 누리게 될 유익을 기대하는 합리적인 생각 때문이라면 좀 더 이해가 갔을 것이다. 나도 사람인지라 그런 생각이 뇌리를 스치긴 했다. 하지만 방송에 전화를 건 사람들에게서 드러나는 감정은 아무 이유 없는 단순한 기쁨이었고 순수하다고 볼 수 없는 기쁨이었다.

도대체 무슨 일인가? 긍정심리학에서는 긍정적인 것에 실체가 있다고 본다. 그렇다면 당연히 부정적인 것에도 실체가 있다고 볼 수 있고 이 경우에 그 실체란 불의에 대한 과도한 분개심 때문에 한층 악화된 증오다.* 세상에는 우리가 마땅히 증오해야 할 정말로 나쁜 것들(전염병, 가난, 편견)이 존재한다. 그런 것들이 사라져서 기뻐하는 것은 도덕적으로 옳다고 할 수 있을 것이다. 하지만 지금 우리는 미식축구팀에 대해 이야기하고 있다. 지난 10년 동안 트레슬 감독은 미시간대와 붙어서 열 번 중 아홉 번을 이겼다. 그렇다고 그를 증오하고 그의 몰락을 기념해야 할까?

나는 평생을 시카고 컵스 팬으로 살았지만 시카고 화이트삭스, 세인트루이스 카디널스, 뉴욕 메츠, 필라델피아 필리스, 샌디에이고 파드리스 등 여기 다 못 적을 수많은 팀의 멸망을 빌어본 적은 단 한 번도 없다! 그저 우리 팀이 잘하기만 바랄 뿐이다. 그게 전부다. 미시간대 미식축구팀에 대한 마음도 마찬가지다.

긍정심리학은 주로 행복을 연구한다. 그런데 무엇에 대한 행복인가? 일반적인 설문조사에서는 응답자가 만족, 행복, 기쁨을 느끼는지만 묻는다. 하지만 나는 진정한 긍정심리학자라면 거기서 그치지 말고 '왜' 행복한가를 물어야 한다고 본다. 행복의 근원이 남의 불행, 예컨대 경쟁 정당과 경쟁국, 유명인, 가정이나 직장에서 거슬리는 사람의 불행이라면 그런 행복 때문에 정말로 인생이 살맛 날까 하는 의구심이 든다. 왜 증오의 대상들로 자신을 규정하려 드는가? 설마 묘비에 '증오의 화신'이라고 쓰이길 바라는 사람이 있을까?

---

* 〈스포츠 일러스트레이티드〉의 스티브 루신(Steve Rushin) 기자가 오하이오주립대 사건 같은 스포츠계의 스캔들에 대해 훌륭한 논평을 남겼다. "스포츠 지면을 읽으면서 도덕적으로 진심 어린 분노를 느끼는 사람이라면 십중팔구 다른 지면은 그냥 건너뛰었을 것이다."

나의
버킷 리스트

대부분의 사람은 고요한 절망 속에 살다가
마음속에 못다 부른 노래를 간직한 채로 무덤에 들어간다.

헨리 데이비드 소로

최근 한 문필가와 버킷 리스트에 대해 이야기를 나눴다. 나는 그전까
지만 해도 버킷 리스트란 표현에 대해 깊게 생각해보지 않았는데 듣
자 하니 그런 말이 대중적으로 쓰이기 시작한 것은 2007년에 〈버킷
리스트The Bucket List〉란 영화가 개봉한 이후라고 한다. 어느덧 관용구
로 자리 잡은 그 말을 아주 좋아하는 것은 아니지만 나는 사람들이
그것을 통해 어떤 마음을 드러내고 싶어 하는지는 잘 알고 또 거기
에 고개가 끄덕여지기도 한다.

버킷 리스트는 죽기 전에 하고 싶은 일을 나열한 목록이다. 구글에
서 '나의 버킷 리스트'로 검색하니 결과가 250만 개 정도 나왔다. 그
중 극히 일부만 읽어봤는데도 많은 사람이 무엇으로 자기 인생을 빛

나게 하고 싶어 하는지 얼추 알 수 있었다. 그 예를 들자면 세계를 돌며 각종 경이로운 것 구경하기, 급류 타기 같은 모험 하기, 외국어 배우기, 유명인 만나기, 부자 되기, 마라톤 완주같이 만만찮은 일 완수하기 등이었다.

여기서는 긍정심리학자로서 버킷 리스트에 관한 생각을 좀 나눠볼까 한다. 버킷 리스트는 인생을 기억할 만한 것으로 만들기 위한 노력의 일환으로, 대니얼 카너먼의 절정-종결 이론과 일맥상통한다. 절정-종결 이론에서는 사람들이 쾌락 사건에서 기억하는 것은 그 사건의 절정이라고 본다. 절정이 없으면 기억도 남지 않는다. 적어도 생생한 기억은 남지 않는다. 과연 '인생'을 사건으로 볼 수 있는가 하는 문제는 뒤에서 다시 다룰 테지만 어쨌든 버킷 리스트는 달성되기만 한다면 추억이 차곡차곡 쌓여 인생이 질서정연하게 기억되도록 하는 효과가 분명히 있다.

버킷 리스트는 인생을 더 의미 있게 만들려는 노력의 일환일 수도 있다. 물론 이는 거기에 오른 구체적인 활동들이 무엇이냐에 따라 달라진다. 내가 읽은 버킷 리스트들은 자기도취적으로 보이는 활동(예: 문신하기)을 나열한 경우가 많았지만 일부는 또 그렇지 않았다. 그 일부의 리스트들에는 당사자를 그 자신보다 큰 것과 이어지게 하는 활동, 주로 타인 및 그들의 안녕과 이어지게 하는 활동(예: 온 가족이 크루즈 여행하기)이 들어가 있었다. 긍정심리학 연구 결과를 보면 후자가 보람 있는 인생을 사는 데 더 중요한 역할을 한다.

세부적인 내용이야 어떻든 간에 버킷 리스트를 보면 심리학자들이 밝혀낸, 목표 설정의 특징이 잘 드러난다. 우리는 목표를 통해 성취의 동기를 유발할 수 있는데 그중에서도 효과가 가장 큰 것은 까다롭고 구체적인 목표다. 내가 인터넷에서 읽은 버킷 리스트들은 예외 없이 어려운 목표들이 상세히 적혀 있었다. 목표는 계획과 결합돼야 달성될 수 있지만 일단은 올바른 목표를 세우는 것이 먼저다.

내가 볼 때 버킷 리스트라는 말의 문제점은 인생이란 것이 '완료 항목에 체크 표시를 하는' 과정으로 오인될 소지가 있다는 점이다. 나는 학생들이 순전히 어떤 요건을 충족하기 위해 수강 신청을 하는 것이 싫고 더 나아가 사람들이 그런 식으로 인생을 사는 것도 싫다. 설사 그들이 인생에서 충족하려는 요건이 스스로 설정한 것이라고 할지라도 마찬가지다. 아마 버킷 리스트를 작성하는 사람들 중에는 이런 말을 들으면 억울하다고 할 사람도 많을 것이다. 그들의 말이 오로지 그 리스트에 오른 것들만 중요하다는 뜻은 아닐 테니까 말이다. 그냥 내 귀에 그렇게 들리는 것뿐이다. 미안하다.

하지만 버킷 리스트에 있는 것이든 없는 것이든 간에 어떤 단일한 사건에 대해 끊임없이 말하는 사람들에게 내가 보이는 반응에 대해서는 사과하지 않겠다. 그런 말을 듣노라면 당장은 아니라도 결국엔 질려버린다. 나는 사람들의 모험담과 성공담을 듣기 좋아하지만 어디까지나 그에 대해 대화를 나눌 수 있을 때만이지 독백을 들어야 할 때는 아니다. 나는 어떤 사람의 버킷 리스트에 있는 활동들이 단순히 '나 잘났어' 하는 표식이 아니라는 사실을 확인하고 싶다.

일종의 가설로서 질문을 하나 던져보자. 흔히 버킷 리스트에 올라가는 대표적인 활동 중에서 만약 당사자가 그에 대해 말하는 것이 금지된다면 지워질 항목이 얼마나 될까?

아마도 그중 다수가 지워질 것이다.

그리고 우리는 일단 뭔가를 실제로 행하고 되돌아보기 전에는 그것이 행할 가치가 있는지 모르는 경우도 있다. 버킷 리스트에만 골몰하면 그 밖에도 추억이나 의미가 남을 만한 활동들을 간과할 수 있다. 어쩌면 그런 활동은 수년 전, 멀게는 수십 년 전에 생각했던 것보다 한층 강렬한 추억이나 의미를 남길 수도 있다.

1946년 영화 〈멋진 인생 It's a Wonderful Life〉에 나오는 조지 베일리를 떠올려보자. 그는 버킷 리스트에 있는 것들(학교, 여행)을 하나도 달성하지 못했지만 훗날 지난 세월을 되돌아볼 기회가 생겼을 때 자신이 가치 있는 삶을 살았다고 결론 내렸다. 그는 자기 소원을 이루려고 남들에게 해를 끼치는 법이 없었다. 이 영화가 60년도 더 지난 지금까지 사랑받는 이유도 거기에 있다.

좌우간에 버킷 리스트의 초점은 죽음이 아니라 삶이고 내가 그 말에 거부감을 느끼는 주된 이유는 다름이 아니라 그것 때문에 사람들이 착각을 하기 때문이다. 내가 보기에 정말로 죽음을 코앞에 두고 버킷 리스트를 작성하는 사람은 거의 없다. 어디 한번 엄격한 잣대를 들이대 보자. 만약 당장 내일 죽을 수밖에 없는 운명이라면 오늘 무엇을 하겠는가? 정말로 인생의 마지막 날을 문신이나 새기면서 보내겠는가?

나는 버킷 리스트에 담긴 정신은 좋지만 그 표현 자체는 썩 마음에 들지 않는다. 가슴 벅찬 추억은 좋지만 그것 때문에 의미 있는 경험을 놓치긴 싫다. 그리고 고결한 목표는 좋지만 그것 때문에 다른 중요한 것들이 가려지는 것은 싫다.

7부
—

일상을 위한 현실적인 조언

연구 결과와 명백한 사실로 밝혀진 방법

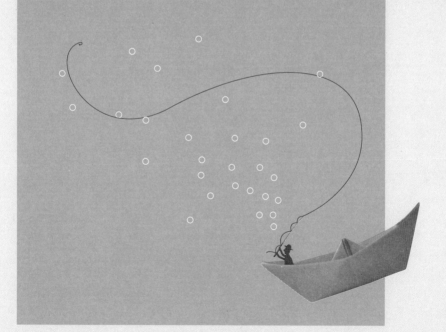

지금까지의 이 책을 얼추 순서대로 읽었다면 심리학적으로 좋은 삶이 누릴 만한 것이기도 하지만 추구할 만한 것이기도 하다는 점을 알게 됐길 바란다. 정말로 그런 삶을 추구하는 것이 가능할까? 물론이다. 7부에서는 좋은 삶을 이루고 지속하는 방법과 관련해 연구를 통해 밝혀진 명백한 사실을 근거로 하여 현실적인 조언을 하고자 한다.

하루는 길고
인생은 짧다

나는 악기의 줄을 조이고 풀기만 하며 세월을 보냈을 뿐
정작 이곳에 와서 부르려 했던 노래는 여태 부르지 못했노라.

라빈드라나트 타고르

좋은 삶에 대해 연구하는 사람(즉, 나)이라고 해서 완전히 좋은 삶을 살고 있으리라고 생각하는 이는 없길 바란다. 나는 경쟁심이 강한 사람이다 보니 신경증과 반추rumination(부정적인 것에 대해 자꾸만 생각하게 되는 것-옮긴이)를 측정하는 공식적인 지표로 평가해보면 이 글을 읽는 독자 여러분 중 대다수는 정말 내게 상대도 안 되리라 장담한다. 나는 글을 쓸 때 되도록 성숙하고 슬기로운 사람처럼 보이려 한다. 그러나 실제로는 그렇지 않다.

　일상의 자질구레하고 성가신 일들에 치여 살기는 내가 남들보다 더하면 더했지 덜하지 않다. 나는 메일함에 들끓는 것으로도 모자라 나날이 증식하는 이메일 때문에 속이 탄다. 사람들이 나를 좋아하지

않을까 봐 걱정이고 특히 내가 싫어하는 인간들이 그럴까 봐 걱정이다. 일을 하면서 꾸물대는 것은 또 어찌나 심한지 논문의 서식을 잡는다고 보내는 시간이 연구하고 논문을 작성하는 시간과 진배없다. 사소하고 대수롭잖은 일만 하며 보내는 날도 적지 않다. 그러지 말아야지 하면서도 잘 안 된다.

우리 연구 심리학자들끼리는 다들 자기에게 없는 것을 연구 주제로 삼는다고 농담을 한다. 그런 경향이 명백하게 드러나는 경우도 있다. 양안이 2.0인 심리학자들보다 근시인 심리학자들이 시력에 대해 연구할 확률이 더 높은 것 같다. 몸매가 안 좋은 심리학자들이 신체 건강에 대해 연구할 확률이 더 높은 것 같고 미혼인 심리학자들이 결혼에 대해 연구할 확률이 더 높은 것 같다.

그렇게 따지면 긍정심리학자들은 긍정적이지 않은 사람들인가? 그런 경우도 있고 아닌 경우도 있다. 나야 긍정심리학계의 주요 학자들을 누구는 입만 긍정적이고 누구는 삶도 긍정적이라고 나눠서 말할 수 있지만 행복하고 말고를 떠나서 다들 내 친구요 동료이니 사생활은 보호해주고 싶다. 그냥 나 자신은 노력이 더 필요한 사람이란 사실을 밝힌 것만으로 충분하지 싶다.

사실 여기서 남의 험담이나 늘어놓을 생각은 없다. 내가 이 글을 쓰는 까닭은 좋은 삶의 걸림돌에 대해 논하기 위해서다. 그 걸림돌은 나 자신의 골칫거리이기도 하지만 다른 사람들 역시 그 때문에 고생하고 있을지 모른다. 그것은 바로 일상의 달갑잖은 잡무와 의무에 치여 살아가는 것이다.

때때로 사람들은 지금 이 순간을 살라는 권고를 받는다. 나는 무조건 그런 권고를 할 것이 아니라 일단 지금 이 순간이 어떤 순간이냐를 생각해야 한다고 본다. 앨버트 엘리스Albert Ellis의 말을 빌리자면 우리가 처한 순간이 '해야만 하는' 것들로 뒤덮여 있을 때는 차라리 그 순간을 살지 않고 정신을 딴 데 두는 편이 나을 것 같다.

물론 일상에는 우리가 해야만 하는 일들이 있게 마련이고 내 말은 하기 싫은 일을 무조건 무시하자는 소리가 아니다. 다만, 항상 더 큰 그림을 염두에 두라고, 다른 사람은 몰라도 나 자신에게 당부하고 싶을 뿐이다. 가치 없는 일에 집착해서 괜히 용써 봤자 아무 의미도 없다.

내 논점을 심오하게 표현한 고대 불교 격언이 있을 것 같지만 여기서는 그냥 직설적인 21세기 표현을 쓰겠다. 사소한 것에 목숨 걸지 말자. 그리고 일상의 잡무는 대부분 사소한 것이다.

하루는 길다. 인생은 짧다. 잘 살자.

벤저민 프랭클린
존중하기

세상에 대한 순가치는
대개 그 사람의 좋은 습관에서 나쁜 습관을 뺐을 때 남는 것으로 결정된다.

벤저민 프랭클린

나는 이 글을 한 해의 마지막 날에 쓰고 있다. 혹시 새해 결심을 세웠는가? 나는 방금 미국 성인들이 가장 많이 하는 결심에 대한 기사를 읽으면서 거기에 내가 연구 주제로 삼고 있는 성격 강점들이 꽤 많이 연관되어 있는 것을 알고 깜짝 놀랐다. 예를 들면 가족 및 친구와 더 많은 시간 보내기(사랑), 담배와 술 끊기(자기조절), 준비성 있게 살기(신중함), 새로운 것 배우기(학구열), 다른 사람들 돕기(친절), 살 빼고 건강해지기(인내) 등이다. 그 밖에 빚을 청산하겠다고 결심하는 사람도 많았는데 현대 사회에서 빚을 청산하려면 창의성이란 성격 강점과 좋은 판단력이 갖춰져야 한다.

결심을 이루려면 또 한 가지가 필요하다. 바로 벤저민 프랭클린을 존중하는 것이다.

알다시피 벤저민 프랭클린은 널리 칭송받는 정치인이자 과학자이지만 또한 미국 최초의 긍정심리학자라고 해도 과언이 아닐 것 같다. 그는 13가지 칭찬할 만한 성격 강점(덕목)을 열거했을 뿐만 아니라 몸소 연구 대상이 되어 그 13가지를 함양하는 과업을 수행했다.

프랭클린은 자신이 주목하는 각각의 덕목에 대해 이른바 '계율'을 제시하며 하나하나의 성격을 명확히 밝혔다. 그 계율들은 현대 심리학 용어로 말하자면 각 덕목의 행동 표지라고 할 수 있다. 예컨대 '근면'의 계율은 '시간을 낭비하지 말고 항상 유익한 일에 매진하며 불필요한 행동은 모두 끊으라'이고 '절제'의 계율은 '미련해질 만큼 먹지 말고 방자해질 만큼 마시지 말라'다.

내가 보기에 프랭클린의 계율들은 '~하지 말라' 하는 식으로 쓰인 항목이 꽤 많다. 여기서 현대 덕 윤리학자들이 말하는 '교정적 덕목'에 대한 그의 관심을 엿볼 수 있는데 교정적 덕목이란 그릇되게 행하고자 하는 인간의 성향을 저지하는 덕목을 뜻한다. 하지만 좋은 성격이란 단순히 나쁜 성격이 없는 것이 아니다. 비열한 행동을 삼간다고 해서 그 사람이 친절한 사람이라곤 할 수는 없으니 불안이나 우울증에 시달리지 않는다고 해서 무조건 그 사람이 행복하다고 할 수 없는 것과 같은 이치다.

그렇긴 해도 그의 계율들은 우리가 관찰하고 셀 수 있는 행동에 초점이 맞춰졌다는 점에서 의의가 있다. 각각의 계율이 곧 까다롭고 구체적인 목표가 되는데 그런 목표야말로 현대 심리학자들이 잘 알고 있다시피 '최선을 다하라'처럼 많은 사람이 품고 있는 모호한 목표보다 변화의 동기로서 한층 큰 힘을 발휘한다.

프랭클린 본인이 직접 성격 계발에 매진한 것은 선견지명 있는 행동이었다. 그는 말로만 이래라저래라 권유해봤자 자기를 포함해서 아무도 변하지 않는다는 사실을 잘 알았다. 그런데 현대의 성격 교육론자 중 일부는 아직도 그 점을 깨닫지 못했다. 그냥 교실 벽에 성격과 관련된 포스터를 또는 그런 취지로 십계명을 걸어놓는다고 해서 변화가 일어나진 않는다.

초등학생 때 나는 날마다 원소 주기율표를 뚫어지게 쳐다봤지만 그래 봤자 화학자가 되기는 고사하고 학창 시절 화학 성적이 잘 나오지도 않았다. 행동을 바꾸려면 구체적인 변화 전략이 필요하다. 나처럼 프랭클린도 대부분의 사람이 인품 좋은 호인이 되고 싶어 한다고 믿었다. 문제는 우리가 그 방법을 모를 수도 있다는 것이다. 우리는 우울증 환자에게 그냥 기운을 내라고 하거나 미루기 좋아하는 사람에게 그냥 할 일을 해치워버리라고 하지 않는다. 그 사람들도 기운을 내는 방법이나 일을 해치워버리는 방법을 알았다면 그렇게 했을 것이다. 그러니 그들에게 그 '방법'을 일러주는 편이 한결 유익하다. 성격 강점을 계발할 때도 마찬가지다.

프랭클린은 한꺼번에 모든 덕목을 계발하는 것은 무리라는 사실도 잘 알았기 때문에 우선순위를 정하고 그에 따라 부지런히 노력했다. 그뿐만 아니라 그는 하나의 덕목을 기르면 다른 덕목들을 기르는 데도 도움이 될 수 있다고 봤다. 예를 들어 침묵에는 중용과 관련된 능력이 필요하므로 중용을 기르면 침묵도 길러진다고 판단했다.

프랭클린은 '객관적으로' 꾸준히 경과를 점검하는 현대의 행동 변화 전략을 예상하기라도 한 듯이 자신이 계발하고자 하는 덕목을 한 페이지에 하나씩 적은 책을 만들었다. 각 페이지에는 요일별로 칸이 나뉘어 있었다. 그는 하루를 끝낼 때마다 자신의 행동을 돌아보고 만약 계율을 지키지 못했으면 '오점'을 찍기로 했다. 여기서도 나는 프랭클린이 긍정적인 성취가 아니라 일탈에 방점을 찍은 것을 조심스럽게 비판하는 입장이지만 프랭클린으로서는 각 덕목에 대한 계율이 그런 식으로 정해져 있었으니 당연한 처사였다.

그는 일주일에 한 가지 덕목씩 도전하기로 했다. 순서는 자신이 정한 우선순위를 따랐다. 13주면 모든 덕목에 연달아 도전하는 셈이었다. 그러면 또 처음부터 다시 시작해서 1년에 총 4회를 완료하기로 했다. 이 또한 지극히 현대적이다. 프랭클린은 변화를 지속하는 것이 중요함을 일찍이 깨달았다.

그의 목표는 오점이 하나도 없는 책을 갖는 것이었고 그 목표를 달성하는 데 도움이 되도록 일지에 적절한 격언과 기도문을 실었으니 이는 현대인들이 목표를 잊지 않기 위해 냉장고에 포스트잇을 붙여두는 것과 다르지 않았다. 내 냉장고에는 '정말 배고파?'라고 묻는 포스트잇이 붙어 있다.

프랭클린은 시간이 갈수록 오점이 줄어들었으므로 자신의 프로그램이 성공했다고 평가했다. 그래도 다른 덕목들보다 힘이 더 드는 덕목들이 있었다. 특히 질서라는 덕목을 함양하려 할 때 크게 고생했으니 평소에 물건을 여기저기 어질러두고 좋은 기억력에 의존해서 무질서 속에서 물건을 찾아내는 습성이 있었던 탓이다. (독자 여러분 중에 혹시 남의 얘기 같지 않은 사람 있나?) 좌우간에 그는 질서라는 덕목만 놓고 보자면 구제불능이었고 그런 결점을 자신의 일부분으로 받아들이기로 했다. 긍정심리학적 관점에서 보자면 괜찮은 결정이었다. 모든 것을 갖춘 사람이란 있을 수 없다. 그래도 프랭클린은 일단 변화를 시도해보고 나서 미흡한 점을 받아들이기로 했다는 데서 높이 평가받을 만하다.

프랭클린은 일부 덕목의 경우, '성공'을 거둔 것이 실제로 그 성격 강점이 함양돼서가 아니라 단순히 겉으로 드러나는 빈도만 늘어났기 때문은 아닌가 하고 염려했는데 내가 볼 때는 우리가 성격 강점을 습관으로 본다면 그런 식으로 둘 사이에 명확한 선을 긋기란 어렵다. '익명의 알코올 중독자 모임 AA, Alcoholics Anonymous'의 표어 중 하나는 '될 때까지 되는 척하자'로, 멀쩡한 척하다 보면 초기의 시도가 아무리 작위적이거나 부자연스럽다 할지라도 결국엔 정말로 멀쩡해진다는 뜻이 담겨 있다. 우리가 하는 행동이 우리를 만든다.

프랭클린이 위와 같은 과업을 수행한 것은 그의 나이 79세의 일이었다!

미소를
잘 짓는 방법

당신이 누군가에게 지어 보이는 미소는 모두 사랑의 표현이요,
그 사람에게 보내는 선물이며 아름다운 몸짓이다.

테레사 수녀

세상이란 참 재미있는 곳이고 인터넷에서는 세상이 얼마나 재미있
는 곳인지 보여주는 자료가 끊임없이 나온다. 어제 친구가 알려준 인
터넷 기사에서는 일본의 한 전철회사에서 첨단 안면 인식 기술을 이
용해 직원들이 미소를 제대로 짓는지 확인한다고 되어 있었는데 왠
지 진실일 것 같다.

미소는 짓는 사람에게도 보는 사람에게도 기분 좋은 것이니 아마
미소 짓는 직원이 고객에게 더 기분 좋은 경험을 선사할 것이다. 반
대로 뚱한 직원을 상대하느라 기분을 망쳐본 경험도 다들 있을 줄
안다. 그런 직원은 우리가 점심이든 우표든 새 운전면허증이든 하여
튼 자기네가 제공하는 재화를 돈을 주고 구입하는데도 마치 너도 나

처럼 우울해져라 하는 심보로 응대하는 것 같다. 그래서 나는 직원들이 더 기분 좋게 고객을 응대하게 하려는 철도회사의 행보에 박수를 보낸다.

기사에 의하면 게이힌급행전철의 직원 500명은 아침마다 컴퓨터에 연결된 카메라 앞에서 미소를 지어 보인다. 그러면 입술 곡선과 얼굴 주름 같은 특징이 분석돼 미소의 질이 0~100점으로 평가돼 나온다. 미소 점수가 낮으면 컴퓨터에서 '입꼬리를 올리세요' 같은 피드백이 제공된다. 하루 동안 직원들이 참고할 이상적인 미소가 그려진 종이도 출력된다.

기사에는 그 원리가 자세히 나와 있지 않아서 직접 찾아보니 오므론이라는 일본 회사에서 스마일스캔이라는 장비를 자국 서비스업계에 수백 대 판매했다고 한다. 정가는 대당 7300달러. 아마 게이힌에서도 이 장비를 쓰지 싶다. 스마일스캔은 사람의 얼굴을 인식해서 3차원 모델을 만든다. 그리고 그 모델의 주요한 특징을 분석하고 점수를 매겨서 미소의 강도를 평가한다.

오므론의 장비는 두 사람을 동시에 인식할 수도 있어서 그 알고리듬에 따라 둘 중 누구의 미소가 더 좋은지 겨루는 '대결 모드'도 마련되어 있다!

스마일스캔을 두고 거짓을 조장한다는 반응을 보이는 사람들도 있는데 나는 앞에서 억지로 꾸민 쾌활함에 대해 강하게 비판한 바 있다. 하지만 이런 전략을 사기로 치부하는 것은 너무 심하지 않나 싶다. 자기가 되고 싶은 상태인 것처럼 행동하면 처음에는 아무리 어색하고 작위적이어도 결국에는 정말 그렇게 변할 수 있다. 컴퓨터의 피드백을 받고 미소 짓는 법을 배우다 보면 언젠가 정말로 미소가 몸에 밸지도 모를 일이다.

그러나 스마일스캔 덕분에 실제로 미소가 더 좋아지고 횟수가 늘어났는지는 기사에 나와 있지 않고 서비스, 매출, 고객 만족에 끼치는 장기적인 영향도 지금으로서는 알 수 없을 것 같다.

긍정심리학자로서 나는 대부분의 사람이 행복해지길 원하고 또한 다른 사람을 행복하게 해주길 원한다고 믿는다. 세상이 지금보다 더 행복해질 수 있는데도 그렇지 않은 까닭은 많은 사람이 그런 목표를 달성하는 법을 모르기 때문이다. 미소의 질에 대한 피드백은 좋은 출발점이 될 수 있다. 미소에서 그 강도만이 중요하다고 생각하진 않지만 여하간 좋은 습관이든 나쁜 습관이든 습관을 바꾸고 싶다면 그 습관과 관련된 행동을 평가해봐야 한다. 사실 지속적인 피드백은 필수 사항이다.

이 내용은 단순히 미소에 대한 이야기가 아니지만 그래도 여러분이 읽으면서 살짝 미소를 지었다면 좋겠다. 요점은 더 긍정적으로 타인을 대하는 방법에 대해 구체적으로 조언을 받는 것이 중요하고 그 방법을 익혀가는 과정에서 피드백을 받는 것이 중요하다는 것이다. 스마일스캔으로 전 세계에서 행복의 총량이 늘어날지는 확실히 알 수 없으나 스마일스캔에 깔린 전제만큼은 장밋빛 미래를 보여준다고 하겠다.

말을 잘 하는 방법

청중이 듣기를 마치기 전에 말하기를 마쳐야 한다.

도로시 사노프

나는 먹고살기 위해 말을 하고 덕분에 잘 먹고 잘 산다. 하지만 어쩌다 한 번씩 내 강의 녹음본을 들어보면 영 마음에 들지 않는다. 말을 멈추거나 어물어물할 때가 너무 많다. 방금 한 말을 바로잡거나 혼잣말을 할 때도 너무 많다. 더 싫은 것은 단조로운 말투다. 그런 말투는 농담 아닌 척 농담을 던질 때만 쓸 만하지 다른 때는 아니다. 적어도 내가 듣기에는 그렇다.

말하기를 좋아하는 내가 내 목소리를 되도록 안 들으려고 하는 까닭은 웅얼거리는 것처럼 들리기 때문이다. 어휴. 분명히 독자 여러분 중에도 자기 목소리를 녹음한 것을 듣고 똑같은 반응을 보인 사람이 많을 테고 아마 자동응답기에 메시지를 녹음할 때 성에 차지 않아서

318

몇 번이고 다시 녹음한 사람도 있을 것이다.

　미시간대학교 웹사이트에 들어갔더니 흥미로운 연구가 소개되어 내 눈길을 끌었다. 사람들의 화법과 관련된 요소들을 분석해 그것들이 설득력에 끼치는 영향을 조사한 연구였다. 연구자들은 세계 제일의 조사연구소라고 할 미시간대학교 사회연구소ISR, Institute for Social Research 소속이었다. 수년 전부터 ISR의 사회과학자들은 전화 여론조사로 사람들의 견해와 신념을 물었고 결과는 심심찮게 언론에 보도됐다.

　ISR 연구자들은 설문조사의 사회심리학적 측면도 연구한다. 조사원들은 어떻게 하면 응답자에게서 진솔한 답변을 끌어낼 수 있는지 알아야 하고, 좀 더 근본적으로 보자면 애초에 사람들이 전화 조사에 응하게, 또 도중에 전화를 끊지 않게 하는 요령을 알아야 한다. 우리에게는 어떤 사람이 얼마나 설득력 있게 말하는지 '객관적으로' 평가하는 지표가 확보되어 있다. 그리고 전화 인터뷰는 항상 대본대로 진행되므로, 다시 말해 그 내용이 사실상 항상 똑같으므로 우리는 말의 내용이 아니라 말투가 끼치는 영향을 연구할 수 있다.

　회화학자 호세 벤키Jose Benki를 필두로 한 연구진은 ISR에 소속된 100명의 남녀 전화 조사원이 건 안내 전화 1380건의 녹음본을 분석했다. 그들은 전화를 건 사람의 말 속도, 높이, 유창성을 계산해 그 점수를 잠재적 응답자가 실제로 조사에 응했는지 여부와 연관 지었다.

　결과는 흥미로웠고 나도 거기서 새로운 지식을 좀 얻었다. 결과 중 일부는 내 예상대로였고 일부는 아니었다.

　말이 빠른 사람은 비교적 성공률이 떨어졌는데 내가 짐작하기에

<!-- side margin vertical text -->
7부 일상을 위한 현실적인 조언

319

는 진정성이 없는 것처럼 느껴져서 그런 것이 아닌가 싶다. 말이 느린 사람 역시 성공률이 떨어졌는데 어쩌면 아둔하거나 부자연스럽게 느껴져서 그랬는지도 모르겠다. 따라서 설득력을 확보하려면 말 속도에서 중용을 지켜야 한다고 하겠다.

남성의 경우에는 목소리가 높은 사람보다 낮은 사람이 더 설득력 있었다. 어쩌면 목소리의 높낮이에서 나이나 성숙도가 드러나는지도 모르겠다. 여성의 경우에는 안내 전화를 할 때 목소리의 높낮이가 아무 영향을 끼치지 않았다. 재미있게도 높낮이의 변화(말에 생기를 불어넣을 수 있는 요소)는 남녀 모두 설득력에 거의 영향을 끼치지 않았다. 어디까지나 내 생각이지만 목소리가 높지만 않으면 단조로운 말투도 괜찮은 것 같다.

유창성은 어떨까? 유창성은 중간중간 말을 멈추는 것으로 측정했다. 그 결과를 보고 나는, 음, 회심의 미소를 지었다. '음' 같은 소리를 내고 말고를 떠나서 말을 멈추는 사람이 멈추지 않는 사람보다 더 설득력 있는 것으로 나타났는데 아무래도 그 이유는 정상적인(즉, 즉흥적인) 발화의 경우, 1분에 4~5회 멈춤이 있게 마련이라 말을 아예 멈추지 않는 사람은 사기꾼처럼 느껴지기 때문인 것 같다. 유창성이 과대평가되어 있다는 사실은 나도 몰랐다.

이 연구 결과를 접하고서 나는 몇 달 전에 '투자'에 대한 견해와 태도를 묻는 짧은 전화 조사에 순진하게 응한 후로 요즘 짜증이 날 만큼 빈번하게 걸려오는 전화들에 대해 생각해보게 됐다. 아마도 내 전화번호를 포함해 그때 내가 제공한 정보가 수많은 투자회사에 팔려

나가서 그쪽 담당자들이 밤낮없이 전화를 해대는 것 같다. 내가 생판 모르는 사람의 전화를 받고 수천 달러를 투자할 사람도 아니지만 특히 요사이 내게 전화를 해대는 사람들에게 투자할 리는 절대 없을 것 같다. 그들은 말이 너무 빠르다. 너무 활기차고 내가 농담을 하면 마치 기다렸다는 듯이 웃음을 터뜨리는데 가끔은 내 말이 농담이 아닐 때도 그렇게 웃어댄다. 그들은 언변이 너무 좋고 너무 숙련되어 있다. 싫다고 해도 좀체 물러나지 않는다. 지난주에는 결국 내가 도중에 전화를 끊어버렸다. 내가 평생 전화 통화로 쓴 시간을 다 합하면 족히 수년은 될 텐데 그렇게 전화를 끊기는 생전 처음이었다.

앞에서 나는 미소 짓기처럼 더 기분 좋은 습관을 기르고 싶으면 피드백이 중요하다고 썼다. 더 설득력 있게 말하고 싶을 때도 마찬가지다. 그리고 말의 경우에는 피드백만으로는 부족할 것 같다. 피드백을 이해할 방법도 필요하다. 그래서 위에서 설명한 연구 결과가 유용하지 싶다. 중간 정도의 속도로 말하고 성숙한 목소리를 내고 중간중간 자연스럽게 말을 멈추자. 이런 지침을 염두에 두고 자기 목소리의 녹음본을 들어보는 것도 좋겠지만 친구들에게 여러분의 말이 어떻게 들리는지 물어봐도 좋을 듯하다.

물론 모든 말이 설득을 목표로 하진 않지만 위의 결과는 꼭 다른 사람에게 뭔가를 권유할 때만이 아니라 모든 대화에 일반적으로 적용할 수 있다고 본다. 설득할 때든 아닐 때든 우리는 사람들이 우리의 말에 귀 기울이기를 원하는데 우리가 어떻게 말을 하느냐에 따라 사람들이 귀를 기울이냐 마냐가 달라진다.

자기 인생이
살맛 난다는 믿음

내가 있는 곳이 낙원이라.

볼테르

"착한 사람만 일찍 죽는다"라는 빌리 조엘 Billy Joel의 노랫말은 그의 철없는 공상 속에서는 진실이었을지 몰라도 일본 센다이의 도호쿠대학 東北大學 의학대학원 소속 소네 도시마사 曾根稔雅를 비롯한 연구자들의 2008년 연구 결과와는 일치하지 않는다. 연구진은 7년 동안 4만 3000명 이상의 일본 성인을 대상으로 종단 연구를 벌여 자기 인생이 살맛 난다고 믿는 사람이 그렇지 않은 사람보다 죽을 확률이 낮다는 사실을 밝혀냈다.

이 연구에서 중점적으로 다룬 '이키가이 生きがい'라는 일본인의 관념은 연구진의 번역에 의하면 자기 삶이 살맛 난다는 믿음이다. 아무래도 이키가이는 일본에서 주관적 안녕을 가리키는 말로 흔히 쓰이는

말인 듯하고 거기에 인생의 목적과 의미, 그리고 사는 재미라는 요소도 내포되어 있는 것 같다. 그러니까 이키가이는 취미에서 나올 수도 있고 가족이나 일에서 나올 수도 있다. 영어밖에 모르는 내가 판단하기에 이키가이는 긍정심리학자들이 말하는 건전한 열정을 통해 만들어지는 것이 아닌가 싶다.

이키가이는 미국에 있는 긍정심리학자들에게 우리의 학문이 수출업만 되어서는 절대 안 된다는 사실을 일깨워주는 좋은 예다. 인생을 살맛 나게 하는 것에 대한 교훈은 모든 문화권에서 얻을 수 있고 좋은 삶을 설명하는 어휘는 한 언어가 독점할 수 없다.

좌우간에 이 연구는 1994년 말에 40~79세 일본 성인 수만 명에 대한 설문조사로 시작됐다. 응답자들이 받은 여러 가지 질문 중에 이키가이에 대한 질문도 하나 있었다. "인생에 이키가이가 있습니까?" 답은 '그렇다', '잘 모르겠다', '아니다' 중 하나를 선택할 수 있었다. 연구진은 이후 7년 동안 응답자 중 대다수에 대해 후속 조사를 벌였다. 그 사이에 대상자 중 7퍼센트가 사망했고 각 사람의 사망 원인은 사망 진단서를 통해 확인하고 부호화했다.

연구진은 나이, 성별, 교육, 체질량지수, 흡연, 주량, 운동, 고용, 인지된 스트레스, 병력 등 잘 알려진 사망 위험 인자를 참작했다. 그리고 응답자가 스스로 평가한 건강 상태(나쁘다, 괜찮다, 좋다)도 통제했는데 그것은 그 자체로 신체적 안녕의 예측 변수이기도 하다.

1994년에 연구 참가자 중 약 60퍼센트가 이키가이가 있다고 응답했는데 그들은 기혼자, 고학력자, 취업자일 확률이 다른 참가자들보다 더 높았다. 그리고 그들이 보고한 스트레스 수준은 비교적 낮았고 그들이 자기 평가한 건강 상태는 비교적 좋았다.

잠재적인 교란 변인을 참작했을 때도 이키가이를 통해 7년 후의 생존자가 예측됐다. 바꿔 말하면 삶에 의미가 있다고 보고한 응답자들은 최초 조사로부터 7년 후에 생존한 사람이 95퍼센트인 반면에 삶에 의미가 없다고 보고한 응답자들은 같은 기간에 생존한 사람이 83퍼센트였다. 이키가이의 부재는 특히 심혈관계 질환(주로 뇌졸중)으로 인한 죽음과 밀접한 관련성을 보였지만 암으로 인한 죽음과는 크게 관련이 없었다. 후자의 발견점이 흥미로운 까닭은 적어도 서양에서만큼은 오래전부터 암이 절망에서 오는 병으로 인식됐기 때문이다(예: 히포크라테스).

생물학, 심리학, 사회학적 측면에서 이키가이와 죽음이 정확히 어떻게 연결되어 있는지는 아직 밝혀지지 않았으나 위와 같은 결과는 눈여겨볼 필요가 있다. 이키가이가 있다고 무조건 장수하는 것도 아니고 이키가이가 없다고 무조건 장수하지 못하는 것도 아니다. 그럼에도 소네와 동료 학자들의 연구 결과는 통계적으로도 유의미하지만 실질적으로도 중요한 의의가 있다.

긍정심리학자들이 주목하는 심리적 상태 및 특질이 신체적 건강 및 장수와 밀접하게 관련이 있다는 것을 보여주는 연구 문헌이 안 그래도 늘어나는 와중에 이들의 연구로 또 하나의 논문이 추가됐다. 이제 우리 연구자들의 필수 과제는 그 이유와 원리를 파헤치는 것이다.

인생의 의미와 목적은 진실로 좋은 것이고 거기에는 굳이 근거를 델 필요가 없을 것 같다. 하지만 혹시라도 인생에 의미가 있어야 하는 이유가 필요하다면 위의 연구 결과에서 그 답을 얻을 수 있다.

현재 빌리 조엘은 예순을 바라보는 나이고 나는 그가 몸도 마음도 건강하길 바란다. 위의 노랫말이 나온 노래에서 그는 자기와 함께하는 무리가 썩 예쁘지도 않고 썩 자랑스럽지도 않다고 했다. 그러나 나는 그들 무리에게 이키가이가 충만하길 바란다. 이키가이가 없는 사람만 일찍 죽으니까 말이다.

'하지만'이
없는 날

자신감은 위대한 과업의 첫째 요건이다.

새뮤얼 존슨

심리학자들의 연구 결과를 보면 부부가 서로의 좋은 소식에 어떻게 반응하느냐에 따라 그 관계의 행복도와 안정성이 달라지는데, 어쩌면 그것이 나쁜 소식에 어떻게 반응하느냐보다 더 큰 영향을 끼치는 것 같다. 이런 결과가 중요한 까닭은 부부 상담을 할 때 갈등 해결하기, 공평하게 싸우기, 자기주장 확실하게 하기에 역점을 두는 경우가 대단히 많기 때문이다.

구체적으로 말하자면 '적극적이고 건설적인 반응'이 좋다. 한 사람이 집에 돌아와서 희소식이라고 전해주는 말을 듣고 상대방이 어떻게 반응할 수 있을까? 적극적이고 건설적인 반응은 열렬하고 관심 어린 반응이다.

"여보, 나 승진했어."

"잘됐다. 당신이라면 승진하고도 남지. 좀 더 자세히 얘기해줘.
상사가 뭐래? 하나도 빠짐없이 다 말해줘."

물론 이와 반대로 소극적이고 때로는 파괴적이기까지 한 반응도
보일 수 있다.

"잘됐네. 저녁 뭐 먹을래?"

"이제 당신 얼굴 잘 못 보겠네?"

"승진할 때 됐지. 거기서 보낸 세월이 얼만데."

"승진이야 햇수만 채우면 저절로 되는 거 아니었어?"

"망했네. 당신 변화 적응력 꽝이잖아."

이어서 나오는 조언은 인간관계에서 좀 더 적극적이고 건설적인
반응을 하라는 것이다. 말이 쉽지 실제로는 어려운 일이다. 내가 그
것을 잘 아는 까닭은 예전부터 내 강의를 듣는 학생들에게 일주일
동안 연인만 아니라 다른 사람들에게도 적극적이고 건설적인 반응
을 해보라고 권했기 때문이다.

참고로 이때도 상식이 필요하다. 만약에 아내가 결혼 생활을 끝내
고 웬 놈팡이랑 새살림을 차릴 수 있어서 행복하다고 하는데 거기에
다가 적극적이고 건설적인 반응을 보이면 곤란하다. 아무튼 학생들
은 적극적이고 건설적인 반응이 어렵다고 한다.

적극적이고 건설적인 반응을 가로막는 장벽 중 하나는 진심이다. 우리는 사랑하는 사람이 한껏 기대에 부풀었다가 실망하길 원치 않고 오만방자해지길 원치 않으며 어떤 식으로든 곤경에 처하길 원치 않는다. 일례로 내가 멕시코시티에 가서 강연을 하게 됐다고 말하자 친구들은 납치, 질병, 날씨, 교통, 언어 문제("노 아블로 에스파뇰(no hablo español: 나 스페인어 못해요)"에 대한 경고를 아낌없이 퍼부어줬다. 다 걱정할 만하니까 걱정했을 테지만 일단 적극적이고 건설적인 반응을 보인 후에 말해줄 수도 있는 것이었다.

적극적이고 건설적인 반응을 안 하던 사람이 하려고 하면 어렵다는 점을 잘 알기 때문에 나는 적극적이고 건설적인 관점을 좀 더 쉽게 취할 수 있게 해주는 개입을 고안했다. 누가 좋은 소식을 전하면 '하지만'을 쓰지 말고 대답하자. 이 개입을 생활 일반에 확대 적용하면 온 종일 '하지만'과 '그런데', '그러나', '그래도', '반면에', '다른 한편으로' 같은 유의 말을 쓰지 않는 것이다. 나는 이를 '하지만' 없는 날이라고 부른다. 이로써 인간관계에 활력이 더해진다.

의심 많은 사람들은 이 구절을 읽으면서 벌써 '하지만'이라고 입을 벙긋거렸겠지만 거기에 나는 이렇게 말하고 싶다. "좋은 게 좋은 거니까 좋은 삶을 사세요."

단순한 삶일수록
길을 찾기 쉽다

인생은 다만 한 통의 살구 씨일 뿐이다.

로드니 데인저필드

나는 연구 심리학자들이 현실에서 실존 인물들이 하는 실제적인 활동을 연구하는 것이 좋다. 그 반대는 대리 참가자들(예: 학생들이 다른 사람인 척하는 것)을 데리고 대리 변수를 연구하고 또 그 변수와 그 밖의 대리 변수들의 관계를 연구하는 것이다. 참고로 나도 대리 변수와 대리 참가자들로 연구를 한 것이 한두 해가 아닌데 오히려 그래서 그렇지 않은 연구를 더더욱 높게 평가한다.

로라 칼슨Laura Carlson, 크리스토프 횔쉬어 Christoph Hölscher, 토머스 쉬플리Thomas Shipley, 루스 달튼Ruth Dalton의 명논문은 내가 칭송하는 연구법을 고스란히 보여준다. 논문의 제목은 '건물 안에서 길을 잃는 것Getting Lost in Buildings'이고 나는 학술지 목차에서 그 제목을 보자마자 그 논문으로 직행해 앉은 자리에서 다 읽어버렸다. 왜? 나도 건물에서 길을 잘 잃어버리기 때문이다.

나는 근 10년째 미시간대학교 동관에서 강의를 하고 있다. 연구실도 동관에 있고 내가 들어가는 회의도 95퍼센트는 동관에서 열린다. 그런데 나는 동관에 있을 때면, 특히 창문 없는 강의실에 있을 때면 내가 있는 곳이 바깥세상에서 어디쯤인지 감을 못 잡는다. 강의 중에 입실란티나 디트로이트를 말하면서 그쪽이다 싶은 방향으로 손을 흔들면 많은 학생이 낄낄대면서 내가 가리키는 쪽은 마켓, 랜싱, 잭슨, 심하면 오하이오주립대학의 본거지인 오하이오주 콜럼버스라고 (어이쿠!) 지적해준다.

동관에 있을 때 나는 건물 안에 있는 다른 방과 공간의 위치도 감을 못 잡는다. 가끔 학생들이 내 연구실 안으로 고개를 빼꼼 내밀고 몇 호실이 어디냐고 물을 때가 있다. 그러면 나는 어김없이 학생을 복도로 데리고 나가서 근처에 있는 안내도를 보고 안내해준다. 다행히 안내도의 위치는 잘 알고 있다. 그러면 학생들은 내가 정말 도움이 되는 사람이기라도 한 것처럼 몇 번이고 감사하다는 말을 한다. 그런데 사실 나는 몇 호실이 어디 붙어 있는지 몰라서 안내도를 봐야만 하는 것이다. 도움을 주기는커녕 그냥 바보 취급당하지 않으려고 그러는 것뿐이다. 그런데 어쩌다 한 번씩은 그런 꿍꿍이마저 통하지 않을 때가 있다. 바로 며칠 전에도 안내도를 보고 학생에게 안내해준 방이 하필 내 연구실과 벽을 맞대고 있는 곳이었다!

하여튼 나는 칼슨과 동료 학자들의 논문을 무척 흥미롭게 읽었다.

논문에는 건물 안에서 길을 잃는 데 몇 가지 결정 요인이 있음을 보여주는 연구 결과들이 요약되어 있었다. 첫째, 어떤 건물은 구조적으로 길을 찾기가 어렵게 되어 있다. 예컨대 건물의 일부분이 다른 데서 보이지 않을 수 있다. 고유한 특징이 최소화됐을 수도 있다. 혹은 심미성을 살린 건물들이 흔히 그렇듯이 너무 복잡하게 생겼을 수도 있다. 동관은 이런 특징을 모두 갖추고 있지만 그래서 심미성이 사는지는 잘 모르겠다.

건물 안에서 길을 잃게 하는 결정 요인 중 두 번째는 우리가 머릿속에서 만드는 인지적 지도다. 그 지도가 실제 건물과 일치하지 않으면 당연히 문제가 발생한다. 나는 시카고 인근에서 자랐는데 그곳은 거리마다 번호가 붙어 있고 동쪽으로 엄청나게 큰 호수가 있다. 내 머릿속에 있는 시카고의 지도는 실제 도시와 딱 맞아떨어진다. 그러다 보니 내가 게을러졌는지도 모르겠다. 훨씬 더 좋은 예는 거리가 정말 바둑판처럼 배열된 네브래스카주 링컨이다. 링컨에서는 인지적 지도가 아주 쉽게 만들어지기 때문에 길을 잃으려야 잃을 수가 없다.

세 번째는 우리가 길을 찾기 위해 사용하는 전략이다. 흔히 쓰는 전략은 두 가지다. 하나는 경로 중심 전략(구체적인 경로를 기억하는 것)이고 다른 하나는 추론 중심 전략으로, 머릿속에 건물 전체를 그린 후 자기 위치를 추측하는 것이다. 아무래도 사람마다 도저히 무리다 싶을 때까지 우회전, 좌회전을 기억할 수 있는 횟수가 다를 테고 머릿속에 건물의 큰 그림을 그릴 수 있는 능력 역시 다를 것이다. 아이고, 나는 둘 다 부족한 사람이라 동관에서만 아니라 앤아버에 단 하나뿐인 대형 쇼핑몰에서도 길을 잘 잃어버리고 이 도시에서 지금 까지 25년을 살고도 여전히 길을 가다 헤맬 때가 많다.

만약 독자 여러분이 여태 길을 잃지 않고 여기까지 왔다면 이 부 분이 속임수임을 알아차렸으면 좋겠다. 나는 건물 안에서 길을 잃을 까 걱정하는 일이 별로 없다(회의에 늦을 때가 아니라면). 이 글은 인생 에 대한 은유로 읽을 수 있고 또 그래야만 한다. 이 내용을 쓰는 이유 는 인생에서 길을 잃어버린다는 상징적인 행위에 대해 몇 가지 깨달 음을 전하기 위해서다. 대부분의 사람은 어쩌다 한 번씩 그렇게 인생 에서 길을 잃고 어쩌다 한 명씩은 대부분의 순간에 그렇게 길을 잃 는다. 어쨌든 인생에서 길을 잃으면 불행이 닥친다. 그렇다면 어떻게 해야 자신의 위치를 알 수 있고 좋은 삶을 살 확률을 조금이라도 높 일 수 있을까?

앞서 말한 건물 안에서 길을 잃어버리는 것에 대한 논문을 읽어보 면 세 가지 전략이 도출된다. 하나, 복잡하지 않고 단순한 삶을 살자. 단순한 삶일수록 길을 찾기가 쉽다. 혹자는 단순한 삶이 따분하다고 비판할지도 모른다. 하지만 내 생각은 다르다. 적어도 복잡해서 길을 잃어버리는 삶보다는 단순한 삶이 낫다.

둘, 자신이 선택한 삶이 단순하냐 복잡하냐를 떠나서 그것의 실체 를 잘 이해할 수 있도록 현실적인 그림, 다시 말해 정확한 그림을 확 보하자. 인생의 법칙이 무엇이고 어떤 사건이 우발적으로 발생할 수 있는지 잘 알아두자. 그렇다고 그런 것들을 꼭 좋아해야 할 필요까진 없지만 아무튼 알아두면 큰 도움이 된다. 나는 '정신 이상'의 정의가 '똑같은 것을 반복하면서 매번 다른 결과를 기대하는 것'이라고 즐겨 말한다. 정신 이상은 인생의 지도가 잘못 그려져 있기 때문에 생긴 다. 반대로 지도가 잘 그려져 있으면 성취를 만끽할 수 있다.

셋, 인생에서 길을 찾는 데 유용한 전략을 확보하자. 그것은 경로 중심 전략일 수도 있고 추론 중심 전략일 수도 있으며 아마 보통은 그 둘을 합한 전략일 것이다. 그러나 반드시 유용해야 한다. 그렇다 면 유용한지 아닌지 어떻게 알 수 있을까? 현재 자신이 있다고 생각 하는 위치에 얼마나 만족하는지 따져보면 된다.

참으로 애석하게도 누가 인생의 지도를 나눠주진 않는다. 하지만 길을 잃었으면 걸음을 멈추고 다른 사람들에게 길을 물어보면 된다. 남자들도 다 할 수 있다.

정신적 뺄셈을 통해
감사하기

흔히 우리는 가장 감사해야 할 것들을 당연하게 여긴다.

신시아 오지크

추수감사절이 다가오면 많은 사람이 자기 삶에서 축복이라 할 것들을 생각한다. 삶에서 누리는 축복을 하나하나 헤아려보는 것이 안녕을 증진하는 방법으로 검증되긴 했지만 한 연구 결과를 보면 이를 좀 더 유용한 쪽으로 개선해서 그 효과를 배가할 수 있는 전략이 있다고 한다. 보아하니 우리가 인생에서 좋은 것들을 생각할 때는 그것의 '존재'에 초점을 맞추냐(예: "난 좋은 직업이 있어") '부재'에 초점을 맞추냐(예: "나한테 이렇게 좋은 직업이 없었다고 해봐")가 중요한 것 같다.

후자의 전략을 '정신적 뺄셈'이라고 하는데 연구 결과들을 보면 단순히 좋은 사건의 존재를 생각하라고 할 때보다 그것의 부재를 상상하라고 할 때 더 긍정적인 감정이 생긴다.

정신적 뺄셈이 왜 유익할까? 연구자들은 우리 인간이 인생에서 좋은 것에 금방 적응해서 그것을 당연시하는 경향이 있는데 정신적 뺄셈은 그런 경향에 반대되기 때문에 유익하다고 주장했다. 그리고 이를 뒷받침하기 위해 또 다른 발견점들을 제시했다. 어떤 좋은 사건이 있을 때 연구 참가자들 중에서 정신적 뺄셈을 한 사람들은 그냥 그 사건에 대해 생각한 사람들보다 그것의 의외성을 크게 평가했다. "이런 복덩이(직업, 배우자, 건강)가 꼭 내게 굴러들어오란 법은 없었어!"

정신적 뺄셈은 그런 마법을 지속시킨다. 단순히 축복을 헤아리는 것으로는 그 정도 효과를 못 볼 수도 있다. 이를 일반화해서 긍정심리학 기법을 만들 수도 있다. 기본은 하루에 한 번씩 감사한 것을 세 가지 써보는 것이다. 이때 평소 당연시하는 좋은 것들, 예를 들면 깨끗한 물이나 에어컨 등 쾌락이 아니라 안락에 속해서 보통은 없어져야만 소중함이 느껴지는 것들을 생각해봐야 한다. 그러고 나서 그런 좋은 것들이 삶에서 사라졌다고 상상해본다. 세상에! 그렇게 좋은 것들이 없어지면 삶이 어떻게 변할까?

긍정심리학 기법이 다 그렇듯이 정신적 뺄셈이 안녕에 지속적으로 영향을 끼치려면 일상의 한 부분이 되어 꾸준히 실천돼야 한다. 사람들이 정신적 뺄셈의 유익에도 '적응'하는지는 아직 관련 연구 결과가 없어 알 수가 없지만 정신적 뺄셈의 대상이 되는 좋은 사건의 종류를 수시로 바꾸면 좋을 것 같다.

이번 추수감사절부터 시작하면 어떨까?

여러분의 옷장에는
어떤 옷이 있는가

세상의 지식은 옷장 속이 아니라
오로지 세상 속에서만 습득할 수 있다.

체스터필드 경

오늘 나는 선명한 분홍색 폴로셔츠를 입었다. 몇 년 전에 사 놓고 생전 안 입다가 오늘 아침에야 처음으로 걸쳤다. 이제야 그럴 기분이 들었달까. 아 그래, 빨래 안 한 지 몇 주가 되긴 했다. 나는 분홍색 옷을 안 입는 사람이라 친구와 동료들이 흥미롭게 보고 한마디씩 했다.

사람들이 관심을 보이니 좋긴 했지만 다들 나를 유심히 보니 배를 집어넣느라 평소보다 더 애를 먹었다. 사람들은 내게 따뜻한 말(내가 생각하기엔 그렇다)을 건넸고 대부분 '그 색깔 꽤 잘 어울리네요!' 하는 류였다.

평소 나는 검은색이나 파란색을 즐겨 입고 가끔 암녹색을 입거나 어쩌다 한 번씩 갈색을 입기도 한다. 하지만 분홍색은 안 입는다. 그

336

래서 오늘 입은 옷이 사람들의 눈길을 끌었다.

나를 거대한 딸기 우유통처럼 보이게 하는 옷을 대관절 왜 샀을까? 사실 자초지종을 아직도 잘 기억하고 있다. 텔레비전에서 가수 카니예 웨스트Kanye West에 대한 프로그램을 봤다. 아무래도 그는 분홍색 폴로셔츠를 즐겨 입는 것 같다. 래퍼들을 보면 분홍색은 고사하고 폴로셔츠 자체를 입는 사람이 많지 않은데 그 방송의 해설자는 웨스트가 자신의 남성성에 만족하기 때문에 그런 옷을 입는다고 했다.

살다 보면 인생을 참으로 아름답게 하는 우연이 찾아오게 마련인데 그런 우연의 일치로 방송을 본 다음 날 우편함을 열어보니 카탈로그가 하나 들어 있었고 거기에 하필 분홍색 폴로셔츠가 나와 있었다. 그래서 주문했다. 나도 내 남성성에 만족하고 싶어서 그랬는지도 모르겠다. 하지만 말했다시피 오늘 아침이 되기 전에는 단 한 번도 그 옷을 꺼내 입지 않았다. 그렇다고 내 남성성이 못마땅해서 여태 입지 않았던 것은 아니라고 본다. 킹크스Kinks의 노랫말처럼 "난 내가 누구인지 알고 내가 남자라서 다행이다". 검은색과 파란색, 녹색과 갈색 옷을 입는 남자라서.

잘났다! 나는 오늘 아주 재미있었다. 그리고 어차피 예전에 산 옷이니 그렇게 재미를 보는 데 아무런 비용도 들어가지 않았다고 할 수 있다.

자, 여러분의 옷장에는 어떤 옷이 방치되어 있는가? 오늘 꺼내 입고 친구들과 어울리며 재미있게 놀아보자. 나는 긍정적인 피드백을 받았지만 설령 부정적인 피드백을 받더라도 어차피 재미로 하는 것이니까 그냥 수용하자. 아무리 꼴불견이라도 내가 그러고 싶어서 그런 것이면 상관없다.

우리는 여기서 좋은 삶에 대한 좀 더 일반적인 교훈도 얻을 수 있다. 우리는 모두 옷을 입고 다닌다. 물론 나체촌에 사는 사람이 아니라면 말이다. 우리와 관련된 것이 다 그렇듯이 우리가 입는 옷도 다른 이들에게 우리가 어떤 사람으로 보이고 싶다는 정보를 전달한다. 군인과 경찰만 제복을 입으란 법은 없으니 나는 여러분도 자신의 제복에 대해 생각해보기를 권한다. 내 제복은 검은색, 파란색, 녹색, 갈색 옷, 좀 칙칙하고 점잖은 옷으로 '나한테 신경 쓰지 말아요'라는 뜻을 전달한다.

하지만 그와 달리 '나 재미있는 것 좋아해요, 그렇게 진지한 사람 아니에요' 같은 이미지를 준다고 해서 나쁠 것 있을까?

여러분의 옷장에는 어떤 옷이 있는가?

목적과 수단을
구별할 줄 아는 '생각'

당신이 어떤 위험을 감수하느냐를 보면
당신이 무엇을 가치 있게 여기는지 알 수 있다.

자넷 윈터슨

무엇이 인생을 살맛 나게 하는가? 우리 앤아버 사람들의 간소한 목록에는 대부분 징거맨 식당이 들어간다. 징거맨은 '손님을 행복하게 하는 음식, 손님을 미소 짓게 하는 서비스'라는 기치를 내걸고 굳이 향토 기업을 고집하는 음식점이다. 징거맨의 음식이 저렴하진 않지만 앤아버 시민들은 주머니 사정이 좋을 때면, 아니, 그렇지 않을 때도 기쁜 마음으로 그곳을 이용한다. 그럴 때 우리는 징거맨의 음식을 음미하고 기분 좋게 서비스를 받을 뿐만 아니라 징거맨이 어떤 회사인지 생각한다. 징거맨은 전 직원에게 건강보험과 유급 휴가를 제공하고 전 직원과 이윤을 나누며 앤아버를 위해 이를테면 중심가 인근의 농산물 직판장을 후원하는 등 여러모로 사회 공헌 활동을 하는 업체다.

징거맨이 굳이 향토 기업을 고집한다고 말한 이유는 브랜드를 프랜차이즈화해서 전국으로, 또는 전 세계로 진출하자는 제안을 모조리 거절했기 때문이다. 역시 앤아버에서 시작한 보더스 서점 Border's Book은 그와 반대된 길을 갔다가 이젠 자취를 감췄다. 징거맨은 규모를 키우기보다는 내실을 다지는 쪽을 택했다.

그렇다고는 해도 징거맨이 앤아버에서 성장한 과정을 보면 '미국' 요리 전문점, 찻집, 빵집, 유제품 전문점, 최근에는 사탕회사로까지 사업 분야가 확장됐다. 그리고 교육 프로그램도 마련해 사업 성공법을 가르치는 연수회를 열고 있다.

나도 몇 달 전에 그 연수회에 참석했는데 어디까지나 긍정심리학자의 입장에서였다. 우리 긍정심리학자들은 다른 사람들까지 갈 것도 없고 바로 우리 자신조차 '긍정적 제도'에 대한 이해가 떨어진다는 사실을 잘 알고 있다. 그러니 그런 제도의 근원을 찾아가서 뭐라도 배워야 하지 않겠는가? 뭐든 잘하는 법을 배우고 싶다면 훌륭한 본보기라고 할 개인이나 제도를 연구하는 것이 당연하다.

실제로 나는 많은 교훈을 얻었고 그중 하나가 특히 기억에 남았다. 명쾌하게 정리된 말을 들으면 당연한 소리 같지만 그런 식으로 명료하게 요점을 듣기 전에는 전혀 당연하지 않은 교훈이었다. 바로 목적과 수단을 구별하라는 것이었다.

징거맨 측의 표현을 빌리자면 목적은 개인의 '비전'이고, 일단 비전이 마련된 다음에야 그것을 실현하기 위한 수단을 고민하고 만들고 활용해야 한다. 비전은 명료하고 구체적이어야 한다. 그리고 비전을 실현하기 위한 계획은 현실적이어야 하고 세상 물정을 잘 아는 사람들의 검증을 받아야 한다.

목적과 수단을 구별하는 것은 분명히 중요하다. 그 점은 굳이 연수회에 참석하거나 이 글을 읽지 않아도 누구나 대강은 알고 있는 사실이다. 그러나 대강만 알아서는 부족하고 세부 사항을 알아야 한다. 그리고 중요한 세부 사항 중 하나가 목적에 대한 생각과 수단에 대한 생각을 구별하는 것이다.

많은 사람이 목표를 설정하고 달성 방법을 고민할 때 목적과 수단이 서로 뒤엉켜버린다. 그런 현상은 우리 삶에서 중차대한 목표, 예를 들면 대학, 배우자, 진로를 결정할 때도 발생하지만 그보다 작은 목표, 예컨대 멋지게 차려입기, 주말 즐겁게 보내기, 혹은 아주 구체적으로 말하자면 〈사이콜로지 투데이〉에 조회 수는 올라가고 악성 댓글은 달리지 않는 글 올리기(꿈도 야무지다!) 등과 관련해서도 발생한다.

연구 심리학자로서 내 목표는 의미도 있고 재미도 있는 연구, 중요한 문제에 답을 밝히는 연구, 심리적으로 좋은 삶을 증진할 방법을 제시하는 연구를 하는 것이다. 이런 비전이 내 마음에 쏙 들긴 하지만 보다시피 좀 모호하다. 이 비전을 좀 구체화할라치면 십중팔구 수단에 대한 걱정에 휩싸여서 진도가 나가지 않는다. 현실적인 생각이 마구 끼어든다. 연구 참가자들은 어디서 찾지? 어떻게 설득해야 참가하겠다고 할까? 그리고 무엇보다 내 마음을 좀먹는 생각이 있으니 바로, 그럴 시간을 어떻게 낸단 말이야?

참고로 이런 질문은 언젠가 해결해야 하긴 하지만 연구에 대한 구체적인 비전을 세울 때 해결하려고 하면 방해만 될 뿐이다. 그렇게 해서 나오는 연구 계획은 반쪽짜리일 수밖에 없고 그렇다면 연구 결과도, 또 나의 장기적인 업무 만족도도 반쪽짜리밖에 안 된다.

예전만 해도 나는 강의 준비하기, 빨래하기, 동부 연안까지 운전해가기 등 이런저런 일에 걸리는 시간을 잘 예측하는 것이 주특기라고 자랑스럽게 말했다. 연구 결과를 보면 대부분의 사람이 참 딱하게도 웬만해서는 어떤 일을 하는 데 걸리는 시간을 과소평가한다고, 심지어는 자기가 반복적으로 하는 일에 대해서도 그런다고 한다. 그러니 나는 유용한 기술을 보유한 셈이다. 하지만 징거맨 연수회를 다녀와서 나는 그런 능력이 수단과 관련된 기술이지 목적과 관련된 기술은 아닌데도 내가 비전에 대해 생각할 때 엉뚱하게도 그런 기술을 활용하려 든다는 사실을 깨달았다.

혹시 냉소적인 사람에 대한 오래된, 그리고 냉소적인 정의를 기억하는가? 만물의 가격은 알지만 만물의 가치는 모르는 사람. 내 삶에 대입한다면 나는 어지간한 일은 다 얼마나 걸리는지 잘 알지만 무엇이 가치 있는 일인지는 모를 때가 많은데 그 이유는 다름이 아니라 지금껏 비전에 대해 충분히 생각해보지 않았기 때문이다.

독자 여러분 중에 연구 심리학자는 별로 없을 테지만 그래도 나는 내 말이 여러분의 삶에서 가장 중요한 문제들에도 적용되기를 바란다. 가장 먼저 자신의 비전을 아무런 가감 없이 규명하자. 반드시 그

후에야 그것을 실현할 방법을 따져봐야 한다.

나는 지금 이 글을 2010년 새해 벽두에 작성하고 있다. 많은 사람이 그렇듯이 나도 웬만하면 1월 1일에 한 해의 결심을 쓰며 새해를 연다. 내 결심을 보면 대개 목적과 수단이 뒤섞여 있고 어떨 때는 목적은 없고 수단만 있다.

지금 고개를 들어 연구실 게시판을 보니 2007년의 결심이 아직도 붙어 있다(해마다 게시판을 정리하기로 결심해야 하는 것 아닌가 싶다). 그해 내 결심 중 하나는 책을 쓰는 것이었다. 나는 글쓰기를 좋아하고 평소에 별로 힘 안 들이고 글을 쓰는 편이다. 이전에 책을 몇 권 쓰기도 했다. 그래서 그것이 꽤 괜찮은 결심 같았다.

그런데 어떻게 됐을까? 나는 그 이후로 책을 안 썼다(지금까지는). 도대체 왜? 내 결심은 목적을 달성하기 위한 수단에 관한 것이었고 목적 자체가 확실히 정해져 있지 않았기 때문이다.

올해의 결심은 새해 첫날 아무 생각 없이 '결심'을 적는 것이 절대 아니다. 올해의 결심은 내 일과 삶의 비전을 세우는 것이다. 그러자면 꼬박 1년 혹은 그 이상의 시간이 걸릴지도 모르겠다. 그래도 괜찮다.

그건 그렇고 일단 지금은 친구와 흐뭇하게 점심을 들러 슬슬 징거맨으로 걸음을 옮겨야겠다.

나쁜 패는 없다

게임을 좋아하지 않는다면 스크래블은 잊어라.
하지만 사람들과 함께하는 게임을 원한다면
아무리 실력이 부족해도 당신은 언제나 게임을 할 자격이 충분하다.

에번 코언

스크래블에서는 눈앞의 받침대에 놓인 7개의 타일을 이용해 높은 점수를 딸 수도 있고 상대가 높은 점수를 따지 못하게 막을 수도 있으며 향후 높은 점수를 따기 위한 포석을 깔 수도 있고 상대가 그런 포석을 깔지 못하도록 막을 수도 있다.

나와 달리 스크래블에 별로 애정이 없는 독자 여러분을 위해 스크래블에 빗대어 좋은 삶을 이야기할 것이다(스크래블을 즐기는 사람이라면 내 조언이 더욱 유익할 것이다).

스크래블은 가볍고 재미있게 즐길 수 있는 게임이다. 그래서 나는 그 게임이 좋다. 복잡한 문제 해결 과정을 연구할 때 심리학자들은 머리를 많이 써야 하는 체스를 주로 탐구하는데 내 생각에 체스는 삶에 대한 비유로서는 스크래블만 못하다. 체스는 철저히 결정론적이지만 스크래블은 우연이 통한다. 체스에서는 언제나 고수가 하수를 이기지만 스크래블에서는 고수가 자기보다 실력이 못한 상대한테 지기도 한다. 실력이 못한 쪽이 강력한 타일(Q, X, J, K, S, 빈칸)을 많이 뽑는다면 이변이 일어날 수 있다. 물론 어디까지나 그가 게임을 잘 풀어나갈 경우에 한해서 말이다. 이것이 스크래블에서 얻을 수 있는 인생의 교훈 중 첫 번째다. 우리 삶에서는 운이 중요한 역할을 하기도 한다. 물론 우리가 그것을 잘 활용한다면 말이다.

좀 더 긍정적으로 말하자면 스크래블에서는 누구나 누구를 상대하든 승산이 있다. 설사 자주는 못 이겨도 가끔은 이길 수 있다. 이것은 인생에 대한 유익한 비유다. 적어도 우리처럼 무엇에든 최고라 할 수 없는 대다수의 사람에겐 말이다. 물론 우리가 최고인 것도 있다. 바로 자기 자신으로 존재하는 것이다.

좀 더 체계적인 관점에서 내가 지난 10년 동안 스크래블을 즐기며 얻은, 좋은 삶에 대한 교훈을 정리해보자면 다음과 같다.

하나, 체스와 마찬가지로 스크래블 역시 굳이 결과에 대해 내기를 하지 않아도 재미있게 즐길 수 있다. 큰돈을 걸고 스크래블을 할 수도 있겠지만 실제로 그랬다는 소리는 지금껏 들어본 적이 없다. 반면에 포커나 NFL 미식축구 등 다른 인기 종목은 돈을 걸지 않으면 그만큼 재미나 몰입도가 떨어질 것 같다. 여기서 좋은 삶을 살려면 우리가 어떤 활동을 선택해야 하는지에 대한 교훈을 얻을 수 있다. 가장 좋은 활동은 내적 보상이 있는 활동이다.

둘, 스크래블에서는 언어보다 상황(공간)이 더 중요하다. 나도 입문 단계에서는 몰랐던 사실이다. 나는 어휘력이 좋다. 그러면 스크래블에 능하겠네? 아니다. 나는 그 점을 초기에 뼈아프게 배웠다. 스크래블에서는 어떤 단어를 만드느냐보다 그 단어를 '어디에' 배치해서 점수를 두 배, 세 배로 따느냐가 더 중요하다. 스크래블을 잘하는 사람들은 패턴을 읽고 가능성을 본다. 말하자면 나무가 중요하긴 해도 어디까지나 숲을 볼 수 있을 때 중요하다는 뜻이다. 이 또한 삶에 대한 좋은 비유다. 뭔가를 하려거든 기왕이면 그것을 잘했을 때 보상이 가장 좋은 상황에서 하자.

셋, 스크래블에서 단어의 의미는 사전적 정의가 아니라 게임판에 그 단어를 놓았을 때 발생하는 가치다. 정말이다. 일례로 'SUQ'라는 단어를 생각해보자. 내가 이 단어를 만들 때마다 초보자들은 눈을 동그랗게 뜨고 묻는다. "이게 무슨 뜻이에요?" 그러면 내 답은 언제나 똑같다. "Q로 끝나는 세 글자 단어이자 회심의 한 수지!" 상대도 순순히 물러서지 않는다. "근데 무슨 뜻이냐고요?" 그러면 나는 방금 한 말을 그대로 되풀이한다. 여기서도 좋은 삶에 대한 교훈을 얻을 수 있다. 무엇이든 그 가치는 상황에 따라 달라진다는 것이다. 좋은 한 수란 의도적이고 실효성 있는 수다. 나는 이것으로 무엇을 하고 있는가? 지금 이것을 하고 있는 이곳은 어디인가? 왜 이것을 하고 있는가?

혹시 세계 최고의 스크래블 플레이어들 중에는 영어를 못하는 사람들도 있다는 사실을 아시는지? 그들의 언어는 영어가 아니라 스크래블이다. 우리도 스크래블을 할 때는 스크래블로 말해야 한다. 여기서 좋은 삶의 교훈이 또 하나 나온다. 그 지역 방언을 사용하라!

넷, 타일을 내려놓으라! 높은 점수를 딸 수 없으면 낮은 점수라도 노리고 타일을 내려놓자. 다들 알다시피 포커에서는 연속하는 숫자가 네 개 있어도 나머지 한 개가 없으면 스트레이트가 완성되지 않아 아무 소용이 없는데 스크래블에도 같은 이치가 적용된다. 좋은 수를 완성하기 위해 나머지 타일 하나가 들어오기만 기다리며 마냥 패를 붙들고 있으면 안 된다. 타일을 내려놓자! 그러면 헛된 기대가 사라지고 새로운 가능성이 생긴다. 만약 이것이 좋은 삶에 대한 유익한 비유가 아니라면 여기 나오는 어떤 이야기도 유익하다고 못 할 것이다.

실제로 경우에 따라서는 10점짜리 Q를 버리는 것이 훌륭한 선택일 수 있고 스크래블 전문가들도 대체로 그러기를 권한다. 이 또한 좋은 비유지만 그대로 실천하기는 어렵다. 나 역시 그러면 안 되는 줄 알면서도 Q를 너무 오래 붙들고 있는 바람에 서서히 죽어갈 때가 있다.

다섯, '최고'의 패 중 하나는 참 시시하게도 모두 1점짜리 타일로 구성된 'SALTINE'이다. 왜? 이 조합은 얼핏 평범해 보이지만 'S'와 연결해서 다음과 같이 다양한 수로 빙고(수중에 있는 타일 7개를 모두 내려놓으면서 50점을 획득하는 것)를 할 수 있기 때문이다.

ELASTIN

ENTAILS

NAILSET

SALIENT

SALTINE

SLAINTE

TENAILS

여섯, 빙고가 장땡이다. 스크래블에서는 어지간하면 상대방보다 빙고를 많이 하는 사람이 승리한다. 설령 그 사람이 다른 것으로는 점수를 거의 못 낸다고 해도 그렇다. 인생에 대한 교훈? 그것은 내가 보기에 꽤 자명하고 또 카너먼이 주장한 쾌락 경험 기억의 절정-종결 이론과 유사하다. 절정이 중요하다는 것이다(그리고 경험이 어떻게 종결되느냐도 중요한데 스크래블의 경우에는 그것이 절정, 곧 빙고에 의해 결정된다).

일곱, 너무 신중하고 답답하게 구는 이른바 '꼰대' 플레이는 하지 말자. 딴에는 상대방의 앞길을 막을 심산이겠지만 자기 앞길도 막힌다. 스크래블 고수들은 굳이 방어적으로 나가야 할 타당한 이유가 없는 이상 호기롭게 판을 벌인다. 그래서 게임판 위에 타일들이 거미줄처럼 깔린다. 교훈? 일단 저지르자!

여덟, '수다방'을 만들지 말자. 수다방이란 게임보다 수다에 열을 올리는 경우를 비꼬는 말이다. 내 생각에 게임 시작 전이나 종료 후에는 대화를 나눌 수 있지만(또 그래야만 하지만) 게임을 하는 동안에는 오롯이 게임에만 집중해서 전력을 다해야 한다. 그러면 몰입에 들어가게 되는데 이는 시간제한이 있는 스크래블 대회라고 예외가 아니다. 이 역시 인생에 대한 좋은 비유다. 뭐든 건성으로 하지 말 것.

아홉, 스크래블에서는 현재와 미래를 함께 고려해야 한다. 빙고를 할 수 있다면 설사 상대방에게 좋은 판을 깔아주는 한이 있더라도 일단 빙고를 해야 한다. 그러나 내가 30점을 따려고 상대방에게 40점을 딸 기회를 만들어주는 것보다는 차라리 안전하게 20점만 따는 편이 낫다.

열, 게임이 거의 다 끝나가는 상황에서 이기고 있다면 괜히 크게 판을 벌이지 말라! 스크래블 대회에서만 아니라 비공식 게임에서도 점수 차가 크면 보상이 커지지만 괜히 한 방 크게 먹이려다 역전당하고서 "다 이긴 게임이었는데…" 하는 것보다는 차라리 아슬아슬하게 이기는 편이 무조건 더 낫다. 이 또한 인생의 교훈이라 할 수 있을까? 내가 보기엔 그렇다.

끝으로, 이 글의 제목처럼 나쁜 패는 없다. 다만 나쁜 플레이어만 있을 뿐이다. 스크래블을 잘하는 사람들은 자신의 전략을 탓할지언정 자기에게 들어온 패는 절대 탓하는 법이 없다. 패는 사용하라고 있는 것이지 핑계로 삼으라고 있는 것이 아니다. 물론 그다지 생산적이지 않은 패도 있지만(예를 들면 내가 '짜증 유발 모음 증후군'이라고 하는 조합) 그럴 때는 타일을 내려놓거나 교환하는 식으로 대처하면 골칫거리가 금방 사라진다.

교환을 하는 경우에는 내 차례를 넘겨야 하지만 그 대신 받침대의 패를 비울 수 있고 또 그 나쁜 타일들이 경쟁자에게 갈 확률이 높아진다. 경쟁자가 있고 없고를 떠나서 이 역시 좋은 삶에 대한 비유다.

친애하는 독자 여러분, 부디 스크래블도 인생도 계속 즐기시기를.

1부
무엇이 인생을 살 만한 것으로 만드는가?
긍정심리학과 좋은 삶

행복은 행운이 아니다

Peterson, C. (2006). *A primer in positive psychology*. New York: Oxford University Press.

Seligman, M. E. P., & Csikszentmihalyi, M. (2000). Positive psychology: An introduction. *American Psychologist, 55*, 5-14.

인생을 살맛 나게 하는 4가지 _ 일, 사랑, 놀이, 봉사

Peterson, C. (2006). *A primer in positive psychology*. New York: Oxford University Press.

Rozin, P. (2006). Domain denigration and process preference in academic psychology. *Perspectives on Psychological Science, 1*, 365-376.

미국인들은 어떻게 시간을 쓰는가

Baumeister, R. F., Vohs, K. D., & Funder, D. C. (2007). Psychology as the science of self-reports and finger movements: Whatever happened to actual behavior? *Perspectives on Psychological Science, 2*, 396-403.

Rozin, P. (2006). Domain denigration and process preference in academic psychology. *Perspectives on Psychological Science, 1*, 365-376.

U.S. Bureau of Labor Statistics (2010). *American Time Use Survey user's guide: Understanding ATUS 2003 to 2009*. Washington, DC: Author.

낙천적인 사람이 꼭 성공하지는 않는다

Diener, E., & Chan, M. Y. (2011). Happy people live longer: Subjective well-being contributes to health and longevity. *Applied Psychology: Health and Well-Being, 3*, 1-43.

Peterson, C. (2006). *A primer in positive psychology*. New York: Oxford University Press.

Ryan, W. (1978). *Blaming the victim* (Rev. ed.). New York: Random House.

완벽한 사람은 없다

Coe, D. A. (Performer). (n.d.). *You never even called me by my name* [Music video]. Retrieved from http://www.youtube.com/watch?v=9coh7mBHwr4&feature=related.

불행에도 유익이 있다

McMahon, D. M. (2006). *Happiness: A history*. New York: Grove Press.

긍정심리학과 개소리

Frankfurt, H. G. (2005). *On bullshit*. Princeton, NJ: Princeton University Press.

긍정심리학으로 분류한 나쁜 친구들의 유형 _ 멍청한 친구, 심술궂은 친구, 약장수 친구, 행복한 친구

Gardner, H. (1999). *Intelligence reframed: Multiple intelligences for the 21st century*. New York: Basic Books.

Maslow, A. (1979). *The journals of A. H. Maslow*. Monterey, CA: Brooks/Cole.

카페, 술집, 군대, 채팅방의 공통점

Benedict, R. (1934). *Patterns of culture*. New York: Houghton Mifflin.

Cohen, A. B. (2009). Many forms of culture. *American Psychologist, 64*, 194-204.

Novotney, A. (2009, December). Strong in mind and body. *Monitor on Psychology, 40*(11), 40-43.

Peterson, C., Park, N., & Sweeney, P. J. (2008). Group well-being: Morale from a positive psychology perspective. *Applied Psychology: An International Review, 57*, 19-36.

Seligman, M. E. P. (2008). Positive health. *Applied Psychology: An International Review, 57*, 3-18.

2부

좋은 기분은 좋은 삶의 일부다
긍정적인 정서를 누리고 자존감 높이기

"샤워할 때 무슨 생각을 하십니까?"

Bryant, F. B., & Veroff, J. (2006). *The process of savoring: A new model of positive experience*. Mahwah, NJ: Lawrence Erlbaum.

감정을 억누르면 자존감이 낮아진다

Bryant, F. B. (2003). Savoring Beliefs Inventory (SBI): A scale for measuring beliefs about savouring. *Journal of Mental Health, 12*, 175-196.

Langston, C. A. (1994). Capitalizing on and coping with daily-life events: Expressive responses to positive events. *Journal of Personality and Social Psychology, 67*, 1112-1125.

Parrott, W. G. (1993). Beyond hedonism: Motives for inhibiting good moods and for maintaining bad moods. In D. M. Wegner & J. W. Pennebaker (Eds.), *Handbook of mental control* (pp. 278-305). Upper Saddle River, NJ: Prentice-Hall.

Seligman, M. E. P., Steen, T. A., Park, N., & Peterson, C. (2005). Positive psychology progress: Empirical validation of interventions. *American Psychologist*, 60, 410-421.

Wood, J. V., Heimpel, S. A., & Michela, J. L. (2003). Savoring versus dampening: Self-esteem differences in regulating positive affect. *Journal of Personality and Social Psychology, 85*, 566-580.

인생의 사소한 즐거움을 누리는 법

Quoidbach, J., Dunn, E. W., Petrides, K. V., & Mikolajczak, M. (2010). Money giveth, money taketh away: The dual effect of wealth on happiness. *Psychological Scence, 21*, 759-763.

패스트푸드와 조급증

Zhong, C.-B., & DeVoe, S. E. (2010). You are how you eat: Fast food and impatience, *Psychological Scence, 21*, 619-622.

열정은 고통을 견디는 것이다

Vallerand, R. J. (2008). On the psychology of passion: In search of what makes people's lives most worth living. *Canadian Psychology, 49*, 1-13.

돈과 행복에 대한 착각

Dunn, E. W., Aknin, L., & Norton, M. I. (2008). Spending money on others promotes happiness. *Science, 319*, 1687-1688.

Plassman, H., O'Doherty. J., Shiv, B., & Rangel, A. (2008). Marketing actions can modulate neural representations of experienced pleasantness. *Proceeding of the National Academy of Science of the United States of America, 105*, 1050-1054.

기분에 따라 할 일을 조정하라

Fredrickson, B. L. (2001). The role of positive emotions in positive psychology: The broaden-and-build theory of positive emotions. *American Psychologist, 56*, 218-226.

참고문헌

Lyubomirsky, S., King, L. A., & Diener, E. (2005). The benefits of frequent positive affect: Does happiness lead to success? *Psychological Bulletin, 131*, 803-855.

Schnall, S., Jaswal, V., & Rowe, C. (2008). A hidden cost of happiness in children. *Developmental Science, 11*, F25-F30.

성공과 생활 만족도 실험

Oishi, S., Diener, E., & Lucas, R. E. (2007). The optional level of well-being: Can we be too happy? *Perspectives on Psychological Science, 2*, 346-360.

유전율과 행복의 관계

Diener, E. (2008). Myths in the science of happiness, directions and for future research. In M. Eid & R. J. Larsen (Eds.), *The science of subjective well-being* (pp. 403-514). New York: Guilford.

미소와 수명 _ 경기용 얼굴과 생활용 얼굴

Abel, E. L., & Kruger, M. L. (2010). Smile intensity in photographs predicts longevity. *Psychological Science, 21*, 542-544.

Harker, L. A., & Keltner, D. (2001). Expressions of positive emotion in women's college yearbook pictures and their relationship to personality and life outcomes across adulthood. *Journal of Personality and Social Psychology, 80*, 112-124.

행복 아웃라이어

Gladwell, M. (2008). *Outliers: The story of success*: New York: Little, Brown.

3부
당신의 성격과 재능은 열려 있다
긍정적 사고의 가치를 의심하는 당신에게

Bacon, S. F. (2005). Positive psychology's two cultures. *Review of General Psychology, 9*, 181-192.

삶이란 죽기 전까지 하는 활동이다

Colby, A., & Damon, W. (1992). *Some do care: Contemporary lives of moral commitment*. New York: Free Press.

Gardner, H. (1997). *Extraordinary minds*. New York: Basic Books.

Pausch, R. (2007). *Really achieving your childhood dreams.* Retrieved from http://www.cmu.edu/randyslecture/.

낙관주의는 사회를 갉아먹지 않는다

Ehrenreich, B. (2009). *Bright-sided: How the relentless promotion of positive thinking has undermined America.* New York: Metropolitan Books.

Peterson, C. (2000). The future of optimism. *American Psychologist, 55,* 44-55.

Tocqueville, A. de. (2003). *Democracy in America.* London: Penguin Classics. (Originally published 1835)

Voltaire, (1759). *Candide, ou l'opimisme.* Geneva: Cramer.

예술은 보기 나름, 삶은 선택하기 나름이다

Grynbaum, M. W. (2009, November 19). The days may be grim, but here's a good word to put in your pocket. The New York Times. Retrieved from http://www.nytimes.com/2009/11/20/nyregion/20metrocard.html.

좋은 희망과 나쁜 희망 구별하기

Berg, C. J., Snyder, C. R., & Hamilton, N. (2008). The effectiveness of a hope intervention in coping with cold pressor pain. *Journal of Health Psychology, 13,* 804-809.

Park, N., Peterson, C., & Seligman, M. E. P. (2004). Strengths of character and well-being. *Journal of Social and Clinical Psychology, 23,* 603-619.

Peterson, C., Bishop, M. P., Fletcher, C. W., Kaplan, M. R., Yesko, E. S., Moon, C. H., Smith, J. S., Michaels, C. E., & Michaels, A. J. (2001). Explnatory style as a risk factor for traumatic mishaps. *Cognitive Therapy and Research, 25,* 633-649.

Peterson, C., Seligman, M. E. P., & Vaillant, G. E. (1988). Pessimistic explanatory style is a risk factor for physical illness: A thirty-five year longitudinal study. *Journal of Personality and Social Psychology, 55,* 23-27.

Peterson, C., Seligman, M. E. P., Yurko, K. H., Martin, L. R., & Friedman, H. S. (1998). Catastrophizing and untimely death. *Psychological Science, 9,* 49-52.

성격은 섹시하다

Steen, T. A. (2002). *Is character sexy? The desirability of character strengths in romantic partners* (Unpublished doctoral dissertation). University of Michigan, Ann Arbor.

Wiederman, M. W. (1993). Evolved gender differences in mate preferences: Evidence from personal advertisements. *Ethology and Sociobiology, 14,* 331-351.

성격 유형은 이론일 뿐이다

McGrath, R. E., Rashid, T., Park, N., & Peterson, C. (2010). Is optimal functioning a distinct state? *The Humanistic Psychologist, 38,* 159-169.

사는 곳이 중요하다

Park, N., & Peterson, C. (2010). Does it matter where we live? The urban psychology of character strengths. *American Psychologist, 65,* 535-547.

회복탄력성은 모든 사람에게 있다

Luthar, S. S., Cicchetti, D., & Becker, B. (2000). The construct of resilience: A critical evaluation and guidelines for future work. *Child Development, 71,* 543-562.

Peterson, C., Park, N., Pole, N., D'Andrea, W., & Seligman, M. E. P. (2008). Strengths of character and posttraumatic growth. *Journal of Traumatic Stress, 21,* 214-217.

무분별한 친절은 베풀지 마라

Coyle, D. (2009). *The talent code.* New York: Bantam Dell.

성과를 내는 사람을 축하해주자

Gladwell, M. (2009, May 11). How David beats Goliath. *The New Yorker.* Retrieved from http://www.newyorker.com/reporting/2009/05/11/090511fa_fact_gladwell.

스티브 잡스와 캘리그래피 강의

Jobs, S. (2005). *Stanford commencement address.* Retrieved from http://www.youtube.com/watch?v=UF8uR6Z6KLc&feature=related.

4부
일하고 놀고 사랑하고 나눠라
인생을 잘 사는 사람들의 비결

좋은 인간관계, 행복의 필수조건

Makin, N. (2010). *703: How I lost more than a quarter ton and regained a life.* New York: Dutton.

감사는 생활 만족도다

Froh, J. J., Bono, G., & Emmons, R. (2010). Being grateful is beyond good manner: Gratitude and motivation to contribute to society among early adolescents. *Motivation and Emotions, 34,* 144-157.

Park, N., & Peterson, C. (2006). Character strengths and happiness among young children: Content analysis of parental descriptions. *Journal of Happiness Studies, 7*, 323-341.

Park, N., & Peterson, C., & Seligman, M. E. P. (2004). Strengths of character and well-being. *Journal of Social and Clinical Psychology, 23*, 603-319.

눈물과 테스토스테론

Gelstein, S., Yeshurun, Y., Rozenkrantz, L., Shushan, S., Frumin, I., Roth, Y., & Sobel, N. (2011). Human tears contain a chemosignal. *Science, 331*, 226-230.

실연의 아픔과 진통제 효과

Kross, E., Berman, M., Mischel, W., Smith, E. E., & Wagner, T. (2011). Social rejection shares somatosensory representations with physical pain. *Proceedings of the National Academy of Science of the United States of America, 108*, 6270-6275.

Simon, R. W., & Barrett, A. E. (2010). Nonmarital romantic relationships and mental health in early adulthood: Does the relationship differ for women and men? *Journal of Health and Social Behavior, 51*, 168-182.

Vul, E., Harris, C, Winkielman, P & Pashler, H (2009). Puzzlingly high correlations in fMRI studies of emotion, personality, and social cognition. *Perspectives on Psychological Science, 4*, 274-290.

소소한 대화와 진중한 대화

Mehl, M. R., Vazire, S., Holleran, S. E., & Clark, C. S. (2010). Eavesdropping on happiness: Well-being is related to having less small talk and more substantive conversations. *Psychological Science, 21*, 539-541.

친구가 있는 것과 친구가 되는 것

Holt-Lunstad J., Smith, T. B., & Layton, J. B. (2010). Social relationships and mortality risk: A meta-analytic review. *PLoS Med 7*(7): e1000316. doi:10.1371.

아기는 착한 사람을 좋아한다

Bloom, P. (2010, May 3). The moral life of babies. *The New York Times Magazine*. Retrieved from http://www.nytimes.com/2010/05/09/magazine/09babies-t.html.

Hamlin, J. K., Wynn, K., & Bloom, P. (2007). Social evaluation in preverbal infants. *Nature, 450*, 557-559.

친구와 배우자의 행복은 전염된다

Fowler, J. H., & Christakis, N. A. (2008). Dynamic spread of happiness in a large social network: Longitudinal analysis over 20 years in the Framingham Heart Study: *British Medical Journal, 338,* 1-13.

책이 많은 환경에서 자란 아이들

Evans, M. D. R., Kelley, J., Sikora, J., & Treiman, D. H. (2010). Family scholarly culture and educational success: Books and schooling in 27 nations. *Research in Social Stratification and Mobility, 28,* 171-197.

그 후로 영원히 행복하게 잘 살았습니다

Headey, B., Muffels, R., & Wagner, G. G. (2010). Long-running German panel survey shows that personal and economic choices, not just genes, matter for happiness. *Proceeding of the National Academy of Science of the United States of America, 107,* 17922-17926.

아버지가 있으면 좋은 점

Harris, K. M., Firstenburg, F. F., Jr., & Marmer, J. K. (1998). Paternal involvement with adolescents in intact families: The influence of fathers over the life course. *Demography, 35,* 201-216.

직원을 중요한 사람으로 여기는 리더

Kuoppala, J., Lamminpaa, A., Liira, J., & Vaino, H. (2008). Leadership, job well-being, and health effects-A systematic review and a meta-analysis. *Journal of Occupational and Environmental Medicine, 50,* 904-915.

옳은 일을 하면 행복하다

Kish-Gephart, J. J., Harrison, D. A., & Trevino, L. K. (2010). Bad apples, bad cases, and bad barrels: Meta-analytic evidence about sources of unethical decisions at work. *Journal of Applied Psychology, 95,* 1-31.

'또라이'를 안 쓰는 회사

Sutton, R. I. (2007). *The no asshole rule: Building a civilized workplace and surviving one that isn't.* New York: Business Plus.

일이 없는 사람과 직업이 없는 사람

Jahoda, M. (1958). *Current concepts of positive mental health.* New York: Basic Books.
Jahoda, M. (1982). *Employment and unemployment: A social-psychological analysis.* Cambridge: Cambridge University Press.

성적 좋은 학생에게 용돈 주기

Ripley, A. (2010, April, 8). Should kids be bribed to do well in school? *Time*. Retrieved from http://www.time.com/time/magazine/article/0,9171,1978758,00.html.

기분이 좋아지는 팀 스포츠

Zullig, K. J., & White, R. J. (2011). Physical activity, life satisfaction, and self-rated health of middle school students. *Applied Research in Quality of Life, 6*, 277-289.

서로 격려하면 성과가 커진다

Kraus, M. W., Huang, C., & Keltner, D. (2010). Tactile communication, cooperation, and performance: An ethological study of the NBA. *Emotion, 10*, 745-749.

5부
행복이 머무는 장소는 따로 있다
동네 단골집부터 도시와 국가까지 행복한 곳 찾기

세상에서 가장 행복한 공간 _ 나 와 너 사이

Inglehart, R., Foa, R., Peterson, C., & Welzel, C. (2008). Development, freedom, and rising happiness: A global perspective, 1981-2007. *Perspectives on Psychological Science, 3*, 264-285.

Kuppens, P., Ceulemans, E., Timmerman, M. E., Diener, E., & Kim-Prieto, C. (2006). Universal intracultural and intercultural dimensions of the recalled frequency of emotional experience. *Journal of Cross-Cultural Psychology, 37*, 491-515.

Weiner, E. (2008). *The geography of bliss: One grump's search for the happiest places in the world*. New York: Twelve.

삶의 만족도가 가장 낮은 주는 뉴욕

Oswald, A. J., & Wu, S. (2010). Objective confirmation of subjective measures of human well-being: Evidence from the U.S.A. *Science, 327*, 576-579.

행복이 있는 곳에 죽음도 있다 _ 미국 각 주와 도시의 자살률

Daly, M. C., Oswald, A. J., Wilson, D., & Wu, S. (2011). Dark contrasts: The paradox of high rates of suicide in happy places. *Journal of Economic Behavior and Organization, 80*, 435-442.

Park, N., & Peterson, C. (2011). *Happiness and suicide in large US cities*. Unpublished manuscript, University of Michigan.

Ring, K. (1967). Experimental social psychology: Some sober questions about some frivolous values. *Journal of Experimental Social Psychology, 3*, 113-123.

국가 행복도 측정

Diener, E. (2000). Subjective well-being: The science of happiness and a proposal for a national index. *American Psychologist, 55*, 34-43.

프랑스인이 행복한지 아는 방법

Nussbaum, M. (1992). Human functioning and social justice: In defense of Aristotelian essentialism. *Political Theory, 20*, 202-246.

Samuel, H. (2009, July 7). Nicolas Sarkozy wants to measure economic success in "happiness." *The Telegraph*. Retrieved from http://www.telegraph.co.uk/news/worldnews/europe/france/6189530/Nicolas-Sarkozy-wants-to-measure-economic-success-in-happiness.html.

Sen, A. (1985). *Commodities and capabilities*. Amsterdam: North-Holland.

국민총행복과 국민총분노

Diener, E. (2000). Subjective well-being: The science of happiness and a proposal for a national index. *American Psychologist, 55*, 34-43.

Diener, E., & Seligman, M. E. P. (2004). Beyond money: Toward and economy of well-being. *Psychological Science in the Public Interest, 5*, 1-31.

Stratton, A., (2010, November 14). David Cameron aims to make happiness the new GDP. *Guardian*. Retrieved from http://www.guardian.co.uk/politics/2010/nov/14/david-cameron-wellbeing-inquiry.

북한 연구자가 만든 행복 지표

Flanagan, E. (2011) Are China & North Korea happier than America? *Behind the Wall, NBC News*. Retrieved from http://behindthewall.msnbc.msn.com/_news/2011/05/31/6754108-are-china-north-korea-happier-than-america.

스타벅스는 중립적인 제3의 장소가 아니다

Oldenburg, R. (1999). *The great good place: Cafes, coffee shops, bookstores, bars, hair salons and other hangouts at the heart of a community*. New York: Marlowe.

6부
모든 것이 아름답지 않아도 괜찮다
쓴소리: 짜증나고 도움이 안 되는 일은 하지 마라

끈질긴 쾌활함은 억지스럽다

Veblen, T. (1899). *Theory of the leisure class: An economic study in the evolution of institutions*. New York: Macmillan.

즐겁게 함께 먹자

Coyle, D. (2009). *The talent code*. New York: Bantam Dell.

Pollan, M. (2008). *In defense of food: An eater's manifesto*. New York: Penguin.

나의 버킷 리스트

Kahneman, D. (1999). Objective happiness. In D. Kahneman, E. Diener, & N. Schwarz (Eds.), *Well-being: The foundations of hedonic psychology* (pp.3-25). New York: Russell Sage.

7부
일상을 위한 현실적인 조언
연구 결과와 명백한 사실로 밝혀진 방법

벤저민 프랭클린 존중하기

Franklin, B. (1962). *The autobiography of Benjamin Franklin*. New York: Touchstone. (Originally published 1791)

미소를 잘 짓는 방법

Snowdon, G. (2009). Get happy!! Japanese workers face smile scanner. *The Guardian*. Retrieved from http://www.guardian.co.uk/money/blog/2009/jul/07/japanese-smile-scanning/.

Toto, S. (2011). Omron updates its Smile-O-Meter. TechCrunch. Retrieved from http://techcrunch.com/2011/01/28/smile-scan-omron-updates-its-smile-o-meter/.

말을 잘 하는 방법

University of Michigan News Service. (2011). *Persuasive speech: The way we, um, talk sways our listeners*. Retrieved from http://ns.umich.edu/new/releases/8404.

참고문헌

자기 인생이 살맛 난다는 믿음

Levy, B. R., Slade, M. D., Kunkel, S. R., & Kasl, S. V. (2002). Longevity increased by positive self-perceptions of aging. *Journal of Personality and Social Psychology, 83,* 261-270.

Peterson, C., & Bossio, L. M. (1991). *Health and optimism.* New York: Free Press.

Sone, T., Nakaya, N., Ohmori, K., Shimazu, T., Higashiguchi, M., Kakizaki, M., Kikuchi, N., Kuriyama, S., & Tsuji, I. (2008). Sense of life worth living (ikigai) and mortality in Japan: Ohsaki Study. *Psychosomatic Medicine, 70,* 709-715.

Vellerand, R. J. (2008). On the psychology of passion: In search of what makes people's lives most worth living. *Canadian Psychology, 49,* 1-13.

'하지만'이 없는 날

Gable, S. L., Reis, H. T., Impett, E. A., & Asher, E. R. (2004). What do you do when things go right? The intrapersonal and interpersonal benefits of sharing positive events. *Journal of Personality and Social Psychology, 87,* 228-245.

단순한 삶일수록 길을 찾기 쉽다

Carlson, L. A., Holscher, C., Shipley, T. F., & Dalton, R. C. (2010). Getting lost in buildings. *Current Directions in Psychological Science, 19,* 284-289.

정신적 뺄셈을 통해 감사하기

Koo, M., Algoe, S. B., Wilson, T. D., & Gilbert, D. T. (2008). It's a wonderful life: Mentally subtracting positive events improves people's affective states, contrary to their affective forecasts. *Journal of Personality and Social Psychology, 95,* 1217-1224.

목적과 수단을 구별할 줄 아는 '생각'

Burlingham, B. (2005). *Small giants: Companies that choose to be great instead of big.* New York: Penguin.

나쁜 패는 없다

Fatsis, S. (2002). *Wordfreak: Heartbreak, triumph, genius, and obsession in the world of competitive Scrabble players.* New York: Penguin.

긍정심리학자 크리스토퍼 피터슨의 행복론

그래도 살 만한 인생

초판 1쇄 2015년 1월 23일

지은이 | 크리스토퍼 피터슨
옮긴이 | 김고명

발행인 | 노재현
편집장 | 서금선
책임편집 | 주은선
디자인 | 권오경 김아름
마케팅 | 김동현 김용호 이진규
제작지원 | 김훈일

펴낸 곳 | 중앙북스(주)
등록 | 2007년 2월 13일 제2-4561호
주소 | 100-814) 서울특별시 중구 서소문로 100 (서소문동) J빌딩 3층

구입문의 | 1588-0950
내용문의 | (02) 2031-1323
홈페이지 | www.joongangbooks.co.kr
페이스북 | www.facebook.com/hellojbooks

ISBN 978-89-278-0609-7 03320